国 外 运 动 训 练 科 学 译 丛

NSCA's Guide to Program Design

体能训练设计指南

NSCA™

National Strength and Conditioning Association
美国体能协会　著
[美] 杰伊 · R. 霍夫曼／主编
周志雄／译　殷泽农／审校

北京体育大学出版社

策划编辑：李　飞
责任编辑：叶　莱　邓琳娜
审稿编辑：李　飞
责任校对：田　杰
排版设计：李　鹤

北京市版权局著作权合同登记号：01-2015-5182

NSCA's guide to program design / National Strength and Conditioning Association ; Jay R. Hoffman, editor.

图书在版编目（CIP）数据

体能训练设计指南 / 美国体能协会著；周志雄译. -- 北京：北京体育大学出版社, 2015.7（2022.12重印）
（国外运动训练科学译丛 / 钟秉枢主编）
ISBN 978-7-5644-2021-5

Ⅰ.①体… Ⅱ.①美… ②周… Ⅲ.①体能－身体训练－指南 Ⅳ.①G808.14

中国版本图书馆CIP数据核字(2015)第188871号

美国体能协会　著
[美] 杰伊·R. 霍夫曼　主编

体能训练设计指南　周志雄　译　　殷泽农　审校

出版发行：北京体育大学出版社
地　　址：北京市海淀区农大南路1号院2号楼2层办公B-212
邮　　编：100084
网　　址：http：//cbs.bsu.edu.cn
发 行 部：010-62989320
邮 购 部：北京体育大学出版社读者服务部 010-62989432
印　　刷：三河市龙大印装有限公司
开　　本：710mm×1000mm　　1/16
成品尺寸：170mm×228mm
印　　张：18.25
字　　数：373千字
版　　次：2015年9月第1版
印　　次：2022年12月第16次印刷
定　　价：50.00元

《国外运动训练科学译丛》
编委会

《译丛》前言

运动训练科学是研究运动训练活动规律，指导运动训练实践的一门应用性学科。运动训练科学的主要研究对象虽然是从事竞技体育活动的运动员、教练员，但是，其理论与方法也可以应用于指导群众体育活动，促进大众健康。

多年来，我国运动训练科学理论与实践经过几代人的不懈努力，取得了丰硕成果，为我国竞技体育事业的发展和运动员竞技运动水平的提高做出了重大贡献。目前，国际上运动训练科学领域日新月异，特别是以美欧为首的西方发达国家产出了一大批运动训练科学的研究成果。为了使我国运动训练科学理论与实践紧跟国际发展前沿，系统开展国外优秀运动训练科学丛书的翻译工作势在必行。为此，我们精选了11部国外优秀运动训练科学书籍——《国外运动训练科学译丛》（以下简称《译丛》）翻译出版，以期丰富和发展我国运动训练科学理论，更好地指导运动训练和群众体育活动。

《译丛》之一的《动态拉伸训练》由美国《体能训练》杂志副主编，美国体能协会、美国运动医学协会、美国职业网球协会认证的教练马克·科瓦克斯（Mark Kovacs）先生主编。拉伸训练在美国已有较为成熟的研究和应用。该书所讲的动力性拉伸练习法是作者在多年专业运动训练经验的基础上，结合生理学、力学原理研究设计的，并经训练试验证明在提高专项身体素质和运动能力方面具有独特而显著的效果。该书内容分为三篇：第一篇全面介绍了拉伸训练，包括对传统静力性拉伸理论的质疑，并列举了相关研究成果，以及动力性拉伸的优点；第二篇介绍了不同运动项目业余和专业人员的训练方案；第三篇介绍了动力性拉伸的训练图解。

《译丛》之二的《核心区训练》由马克·沃斯特根（Mark Verstegen）和皮特·威廉姆斯（Pete Williams）著。前者是世界上公认的最具创新性的运动训练专家，是美国AP公司（Athlete Performance）的创始人。该书包括四章：第一章介绍核心区训练的起源及发展；第二章介绍核心区训练的7个模块：准备活动、伤病预防、瑞士球训练、弹性训练、力量训练、能量系统发展训练及恢复再生训练，同时作者从生活及训练两方面阐述核心区训练的重要作用；第三章介绍核心区训练的营养计划，讲述什么是健康饮食及如何健康饮食；第四章是核心区训练计划，介绍如何组织核心区训练的7个模块，如何制订核心区训练计划。总之，该书的理论与实践结合较为紧密，书中的理论知识通俗易懂，实践方法简单易学，适合各种人群学习。

《译丛》之三的《灵敏训练》由美国体能协会注册体能专家杰伊·道斯（Jay Dawes）和马克·卢森（Mark Roozen）两位主编带领十几位美国体能协会注册体能专家共同编写。该书第一、二章分别介绍了影响动作敏捷性和反应敏捷性的因素；第三章介绍了灵敏能力测试；第四、五章介绍了提高灵敏素质的各种训练方法；第六章探讨了制订灵敏训练计划的基本要素；第七章介绍了不同专项的灵敏训练。该书有许多新的灵敏训练观点与方法，相信该书能给广大教练员、运动员及运动爱好者提供专业的训练支持与帮助。

《译丛》之四的《耐力训练》的作者是来自美国体能协会的11位顶级专家。该书共分为11章。第一章为训练的生理基础；第二章为测试与评估；第三章为训练原则及注意事项；第四章为营养与水分补充；第五章为有氧耐力训练；第六章为无氧耐力和肌肉耐力训练；第七章为耐力性运动项目的抗阻训练；第八章至第十一章则分别探讨了跑步、自行车、游泳和铁人三项运动等4个运动项目的训练安排和范例。与其他有关耐力性运动项目训练的书籍不同，该书全面介绍了如何通过科学的有氧训练、无氧训练和抗阻训练进行合理整合，设计最佳训练方案，帮助运动员和教练员根据耐力性运动项目的训练原理指导训练，同时利用评估工具，对训练过程进行评估和分析，使训练内容符合专项需求，提高训练效果，从而最大限度地提高运动员所从事运动项目的竞技水平。

《译丛》之五的《集体性项目的体能训练》由曾执教过英超职业橄榄球队的保罗·甘布尔（Paul Gamble）先生所著。集体性项目的体能训练历来都是复杂、多变、充满挑战的。凭借多年积累的体能训练经验，作者将集体性项目体能训练的理论与实践有机结合，不但有深入浅出的理论阐述，也有具体的训练计划和方法介绍，架起了一座跨越运动科学与训练和比赛实践鸿沟的桥梁。该书共包括十二章和一个附录，涵盖了训练的专门性原则及训练效应的迁移、生理及竞技能力参数评估、神经肌肉训练、机能训练、力量训练、爆发力训练、速度和灵敏性训练、核心稳定性训练、损伤预防训练——风险因素识别、损伤预防训练——专门性训练干预、计划和进度——训练的周期安排、青少年运动员的身体准备及训练设计的实用范例等内容。该书字里行间渗透着对专项需求分析、神经肌肉功能训练及运动损伤预防等的重视，相信会给我国集体性项目运动员的体能训练实践带来积极的借鉴和参考。

《译丛》之六的《运动员的时钟》由托马斯·W.罗兰（Thomas W.Rowland）博士所著。该书内容包括：中枢神经系统的潜意识如何对复杂有序的肌肉活动和节奏进行控制，以获得最佳表现；生物钟的昼夜节律如何影响运动功能；运动员对时间的感知能力是否与普通人有所差别；青少年运动技能的发展及衰老与运动表现的关系等，从全新的角度介绍了时间对运动表现的影响。作者用幽默的语言，渊博的知识，提出了许多富有挑战性的问题。该书从运动员怎样了解并利用时间才能改善运动表现的角度出发，带您穿越时间对运动表现影响的旅程。希望通过阅读该书，能改变您对时间的看法，并为运动员获得最佳运动表现的具体策略提供一定指导。

《译丛》之七的《运动员恢复指南》由美国铁人三项、美国公路跑步协会认证教练萨奇·朗基（Sage Rountree）所著。作者在该书中对运动疲劳恢复的科学方法进行了全面分析。书中告诉运动员如何确定休息的时间、如何对运动疲劳进行测量、如何合理地使用各种疲劳恢复手段。作者详细地介绍了一些常用的恢复方式，还例举了一些辅助性恢复手段，如冰浴、加压服装和营养补剂等。该书中介绍的运动疲劳恢复方法，能有效地提高运动疲劳恢复的速度和质量，促进运动员达到最佳的竞技状态，同时保证运动员无论在运动中还是在生活中都会感到心态平衡、愉快和成功。

《译丛》之八的《体能训练设计指南》由美国体能协会多位知名专家编写。该书共分为十二章。第一章和第二章介绍了运动员的竞技需要的分析、运动员测试和训练计划评估，为制订合理专项体能训练计划奠定了基础。第三章介绍了各种运动项目的准备活动，以便提高运动能力和预防损伤。第四章至第十章详细分析了各种运动素质的训练计划设计，包括发展运动员力量、爆发力、无氧能力、耐力、灵敏性、速度和平衡能力，阐述了体能训练建议的科学依据，并提供了一些训练方法和练习手段。第十一章和第十二章重点解释了如何利用书中介绍的方法让专业人士设计完整、有效的训练计划。第十一章深入讨论了训练分期理论和实践。第十二章分析了训练计划的实施、实践案例和大量的训练案例。该书不仅可作为高水平运动员和教练员的参考用书，也可为从事群众体育及其他体能训练的人员设计科学有效的训练计划提供保证。

《译丛》之九的《运动生理理论与实践》是由美国康涅狄格大学的威廉·J.克里默（William J.Kraemer）教授、科罗拉多大学的斯蒂文·J.弗莱克（Steven J.Fleck）教授和威廉玛丽学院的迈克尔·R.第施耐茨（Michael R.Deschenes）教授于2012年共同编著出版的一本运动生理学专业教材。该书与其他运动生理学专业教材的最大区别在于它具有很强的实用性。该书的编写力求避免冗长枯燥的专业论述，尽量应用大量实例激发学生的兴趣。此外，该书力求通过浅显易懂的实例使学生掌握运动生理学的基本理论和概念，同时注重将这些基本理论和概念应用于实际运动训练中。

《译丛》之十的《应用解剖学和运动生物力学》由西澳大利亚大学（The University of Western Australia）的提摩斯·R.阿克兰（Timothy R. Ackland）、布鲁斯·C.埃里奥特（Bruce C.Elliott）和约翰·布洛姆菲尔德（John Bloomfield）三位博士共同编写。该书着重阐述的观点是：评价教练员的指导效果要看其是否可以正确地诊断运动员个人竞技能力，充分发挥运动员的运动天赋，并通过专门训练弥补运动员的不足。该书包含四大部分，十八个章节。概述部分介绍了评价和调整运动员竞技能力的基本概念，以及运动员选材和诊断方法；应用解剖学部分为教练员根据专项特点和运动员的能力评估结果制订切实有效的训练计划提供了理论支持；应用生物力学部分阐述了如何分析运动技术并应用这些信息提高运动员的成绩，着重介绍了运动员体形、体能及其特长之间的联系。除了以往普遍应用的分析手段，该书还介绍了现代视频分析系统的操作方法；通过对案例的深入分析来演示针对运动员个人进行的体能和生物力学评价、干预方案和训练计划的制订和实施及最终对运动员成绩的影响。

《译丛》之十一的《运动训练周期理论》由世界著名运动训练学家普拉托诺夫（Платонов）先生所著。普拉托诺夫先生于2013年9月应邀参加第17届竞技体育与大众体育大会，其间委托首都体育学院钟秉枢校长组织翻译该书并在中国出版。

我国正处于由体育大国向体育强国迈进的关键时期，通过开展国外优秀运动训练科学丛书的翻译工作，系统引进国外运动训练科学最新的研究成果，对于促进我国运动训练科学理论的发展和运动训练实践科学化水平的提高具有极大的理论与实践意义。

译者的话

《国外运动训练科学译丛》（以下简称《译丛》）的翻译出版历时3年，即将与读者见面，我们心中既高兴又忐忑。回望《译丛》项目启动之初，从近300本国外运动训练科学专业书籍中遴选出11本，最终决定在国内翻译出版，选书的过程浸润着编委们的智慧与耐心。面对我国运动训练科学的现状和可能的读者群，在选书时既要考虑经典，又要顾及前沿；既要考虑理论，又要考虑应用；既要考虑理论深、广、新，又要考虑内容深入浅出，通俗易懂；既要考虑东欧运动训练科学体系，又要考虑美英西方体系，以期能够从不同侧面较系统地反映国际运动训练科学领域的前沿成果，还要避免盲目的拿来主义，编委们选书可谓用心良苦。

译事艰辛，甘苦自知，此次《译丛》的翻译过程让我们感受尤为深刻。丛书是由不同国籍、不同学术观点的专家所著，理论与专业术语涵盖众多不同学科领域，为了追求理论与专业术语的正本清源，专业、准确地表达作者的思想与观点，翻译团队多次邀请国内英语语言翻译方面的专家进行指导和审校，严把语言关。邀请国内外运动训练、体能康复、运动人体科学等方面的专家指导和把关专业理论与专业术语。翻译团队和出版社编辑及发行团队多次研讨、统稿、审稿，力求原著的理论与方法能够通过《译丛》准确地在国内传播，正确地引导而不是误导《译丛》的读者们，《译丛》的编委们可以说是竭尽全力。但是，限于水平，《译丛》中错漏之处仍会存在，还请读者、同仁批评并及时指正，以期重印时改正。

付梓之际，衷心感谢《译丛》的原作者。

感谢国家体育总局竞体司、科教司给予我们的帮助和支持。

感谢首都体育学院体育教育训练学院、教务处、研究生部领导的鼎力支持。

感谢中国体育科学学会运动训练学分会、北京体育大学出版社的大力协助。

感谢所有参与《译丛》工作的中外专家、学者、同仁。

《国外运动训练科学译丛》编委会

2015年6月

序

在我作为运动员、教练员和科研工作者的三十年里，亲历了体能训练领域发生的巨大变化。在我的职业生涯早期，北美地区只有足球运动项目才有体能训练。事实上，大部分体能教练也都是来自这个运动项目。最初只有足球项目体能教练才是一个有薪酬的职位。很多其他运动项目的训练之所以能从力量训练房中走出来，是因为篮球、棒球及其他运动项目的力量训练使运动员肌肉僵硬和运动技能退化。直到20世纪90年代中期，美国职业棒球大联盟和国家篮球协会的运动队才开始招收体能教练。目前，美国职业体育中所有职业队和全美大学体育联盟Ⅰ级运动项目都有全职的职业体能教练。

美国体能协会（NSCA）在该领域已成为国际标准的制定者，在世界52个国家中拥有超过30 000名会员。通过培训和教育，使运动员科学合理地设计训练计划成为现实，并能在其专项的体能训练中引领潮流。当代运动员的更大、更快、更强、更敏捷的特征在很大程度上依赖于训练、指导及其训练监督。科学技术和饮食的改进，同样也很方便地为教练员和运动员提供了更有效、更专项、更安全的训练器械和极佳的营养信息。但是，如果没有合理的、循序渐进的和适宜挑战性的体能训练来指导运动员训练，即使有最资深的专家和装备最精良的训练中心也只能收效甚微。

随着体能教练对专业人士和运动员重要程度的提升，NSCA的工作任务比以前更多。在每年非赛季调整中，运动员出现受伤，甚至出现死亡。有些教练员体能训练中缺乏科学依据，更多侧重于加强运动员的心理训练，或采用缺乏年度赛季训练和个人特点的训练计划。没有科学基础的训练计划必然增加体能训练的风险。

很幸运，我们亲历了体能训练、研究和咨询过程，这为我们能够为所有类型运动员获得理想成绩确定科学训练原则奠定基础。本书呈现的是科学训练设计指南。第一、第二章分析了运动员的需要和有效训练计划的评价，为制订合理专项体能训练计划奠定基础。第三章介绍了各种运动项目的准备活动以便提高运动能力和预防损伤。

在第四章至第十章中，详细分析了各种运动素质的训练计划设计，包括发展运动员力量、爆发力、无氧能力、耐力、灵敏性、速度和平衡能力。阐述了训练建议的科学依据，并提供了一些筛选过的训练方法和练习手段。最后，在第十一章和第十二章中，这本《体能训练设计指南》解释如何利用本书中介绍的方法让专业人士设计完整和有效的训练计划。第十一章还深入讨论了训练分期的理论和实践。第十二章分析了训练计划的实施、实践案例和大量训练案例。读者可以通过书中提供的“信息索引窗口”（cross-reference Boxes）了解各种训练模式是如何在书的第十二章中应用在训练计划的实施中的。

本书将有助于消除导致教练员和运动员困扰的臆测和失误。还为希望更深入地探讨具体主题研究的读者提供了丰富的参考文献。本书内容中阐述体能训练的宝贵信息，可为服务高水平队训练的教练员和服务群众体育的其他身体训练专业人士继续设计安全和有效的训练计划提供保证。

目　录

第一章

运动员需要的分析

William J. Kraemer，Brett A. Comstock，
James E. Clark，Courtenay Dunn-Lewis

到20世纪80年代末，运动科学领域研究表明，通过控制可变训练因素可以影响人体适应能力和提高运动成绩。训练的组成可以用“可变训练因素”的概念来描述。在过去的25年里，可变训练因素的体系已被逐渐建立起来，它包括以下方面：

· 练习的选择

· 练习的顺序

· 负荷量（阻力）

· 组数

· 组间和练习间的间歇时间

已有研究表明，有效的训练计划必须满足运动员所从事专项训练的需要。通过预先了解运动项目特征和运动员特点来决定如何安排可变训练因素。竞技需要分析的概念便由此而产生。竞技需要分析是为了在训练计划制订过程中分析每一个可变训练因素，并设计一个科学合理的周期训练计划。这可以为不同专项和个体差异的运动员设计训练计划提供理论依据。

竞技需要分析可以回答以下三个问题：

① 运动项目的能量代谢特征是什么？

② 运动项目的生物力学特征是什么？

③ 该项目的主要运动损伤有哪些？

运动员需要分析是在测试数据、运动员与运动项目特征分析的基础上进行的。在原始数据分析的基础上，有利于体能教练员检查运动员的一般体能、专项体能和损伤情况，以及运动项目的生理学和生物力学特征及潜在的损伤风险。他们根据这些收集的信息，就能制订训练计划、训练过程监控、专项运动能力评价等内容。这有利于他们更好地理解体能训练的针对性，制定一组适宜的训练目标。因此，竞技需要分析的最终目标是构建整体体能训练计划，提高专项运动成绩和减少损伤。

■1 运动项目的能量代谢特征

不同的运动项目具有不同的能量代谢特征。不同运动项目有不同的能量代谢路径，这取决于运动过程中肌肉的工作情况。当一块肌肉在动员过程中收缩产生力，消耗大量能量，这导致主要供能系统不断变化。不管是高强有氧还是高强无氧，大部分项目都具有相对稳定的能量代谢需求。如表1.1显示，这些运动项目的能量代谢存在两个极端：有氧耐力和超级耐力项目（如马拉松和铁人三项）与非常短暂或爆发力量项目（如投掷、举重）。大部分运动项目比赛的能量代谢特征都介于这两个供能系统的极端之间，根据需要能量代谢机制会快速发生变化。从短跑冲刺时利用无氧供能系统向恢复中的有氧供能系统发生转变（如足球场上运动员的快速冲刺、急停和慢速走到发球点）。表1.1 列出了不同运动项目的主要供能系统。

认真分析运动项目代谢特征，这对准备设计训练计划非常重要，特别是对运动项目整体供能特征的认识。

运动项目主导能量代谢系统取决于主要参与肌群。这要通过对运动项目的动作分析来决定，例如棒球项目能量代谢主要是磷酸原系统，因此，在训练中采用针对乳酸供能系统的短间歇训练就没有必要了。

在许多最大力量和爆发力训练计划中，要求运动员完成力量练习后进行休息和恢复。因此，在制订对乳酸系统供能要求高和易疲劳的训练计划时，要综合考虑其他各方面的因素。

短期训练方案只是常见训练方式之一。因此，专项训练需要不同的训练方法对运动项目所需要能源系统进行刺激，这样才能让运动员在专项能量代谢背景下发挥力量和爆发力。三磷腺苷（ATP）是人体能量分子，它是人体的无氧、有氧能量系统的直接能量来源。所有肌纤维在运动中产生化学反应，最终的机械能所需要的能量都来源于ATP。肌肉收缩产生的力是由肌纤维滑动机制产生的，ATP是这个过程中关键的能源物质。在各项运动中，主要问题包括短时间内大量ATP的供给，及对现有代谢条件的耐受程度。因此，体能训练要着重强调提高与专项代谢需求相关的能量供应能力和耐受度（例如，100m、800m、马拉松）。

一般来说，一个运动项目的生理学可以通过该专项的能量供给特征来进行描述（如有氧或无氧）。尽管不同的运动项目可能被分为有氧或无氧，但是没有一个运动项目比赛只有一个能源系统参与供能（图1.1）。另外，能量需要的概念可以进一步扩展到包括短跑、力量和心肺（有氧）耐力运动中。在训练过程中，运动员的能量供给系统需要氧的水平由低（完成一个给定的技能时不需要氧气，如提起重物一次）到高（主要依赖于有氧系统产生的ATP来维持活动，如马拉松跑）。

表1.1　各种运动项目大约能量消耗

运动项目	ATP-CP系统	乳酸系统	有氧系统
美式足球	70	25	5
射箭	100	–	–
赛车	30	10	60
篮球	20	20	60
棒球	95	5	–
公路自行车	10	18	80
保龄球	100	–	–
拳击	30	45	25
击剑	85	10	5
田径田赛项目	100	–	–
场地曲棍球	20	25	55
体操	90	5	5
冰球	30	30	40
长曲棍球	20	25	55
马拉松	–	–	100
赛艇	10	40	50
英式橄榄球	25	25	50
滑雪（下山）	35	25	40
足球	15	25	60
游泳（短距离）	75	25	–
游泳（各种距离）	10	10	80
滑板	80	10	10
网球	50	5	45
径赛（长距离）	5	5	90
径赛（中距离）	15	50	35
径赛（短跑）	90	5	5
排球	80	15	5
摔跤	30	45	25

在训练或一个运动项目中，人体能量供给的能源系统主要有：

· 磷酸原系统（ATP-CP 系统）

· 酵解能系统（乳酸系统）

· 氧化能系统（三羧酸循环或柠檬酸循环）

ATP-CP 系统直接为肌肉收缩供能，因为它的供能来源于肌肉内储备的三磷腺苷（ATP）和磷酸肌酸（CP）。这个系统主要是在持续时间短、高强度体育活动中利用。另一个无氧供能系统是酵解能系统，通常也被称为乳酸能系统。肌纤维肌浆中葡萄糖分解产生ATP，葡萄糖来源于血糖或肌肉内的糖原储存。因此，酵解能系统中ATP的产生速度比ATP-CP系统慢。

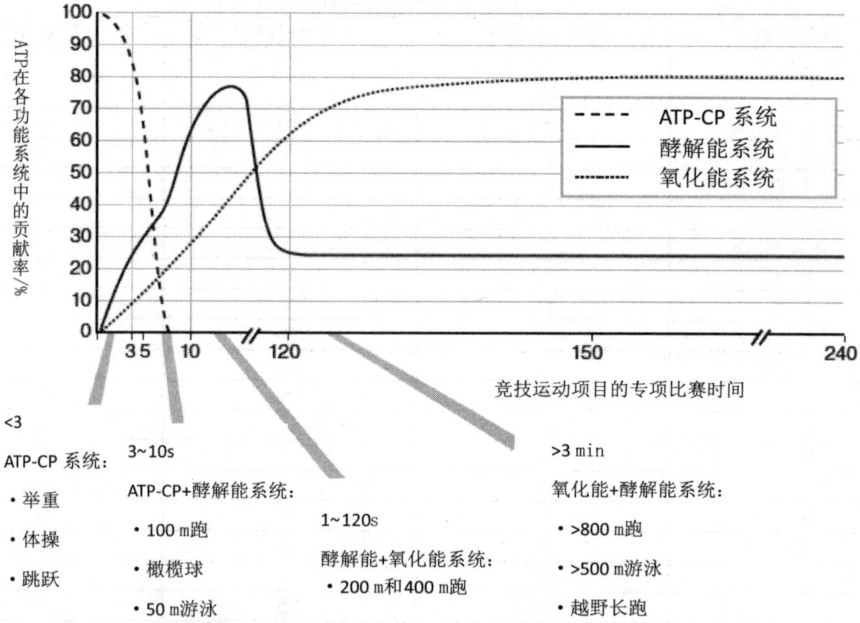

图1.1 竞技运动过程中三个能源供能系统的分配。当运动持续时间增长，主要供能系统依次转换过程是从ATP-CP系统到酵解能系统，最后是氧化能系统

最常被称为三羧酸循环或柠檬酸循环的氧化能系统是产生ATP最重要的能量系统，但ATP进入激活的肌肉组织过程最慢。氧化能系统对完成心肺耐力活动非常重要，因为它能在不产生疲劳产物的情况下供应大量ATP。与糖酵解的碳水化合物和脂肪不同，蛋白质也可以进入有氧循环分解，在线粒体中通过电子运输系统最终生产ATP。

从运动开始到疲劳或力竭，ATP-CP系统通常大约维持6s。如果运动持续时间超过这个点，酵解能系统就开始工作，为运动员继续运动提供能量。但是，它是一个短暂的供能系统，只能持续几分钟。这意味着如果运动员的运动时间超过一两分钟，随后就需要转换为最终的主导能量供应系统（有氧代谢）来供能，即使强烈运动也是如此。

不管何种运动项目和比赛中处于何种位置，运动员必须能够满足最好超过专项能量代谢的需要，这意味着运动员必须能够承受专项比赛期间的压力（代谢、生物力学、身体）。合理地设计训练计划，应当考虑专项运动能量代谢的需求。然而，由于专项运动能量要求不同，这就需要设计专门的练习来提高运动员适应专项运动能量需求的能力。在制定练习手段时，要提高运动员耐受专项运动能量要求的能力。例如，比赛中足球中场队员和守门员或者冰球的前锋和守门员之间能量代谢需要的差异很大。因此，要根据比赛中每个队员的位置来进行针对性的体能训练。

为了确定最合适的训练和测试方案以及运动员个体需求，必须充分了解一个项目的能量代谢系统和能量利用之间的平衡。在周期训练计划中，应当安排一些符合专项能量代谢特征的模拟训练。例如，摔跤运动员需要发展力量和爆发力，但他们也需要进行短时间的间歇训练来发展抗乳酸能力，以便他们在专项运动中发挥最大肌肉力量和爆发力（如高乳酸和较低血液pH酸碱度）。这就是为什么一个有效的训练计划必须包含不同的训练课，不同运动员需要不同的训练计划的原因所在。

■ 2 运动项目的生物力学需求

需求分析的下一步是基于竞技运动项目中身体和四肢运动的基础生物力学分析。这包括身体的空间位置、完成期望动作中身体的各个部分的时间和条件、动作中运动员身体的速度（或身体部位），以及运动员完成动作时间的多少。随着对主要肌肉动作和动作发生维度（如矢状轴、额状轴、横向轴）的检查，体能教练可以分析确定动作模式、比赛中关节的参与、肌肉活动方式、动作发生的运动维度。

通过对专项运动中竞技动作的基础生物力学分析，体能教练员就能确定动作的关键要素，包括完成动作的类型、运动中关节的运动范围（ROM）、动作速度的要求、运动中肌肉收缩的方式、根据竞技项目中完成动作的时间来确定专项或项目的代谢需要，这些因素在选择力量训练练习手段时非常重要。分析动作模式和肌肉收缩方式，以利于体能教练选择那些在生物力学方面与专项运动相似的阻力练习手段。通过对动作模式的生物力学分析，可以清楚地了解专项运动技能的技术动作要求。

2.1 运动项目的动作特征

一般动作模式可以描述为在一个特定位置上或动作平面内静态或动态动作。在动态动作术语中，动作可以进一步分为开放式或闭合式动作。在开放式动作中，手或脚能自由移动，身体保持相对不动（图1.2）。在闭合式运动中，手或脚保持相对不动，身体移动相对自由（图1.3）。在竞技运动技能中，肌肉收缩主要有3种类型（等长、向心和离心）。等长收缩时肌肉长度不变（肌肉产生的力等于与骨相连的肌肉产生的力）。向心收缩时肌肉长度缩短（肌肉产生的力大于与骨相连的肌肉产生的力）。离心收缩时肌肉长度被拉长（外力大于肌肉收缩产生的张力）。只有理解这3种肌肉收缩方式，才能确保练习手段取得预期的效果。

图1.2 开放式的动作——踢足球

与动作类型一样，另一个需要考虑的是动作速度，或参与关节的运动角速度。动作速度是指给出参考肢体动作移动速度或身体围绕中心轴（脊柱）转动的速度。虽然准确地测量动作速度需要复杂的设备，但体能教练可以通过个人最佳判断来估计运动员在专项运动中的速率。在分析动作速度时，关键就是观察在运动过程中影响动作的主要关节的速度。在大多数体育运动中，这需要观察腿部的髋、膝、踝和手臂的肩、肘、腕的动作速度。此外，还需要进一步观察整个竞技动作中躯干的位置和移动速度。

除了动作类型和速度，还要考虑在完成竞技动作和躯干稳定肌肉收缩产生力量的速度（例如，在排球扣球动作中维持躯干正直）。通过对动作模式的仔细分析，体能教练可以确定和区分肌肉收缩产生的动作，在一个静止位置维持身体平衡，或控制外力所造成的肢体负荷。通常可以这样理解，身体或肢体的加速度是通过肌肉向心收缩产生的，身体或肢体的减速是通过肌肉离心收缩产生的。当身体或肢体稳定不动时，肌肉向心收缩模式可以被认为是等长收缩模式。

图1.3 闭合式竞技动作——橄榄球边锋互相推挤

此外，通过分析竞技运动项目中的动作和肌肉收缩方式，体能教练还能确定所动用的供能系统。他们通过生物力学分析确定每一个位置运动的时间，根据专项运动中能量供应需求情况来制订训练计划。通过这种分析，体能教练能准确判断运动员积极参与专项运动中竞技动作的时间。这为他们确定训练计划中能量需要提供了依据，因为这与专项运动员的运动时间、休息时间和运动中所需肌肉力量类型（如，推铅球和摔跤比赛和10km竞走）有关。由此可见，体能教练可以通过调控不同的训练变量来让神经系统和能量代谢系统产生适应，以满足运动项目的需要。

2.2　动作生物力学分析的应用

在动作分析中，体能教练应当关注这4个问题：①动作中肌肉收缩是什么方式（如，向心收缩、离心收缩、等长收缩），动作在什么位置发生？②哪些关节参与活动？③哪些肌肉参与了，肌肉收缩方式是什么？④运动员运动量是多少？带着这些关键问题，体能教练才可以确定运动项目对人的要求。动作生物力学分析的目的是调控训练计划中专项能量代谢和动作特征的可变因素。

通常，体能教练通过分析运动员专项竞技表现的视频来进行生物力学分析。这不需要高级视频设备，只要通过运动员练习和比赛中的简单视频就能完成。下面是体能教练分析视频中可以采用的一些基本程序。

（1）观察专项竞技或动作的视频。

（2）选择运动项目中的特定动作（如篮球项目中跳起投篮或摔跤中摔倒）。全面分析这个运动项目需要测试的大量动作或运动技能。观察该项目竞赛的整个过程，了解运动项目的需要。

（3）了解关节周围肌肉收缩方式。如跑和跳过程中髋、膝、踝关节周围肌群收缩方式。肌肉等长收缩产生的力量对抗外力作用时关节的屈或伸。

（4）确定动作过程中主动肌收缩的方式是否属于向心收缩、等长收缩、离心收缩。

（5）确定参与运动关节活动的范围。观察整个动作中关节角度的变化和起始位置。

（6）确定最大强度是否发生在每个特定关节的动作范围内。有时视频中运动员的面部表情或肌肉紧张度也有利于了解最大强度的位置。

（7）判断在整个动作范围内动作开始、中间和结束阶段的速度。如果是看视频，通过每帧的时间间隔来确定活动的时间。

（8）练习手段的选择要与肢体活动范围和角速度一致，确保练习过程中肌肉相应的向心、等长或离心收缩方式与专项动作技术肌肉收缩方式一致。

通过这些生物力学分析，体能教练员可以确认训练计划能否满足专项竞技的需求（表1.2）。

需要记住的是，通过对竞技动作的分析，可在力量训练中选择正确的练习手段来满足专项力量训练的需要，但还要考虑为运动员选择丰富的力量训练手段。这些练习包括下蹲、上提的动作（如抓举）和推的练习（如卧推），这样的练习应是训练计划内容的核心。整合全身和多关节练习动作是非常重要的，因为单关节练习不能提高关节间的神经协调能力。

■ 3 运动项目中的损伤风险

在讨论损伤预防和如何利用需求分析来设计减少运动损伤的训练计划前，有必要重新了解一下运动员损伤和风险的基本概念。尽管对此有不同的定义，但损伤通常就是指身体所受的伤害。在竞技运动中，大多数损伤会影响肌肉骨骼系统（骨、韧带、肌肉和肌腱），另一些损伤还可能涉及神经和心肺系统（脑震荡、哮喘、心脏病发作）。在大多数情况下，通过对运动项目生物力学和能量代谢需求的分析，可以选择专项训练的练习手段来减少可能发生的损伤。虽然通过需求分析、训练计划设计和训练计划分期，可以降低损伤的风险，但损伤有时是不可避免的。骨骼肌损伤可能由于外界负荷过大或关节、四肢肌群的过度重复使用。外界负荷损伤可分为接触（两个运动员相互碰撞或物体撞击运动员）和非接触（运动员或物体非直接接触导致的损伤）。虽然各种类型的损伤可以通过设计科学的运动计划来解决，但是这需要采用减少特殊类型损伤风险的练习手段的方式来解决。

表1.2 生物力学动作模式

动作类型	特征分析	动作类型	特征分析
屈	·手或脚背向躯干的动作 ·手臂或腿在体前的动作	旋后	·将手掌变向远离躯干（朝天） ·将脚掌变向远离地面（增加脚弓）
伸	·手或脚远离躯干的动作 ·手臂或腿在身体后面的动作	旋前	·将手掌变向靠近躯干（朝地） ·将脚掌变向面向地面（减小脚弓）
外展	手臂和腿远离身体中线的动作	反向	脚的大脚趾向内移动朝向鼻子
内收	手臂和腿靠近身体中线的动作	外翻	脚的小脚趾向外移动朝向鼻子
内（中）旋	肱骨或股骨 （分别在肩或髋关节）向内旋转	偏离	手腕和手慢慢向大拇指一侧转动（桡骨） 移动或向小拇指一侧移动（尺骨）
外（侧）旋	肱骨或股骨 （分别在肩或髋关节）向外旋转	绕环	肩关节各个方向的动作， 手臂的绕环动作
伸长	缩肩（两侧肩胛骨远离）	旋转	·四肢或四肢部分关节的绕环动作 ·躯干绕垂直轴的转动动作
缩短	两个肩胛骨靠近	水平 外展/内收	手臂和腿的动作： ·靠向中线（内收） ·保持在屈的位置时远离中线（外展）
提高	抬起关节	下降	降低关节

不管何种类型的损伤，大部分可能与两个因素有关：第一，运动员疲劳时损伤发

生率增加。第二，运动员经历过组织疲劳（关节、骨骼、韧带、肌腱、肌肉不能承受相应的负荷），损伤发生率增加。这种现象可以看作是疲劳诱发的一系列事件，起源于中央或周围组织的疲劳而导致损伤。从生物力学需求来看，损伤预防应该基于运动项目经常发生的意外。竞技体育中运动损伤有两种主要方式：接触性损伤和非接触型损伤。二者的区别不是运动员所遭受损伤的类型，而在于损伤的机制。所有接触性损伤来源于四肢或关节遭受外力的过度负荷（例如橄榄球中铲球时撞击膝盖）。受到这样的外部负荷，四肢或关节的组织就不能满足需求而导致受伤（最引人注目的是骨折或韧带断裂）。大多数非接触性损伤发生在动作的加速阶段（加快或减慢）。这些场景经常发生在比赛中改变动作方向时（例如，在橄榄球的跑回中，运动员全速移动时要通过腿的支撑来改变方向）。除了外部加速，非接触损伤也经常发生在专项运动中人体肌肉、肌群、肌腱或韧带的过度使用中。

3.1　损伤预防的需求分析

疲劳导致运动技术或身体素质差，再加上接触产生的超负荷或不合理站位导致了损伤。

不管什么运动项目，这一系列事件往往最终导致损伤（图1.4）。例如，对摔跤运动员来说，减少疲劳或在练习、比赛中更好地适应疲劳是预防损伤的简易方法。当了解运动员遇到损伤风险的方式后，体能教练可以整合练习计划来降低损伤风险（例如，摔跤运动员短暂休息的循环有利于提高他们缓解疲劳相关的pH值下降的能力）。当确定满足运动项目的需要分析来如何预防损伤时，体能教练必须回答下列问题：①这个运动项目发生损伤的可能性有多少？②常见损伤的部位和这些损伤是如何发生的？③哪些运动员发生损伤的风险最大？④如何制订练习计划减少这些损伤？这就要看体能教练能否与运动训练师和队医合作来掌握每个运动员的损伤或治疗状况，并通过预防整合训练计划来预防损伤。

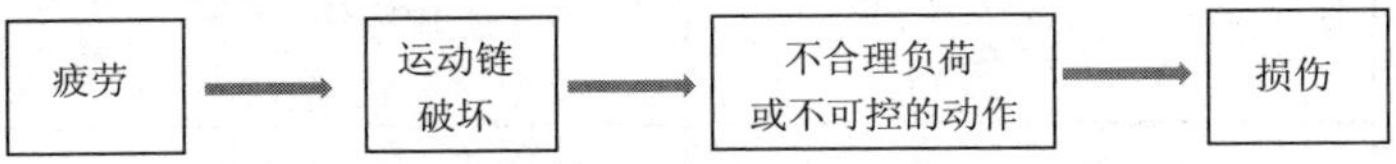

图1.4　导致运动损伤的诸多相互作用的因素

在竞技体育运动中，预防的关键在于设计科学的训练计划，以降低比赛中损伤的风险。这是一个团队的工作，需要整合队医、运动项目医疗工作人员（如训练师和理疗师），体能教练和教练员团队的技能和知识。在这个团队工作中，所有的需求分析应当集中于总概念：是什么损伤，特定运动员是如何发生损伤的？当涉及特定的人时，要始终解决下列问题：

· 为何有些因素会增加一个运动员受伤的风险？

· 是否这个（某个）运动会增大受伤的危险？

· 在比赛中最可能发生的损伤是什么？

· 这个运动员是否正在从影响竞技表现的急性或慢性损伤中恢复？

根据运动项目要求进行的生物力学分析，要了解运动员最有可能发生损伤的风险在哪里，在力量训练中如何降低损伤的风险。体能教练必须牢记，虽然不同运动项目可能存在相似的损伤特征，但是每个项目的运动员可以改变在训练中所承受的训练刺激，以此来减少损伤的风险。表1.3显示了不同运动项目及不同位置常见的损伤，应当仔细检查每个运动员的损伤和训练经历。运动员能否清楚地反映以前训练不当所导致的损伤情况？有些运动员可能比别人更容易受伤或更少受伤。另外，在竞技体育训练中出现一个新的趋势，以测试或特征数据证据为基础的损伤预测（如体脂、比赛经验、核心力量），这应当在需求分析中与训练师讨论。从专项竞技角度来看，体能教练和运动员也应当利用需求分析中损伤预防部分来建立相应的测试方法，这在其他阶段通常不会解决。另外，还应当检查运动员每个关节在各个运动方向上完成被动、静态、动态动作的动作范围。还可通过对运动员完成不同练习的动作分析，让体能教练找出运动员主要关节完成的动作的活动范围和不足。此外，体能教练应当花时间分析运动员在力量房训练的动作，这有利于了解运动员静态和动态的动作模式。体能教练可以设计一些练习手段，更好地解决运动员在肌肉动作、姿势和动作范围方面的不足。

表1.3 普通损伤的项目和位置

运动项目	位置	损伤类型
棒球和垒球	投手	肩袖肌腱炎 内侧肘拉伤/扭伤 躯干旋转拉伤 膝扭伤（ACL / MCL）
	内场手/外场手	膝扭伤（ACL / MCL） 踝扭伤 躯干旋转拉伤 内侧肘拉伤/扭伤
	接球手	膝扭伤，髌骨股骨疼痛 膝盖半月板损伤 肩袖肌腱炎 肌肉拉伤（尤其下肢）

续表

运动项目	位置	损伤类型
篮球	全部	膝扭伤（ACL / MCL） 膝骨肌腱炎 踝扭伤 肌肉拉伤（尤其下肢）
橄榄球和英式橄榄球	四分卫（橄榄球）	肩袖肌腱炎 内侧肘拉伤/扭伤 膝扭伤（ACL / MCL） 肩脱臼/错位 踝扭伤
	其他所有位置*	膝扭伤（PCL） 椎间盘突出 肩脱臼/错位 手和手腕拉伤/扭伤
足球	全部	踝扭伤 膝扭伤（ACL / MCL） 髌骨股骨损伤
体操	N/A	肌肉拉伤 膝关节拉伤 肩周炎 踝扭伤 椎间盘突出 髋关节扭伤 肩部脱臼 肘部拉伤/扭伤
曲棍球（场地或冰上）和长曲棍球	守门员	腹股沟拉伤 膝扭伤（ACL/MCL，PCL/LCL） 躯干旋转扭伤 髋关节屈肌群拉伤 手和手腕拉伤
	其他所有位置*	椎间盘突出 脚和踝拉伤/扭伤 肩部脱臼/错位

续表

运动项目	位置	损伤类型
跑（越野和距离）	N/A	足底筋膜炎 髂胫束炎 膝关节肌腱炎 膝关节滑囊炎
游泳	N/A	肩肌腱炎
网球	N/A	踝关节扭伤 肌肉拉伤 膝关节拉伤 髋关节滑囊炎 肘部肌腱炎 肘关节韧带发炎
径赛（短跑或中跑）	N/A	踝关节扭伤 肌肉拉伤 膝关节拉伤 髋关节滑囊炎
水球	所有位置	肩周炎 肌肉拉伤
摔跤	N/A	肌肉拉伤 肩部拉伤 肩错位 椎间盘突出 手和手腕拉伤 膝关节拉伤

*表示除了上面列出位置各个位置以外其他的损伤。
这些是运动项目损伤发生的例子。它并不表示一定会发生这样的特定诊断，这些只是例子。这不包括运动项目发生的所有损伤。损伤类型表示运动项目中某一位置运动员发生的主要损伤。此表作为运动损伤预防训练指导的参考。ACL＝前交叉韧带；MCL＝内侧副韧带；PCL＝后交叉韧带；LCL＝外侧副韧带；N/A=不分位置/所有位置。

当一个运动的损伤风险与生物力学分析相结合，这些信息能使体能教练根据运动项目中的运动位置去设定损伤风险。例如，棒球投手的肘关节和肩关节损伤的风险通常比一垒手更大（主要由于过度使用）。性别和损伤风险之间的关系争论先不提了，但在运动项目中，损伤率的性别差异趋势仍然存在。根据不同性别、项目和比赛位置的损伤类型，正确分期练习方案可以实现降低训练计划的风险。随着对运动员测试和训练技术的发展，很多体能教练已经开始从事与传统不同的工作。他们可能需要与运动医学团队（如队医、训练师和理疗师）一起工作，整合各种可能允许他们更好地利用每个运动员损伤的机会以循证医学实践的方式来识别风险的手段。如前所述，在运动医学中这是一项新兴科学。体能教练应当利用这些信息提高每个运动员对风险的适应性，通过在训练计划中组合练习手段来获得更高的适应性（如提高核心力量，提高后背力量，提高身体成分等）。这将起到运动医学领域所说的积极预防作用。采用这些信息，任何体能教练都可以利用需要分析来建立损伤预防计划，这将最终提高运动员骨骼肌和心肺系统的力量和耐力。这种方法也能预防身体疲劳和损伤。

3.2　运动员的伤病恢复

运动员从现有的损伤中恢复可能需要在训练计划中进行多方面的调整。例如，力量训练可以使运动员更壮、更快、更强。但是，由于膝关节和踝关节的旧伤，这个运动员无法完成充分的深蹲。让运动员从伤病中恢复，就需要对训练计划做相应调整，使受伤组织得以良好愈合。正如前面提到的，在这种情况下，专项教练需要用上运动医疗团队（队医、训练师、理疗师、体能教练）的正确诊断，合理地采用训练调整促进运动员损伤康复和成绩提高。

体能教练必须了解每个运动员的训练史和受伤情况。这种检查应包括整个运动医学团队成员录入的参与损伤预防各部分的信息。此外，通过了解训练史和伤病情况，体能教练可以调整练习手段，如前面提到下蹲的例子，运动员仍然可以进行训练而不会对身体造成更大负荷。

■ 4　需求分析整体应用

在设计一个训练方案前，体能教练必须考虑运动员的专项运动需求、在运动队中的位置、遗传和形态差异以及伤病史或以前的医疗状况。在制订训练计划时，需要牢记的关键点是运动员的训练史。评估的第一个方面是了解运动员的训练史和训练日程。在完成这个评估后，体能教练要与运动员进行交流，了解他们之前的力量训练、运动经历、运动损伤史，以及可能涉及形成复杂背景的其他问题。在评估运动专项体能状况、建立运动损伤预测模型、激励运动员提高或保持特定的体能参数、检验训练计划的有效性、激发运动员进行认真身体训练避免损伤和提高潜能及运动成绩等方面，体能测试也是十分重要的。运动员的成熟程度与过去训练和比赛的数量会影响综合的方法。

> 构造一个整合的和周期的年度训练计划见第十二章。

体能教练面临的是训练的实际时间、可用的设施和每个运动员的训练目标。这些目标应该始终建立在事实和科学数据的基础上，而不是简单的主观臆断。获得好的训练目标的指标，常用的方法就是评价与专项需求相接近的训练计划。通过改变训练变量来实现训练满足专项的肌肉动作、肌群、动作群、速度、能量系统的需求。直观地说，训练计划的重点应该是运动员需要提高的地方。这个理念已被普遍接受，尽管它时常会被忽略。需求分析有利于帮助确定需要强调的地方。

通过全面了解专项运动的生理需求，体能教练可以设计训练来提高运动员专项运动的生理能力，而不是促使他们进入能导致损伤的过度使用模式。此外，在此过程中，运动员个人竞赛计划和周期训练的理论非常重要。这对体育运动组织（如全国大学体育协会）限定训练时间的项目来说尤为重要。因此，专项教练就有可能与体能教练争夺宝贵的训练时间了。

通常，专项教练不能安排足够的休息和恢复时间，因此运动员就要超负荷完成很多练习（例如，足球教练经常安排许多比赛练习和大量跑动训练，而减少力量和爆发力训练时间）。这种减少身体从运动和活动压力中调整和恢复的方式可能导致运动员的过度透支或非接触损伤。通过分析竭力到休息的间歇，体能教练可以确定哪种练习类型有利于发展运动员在比赛模式中的竞技实力和多场比赛间的恢复方法。发现潜在的恢复问题是训练过程的一部分。从这一点起就要设计解决的方法，确保运动员能适应练习、比赛和恢复的需要。

既然深入分析了专项运动能量代谢、生物力学、损伤预防需求的基本信息，在每个运动员的训练课和训练计划中就要用上这些信息。体能教练已经收集和分析了大量信息，就要花时间分析这些信息的基本原理，把它们运用到实践中，并重新评价和修改训练计划，以满足不同运动项目的需求。

4.1 功能性和非功能性训练过度与过度训练

体能教练必须筛选练习手段、调整训练刺激来获得专项运动的适应。当调整训练变量和筛选练习手段时，就会产生与训练目标相适应的训练刺激（如肌肉肥大、爆发力、力量、局部肌肉耐力、肌肉骨骼系统的耐力变化等）。这使得运动员通过神经、结构、激素的变化来适应训练计划。运动训练产生的适应性变化只有在超出运动员原有水平时才能获得（通常称为超负荷）。

通过超负荷的训练计划，体能教练确保运动员在预期的训练计划和过程中产生功能性的超量恢复。因此，就出现了阶梯效应的结果。运动员经历急性疲劳和短时竞技能力下降，但很快就会恢复到正常或甚至轻微提高。长时间的超负荷，身体功能可能会被抑制数日。但是，一旦超负荷刺激消失，这些能力会急剧反弹（如增长到比训练前的值高）。体能教练要控制训练中发生的积极性适应或结构和功能性差异。

训练变量的调整是一种微妙的平衡行为，需要对训练课日志和测试进行严密的监控。如果训练变量调整不符合期望的适应值和专项训练目标，运动员可能会产生非功能性训练过度。在此情况下，运动员身体在神经、结构、激素方面也对练习手段产生与功能性超量恢复相似的反应，但在没有休息的情况下就不能积极适应。竞技能力开始下降，一些训练适应消失，这意味着整个训练计划有问题，运动员难以有效地适应或保持功能性能力和身体成分。如果这个过程继续持续一段时间，运动员可能会产生过度训练的症状，竞技能力可能需要数月才能恢复（图1.5）。

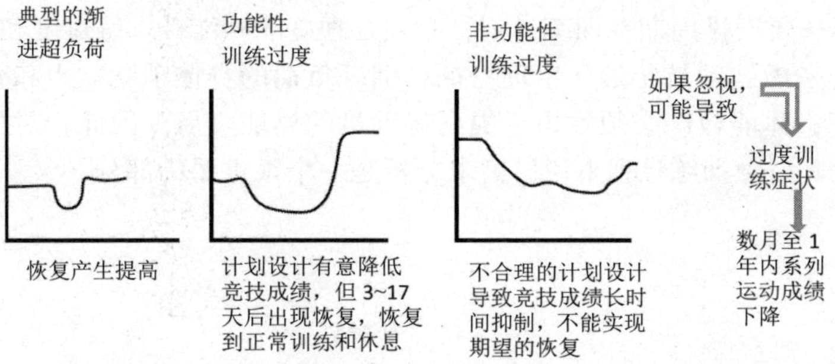

图1.5　功能性训练过度导致运动能力出现短暂下降，随后产生适应和竞技能力提升。如果不能如此，那么就可能产生非功能性训练过度。长期如此，就可能导致过度训练症状和长期运动能力下降

4.2　训练计划的兼容性

当完成训练计划设计工作后，体能教练必须考虑如何把各种训练目标整合到总的训练计划中，特别是当涉及阻力训练和心血管耐力训练时。

有研究表明，阻力训练和心血管训练同时在高强度时，肌肉量增加，爆发力会受到消极影响。此外，有些教练过度使用有氧训练，认为这是发展有氧耐力的基础。实际上，短距离间歇跑训练计划可以实现同样的目标。足球、篮球、冰球、曲棍球、长曲棍球和英式橄榄球都非常需要速度耐力。在很多运动项目中，教练员不应安排太多的有氧训练，而减少对速度和爆发力素质的训练。相反，由于需要加强组织和预防损伤，耐力运动项目运动员要从阻力训练中获益，如果做得正确，就会对有氧耐力成绩起到积极的作用。

另一个因素也可能影响练习手段筛选的兼容性，那就是在训练计划中把速度和灵敏训练与运动专项训练整合到一起。因此，训练兼容性的分析应注重两个方面：①体能教练应该认真研究专项运动生理和生物力学需求，以及根据运动员在比赛场上的位置来评价爆发力、力量和有氧耐力的需求。②通过测试和监控来确定在什么情况下心肺耐力和抗阻训练结合在一起会产生不利效果。合理的训练周期和休息时间对恢复和减少过度训练非常重要。

小 结

· 体能教练必须认真评估每一个运动员和运动项目，了解力量训练计划中的需求和整个体能训练计划的需求。

· 运动员需求分析包括能量代谢需求、生物力学要求和运动项目潜在损伤风险。

· 整合力量训练计划和其他训练活动，这是整个体能训练的重要方面。首先必须明确训练目标，要安排周期性训练过程，必须处理好非功能性训练过度和过度训练。

· 在综合考虑运动员年龄、生理特征、训练负荷的身体承受能力和合理训练计划安排的条件下，体能教练必须致力于提高运动员的体能发展。因此，对于总体训练计划的设计，尤其阻力训练计划来说，需求分析是一个很重要的部分。

第二章

运动员测试和训练计划评估

Jay R. Hoffman

体能训练计划建立在通过定量评价所积累的科学数据的基础上。在某种程度上，科学化训练应包括合理地解释评价结果，并向运动员和教练员提供有益的信息。这有利于体能专业人员提高运动员专项竞技能力，科学评价专项训练案例的有效性和运动员专项潜力，合理设计集体和个人项目运动员的训练目标。本章的重点是制订运动员体能评价方案，包括体能测试工作的选择和管理、测试结果的合理解释，以及普通实验室和场地测试评价运动员体能的方法。

设计实用性的训练计划要结合运动员的专项竞技需要（参见第一章）。然而，要了解运动项目对体能的需要，就必须全面了解运动项目特性。这需要一套完整的体能测试，对影响运动员竞技能力的要素（如力量、无氧爆发力、速度、灵敏、最大有氧能力、耐力和身体成分）进行全面分析。根据评价结果来确定每一个专项体能要素的相关情况和重要程度，这有利于在制订运动员训练计划时适当重视专项体能要素。专项竞技能力模型标准（Athletic Profile Establishes Standards）既可以预测运动员未来竞技能力的表现，也可作为运动员早期选材的标准。如前面所述，运动员和体能训练专业人员能把专项竞技能力模型作为激励工具，并通过比较测试结果来建立和完善训练目标。体能测试还能为个体训练方案提供基线数据，评价专项训练计划的有效性，也有助于了解运动员运动损伤康复和参赛情况。

■ 1　影响测试成绩的因素

运动成绩评价需要很多相关因素来解释，当与其他运动员进行比较或运动员自身比较时，体能专业人员要了解影响运动成绩的因素。这些因素包括身体形态、肌纤维类型、运动员训练状态，以及测试的专项性、适宜性、有效性和可靠性。

1.1 体 重

一般来说，力量与体型呈正相关。也就是说，身材高大的运动员比身材矮小的运动员强壮。对不需要体重分级的运动项目来说，绝对力量是比较运动员力量大小的合理方法。然而，很多时候，相对力量更适合评价运动员体重差异较大时的力量和爆发力。

体重的问题也存在于其他比赛测试中。在纵跳和爆发力测试中很容易理解体重的重要程度。采用纵跳测试来评价两个运动员的下肢爆发力，一个重198lb（1lb≈453.6g），另一个重242lb。虽然他们跳的高度都是27in（1in≈25.4mm），可哪一个运动员爆发力更好呢？仅从跳跃高度来说，有人会认为他们下肢爆发力相同。但是，从相对爆发力来说，体重大的运动员爆发力更好。虽然体重大的运动员跳跃了相同的高度，但他克服的负荷更大。爆发力等于力除以速度，体重（力）越大，产生的爆发力越大。以此方式来评价会导致两种截然不同的结果。

1.2 肌纤维类型

肌纤维类型在产生爆发力、保持运动能力、延迟疲劳等方面起着重要的作用。快肌比例高的运动员爆发力和快速收缩速度能力更强。相反，慢肌纤维比例大的运动员抗疲劳能力强，但力量和爆发力较弱一些。这些运动员在有氧耐力性运动项目中占据优势。通过运动训练很难改变运动员的肌纤维类型，因此，在评价速度和灵敏素质时，就需要了解运动员的生理限制因素可能对他们提升空间的影响。一个体能教练不可能使一个短跑运动员变成长跑运动员，但他能帮助一个跑得慢的运动员跑得快一些。

1.3 训练状态

运动员的训练经历在很大程度上决定了其潜在竞技能力提高的幅度。训练经历越丰富，竞技能力提升空间越小（图2.1）。训练经历少的运动员，能力提升的空间非常大。

但是，随着训练时间的增长，竞技能力提升幅度不会逐渐下降。随着训练的继续深入，竞技能力的提高很难实现。此时运动员的竞技能力可能进入一个稳定期，这个稳定期可以认为是遗传的上限。在此水平上难以通过生理的弥补来提高竞技能力，体能教练应该意识到，不管训练水平如何，高水平运动员的竞技能力难以显著提高，即使他是第一次参加体能训练。因此，体能教练必须了解运动员在训练曲线上的位置，及其基于实际期望所设置的训练目标。只有清楚了解运动员的训练水平，才能合理地解释比赛成绩的变化情况。例如，在对优秀举重运动员进行的为期一年的跟踪调查中发现，他们的力量有小幅度提高，但这种提高幅度无显著性。实际上，尽管没有发现统计学变化，但运动员和体能教练的训练计划是成功的。对优秀运动员来说，通过训练提高运动成绩是非常困难的，即使运动成绩的稍稍提高就可能意味着决定成败的差距。在解释测试结果时，尤其是在优秀运动员中，运动成绩小幅度提高的现实意义往往高于统计学上的显著性提高。

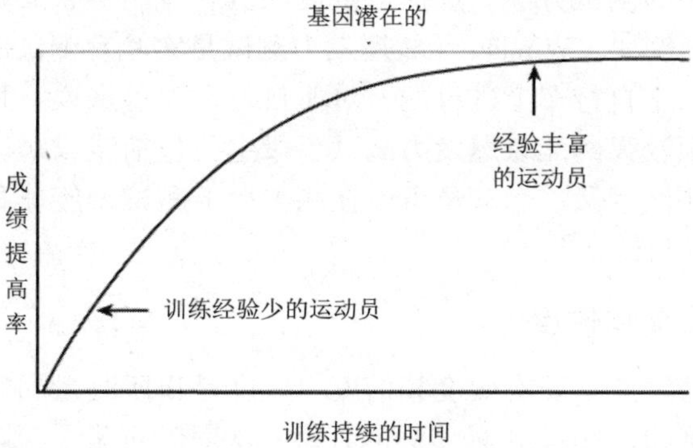

图2.1　理论训练曲线。当运动员不断地训练，通过训练提高竞技能力的速度和程度越来越小。然而，对优秀运动员来说，往往还可以小幅度地提高

引自J.R.Hoffman，2002，*Physiological aspects of sport training and performance.* Champaign，IL：Human Kinetics，74.

■ 2　测试方法的选择

测试内容和方法的选择主要是根据专项体能的要素。一个典型的测试内容可能包括上下肢力量测试、爆发力测试、速度和灵敏评价、心血管耐力、身体成分和柔韧性。

在对运动员评价时，合适的测试内容取决于运动项目的竞技需要。当确定评价内容后（例如，力量、爆发力、有氧耐力、速度等），下一步就是确定测试的信度、效度、专项性及与项目相关的评价。如果没有涉及以上内容，那么该测试内容可能存在一定问题，能获得的信息很少。

2.1　测试的专项性和相关性

就专项能力来说，测试具有重要的价值，每一次测试对运动员训练计划的制订是必不可少的。例如，在力量训练和测试中都采用相似的练习模式（如下蹲），测试结果可以准确地反映出力量提高的幅度。然而，如果力量训练和测试分别采用不同的训练模式（如机械与自由力量）或练习（如下蹲与蹬伸），就很难看出力量提高的幅度。

一项对两组受试者进行10周测试的训练研究表明，一组在变阻力量训练机械上训练（下肢蹬伸练习），另一组采用自由力量进行训练（下蹲）。下肢蹬伸练习组的下肢蹬伸力量提高了27%，而下蹲力量只提高了7.5%。相反，下蹲练习组的下蹲力量提高了28.9%，而下肢蹬伸力量只提高了7.5%。从实验结果来看，采用与训练手段不同的测试方法进行力量测试，只反映出力量提高的幅度为25%。在运动员测试过程中，应当选择与专项有关的测试方法，选择可供运动员和体能专家准确地了解专项竞技能力变化的评价指标。例如，Wingate无氧爆发力测试是实验室测试爆发力的金标准。但是，由于测试是在功率自行车上进行的，对非自行车项目来说，其测试的专项性就值得怀疑。因此，专项较强的无氧爆发力测试手段主要包括跑或跳。纵跳测试就是一个专项无氧爆发力的测试手段，运动员可以在测力台上测试，篮球和排球项目的运动员可以佩戴加速计进行测试。

2.2 测试的效度和信度

测试最重要的特征就是要有效度和信度。效度是指所测量到的结果反映所想要的考察内容的程度。例如，1RM（最多只能试举一次时的重量）深蹲练习是一项有效评价下肢力量的方法，主要是由于它最大程度地动员了下肢肌群。信度是指测验结果的一致性、稳定性及可靠性。在评价体能训练计划时，可信的测试选择能反映出竞技能力轻微的变化。如果一个测试可信度低，那么测试的差异仅能反映测试的变化，并不能反映出训练计划的有效性。

■ 3 测试管理中的实际问题

要获得精确的评价，需要进行安全、有组织的测试。应精心策划评价时机，测试步骤也要合理。另外，所有参加测试的运动员要清楚了解每项测试的目的。

3.1 安全原则

不管竞技水平高低，所有运动员在参加健康或竞技能力评价前都应该进行体检。参加体检的目的是确定运动员是否有参加练习计划或体质评价的禁忌症。确保运动员获得医学许可是每一个体能教练的责任，强烈建议医疗许可问题应当包含在标准操作程序指南中。操作程序指南应当在运动队医或与运动医学组协助下完成。

3.2 评价时机

要从评价计划中获得最多的信息，就必须在整个训练年度中开展评价工作。每一次评价的目标可以不同，着重确定训练目标，评价训练计划的有效性，或评价运动员参赛准备的情况。要评价训练计划的有效性，在年度训练开始和结束时都要进行诊断。评价比赛期运动员身体准备情况，就要在训练基地开始训练时对运动员进行测试。

对新运动员来说，要让他们有充足的时间来学习如何完成每个测试，然后再让运动员安全地完成每个测试，使评价更加准确，练习手段更加有效。图2.2是整个训练年度的专项测试期案例。这个测试安排是针对美国大学生橄榄球运动员的，他们的竞赛期在9～11月。第一次测试安排在非赛季（冬季）训练开始阶段，这为安排训练手段、确立训练目标提供数据并可作为运动员的激励工具。第二轮测试应该安排在冬训末和和夏训前，大约比赛前3个月左右。这次测试有利于体能教练评价整个冬训计划，检查运动员的进步情况，并不断激励他们。最后的测试安排在训练基地每次集训开始前，作为夏训计划训练效果的最终评价。

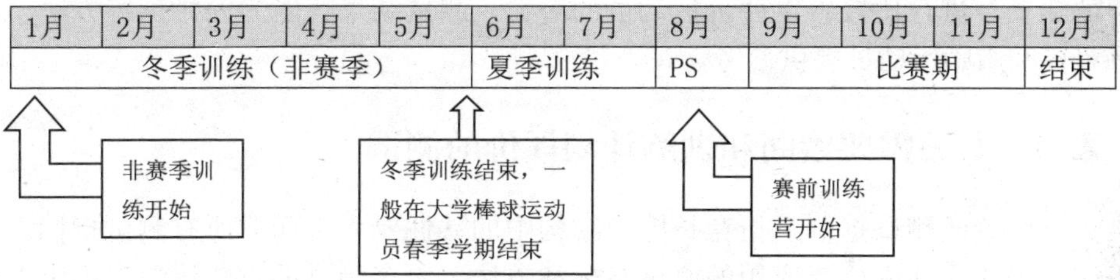

图2.2　美国大学橄榄球队运动员评价的时机

引自 J.R. Hoffman，2006，*Norms for fitness，performance，and health.* Champaign，IL：Human Kinetics，9.

3.3　测试顺序

测试管埋中一个重要的问题就是测试项目顺序的安排。一般来说，首先安排最小疲劳的测试项目。运动技能比较高的测试项目（如灵敏素质）应安排在所有容易疲劳的测试项目之前。任何导致运动员疲劳的测试项目都会影响后续测试项目的测试结果。例如，有氧耐力练习后进行力量训练，就会使得力量水平显著下降。但是，力量测试安排在先时，有氧耐力水平的测试结果就不会受到影响。因此，要把会导致运动员疲劳的测试项目［例如，300yd（1yd≈0.9144m）往返跑、各种直线往返跑、1.5mi（1mi≈1.609km）跑］安排在测试的最后。

很多因素都会影响测试顺序，包括参加测试的运动员人数、测试持续的时间（如2h、1天）、参与测试的体能教练的人数。在理想的测试方案中，所有运动员应当以相同的测试顺序进行测试。如果测试工作持续的时间较长（如超过2天），最疲劳的测试项目应安排在最后。但是，由于时间的限制，理想的测试训练方案往往是难以实现的。

在对一个运动队或一群运动员测试时，可能需要多个测试站同时进行测试。在一段时间内，运动员经常被分成若干组轮流进行测试。有的运动员完成40yd跑后，接着进行力量测试，其他运动员在短跑和灵敏测试前先完成力量测试。

理想的测试方案会获得准确的测试结果，耐力性和往返跑测试项目（最疲劳测试项目）安排在测试单元的最后并进行适当的休息，每项测试间隔至少5min，便于磷酸源供能系统的恢复。体能教练还应当考虑如何安排测试顺序能提高肌肉性能，如先完成最大蹲跳测试后能显著提高纵跳的高度。

3.4 测试结果的解释

测试工作结束后，测试的结果要及时告诉运动员和教练员。在集体项目训练中，运动员的个人结果要与之前的测试结果进行比较。测试结果还可以与其他同项目和同位置的运动员进行比较，以评价运动员的潜力。测试结果还能为安排训练方法、确立训练目标和激励运动员提供参考。

■ 4 有关需要诊断和训练计划评价的测试

以下讨论的测试指标是指竞技能力结构中的共性要素，而非所有测试指标。下面重点讨论训练实践中广泛应用的测试指标和方法，更多测试的方法请参考第十二章中年度训练的内容。

4.1 力　量

在力量评价时，体能教练必须确定采用何种测试手段，是否测试最大力量或从次最大力量推测。在选择测试指标时，他们必须牢记专项力量的重要性。测试应该是运动员力量训练计划的一部分，如前所述，这有利于教练员清楚了解训练计划的效果和真实地测量运动员的能力。如果起始阶段的测试安排在训练计划实施之前（如新运动员第一次训练前的测试），诊断力量的测试对运动员来说是一种新的手段。合理的力量测试应当符合这几方面的要求：测试手段成为随后力量训练的一部分，在对训练计划评价时采用相同的测试手段，测试手段不需要过多的技术要求（如1RM挺举）。采用训练计划中的力量测试的好处还在于它能确保运动员正确完成测试动作技术，从而减少测试中的损伤，为力量测试提供合理的手段。

力量测试既可以是动力的持续抗阻练习（如自重练习），也可以是等速肌力测试或等长肌力测试。采用何种肌力测试的练习模式取决于测试的目标。如果力量测试是为了预测潜在的专项竞技能力，就要采用与专项运动中相似的动作模式和相同肌群，力量测试应当包括多关节和多肌群参与的练习手段。

通常，力量测试主要是评价身体某个部位的力量（如上肢或下肢）。因此，应选择运动员训练计划中经常使用和特定部位大量肌群参与的手段进行测试。

一般来说，卧推练习是经常用来评价上肢力量的手段，深蹲练习是常用来评价下肢力量的手段。这些练习手段中动员了大量肌群的参与。

4.2　等速肌力测试

在有些情况下，一个动员较少肌肉的练习或单关节的运动测试可以提供更多的信息。例如，双侧肢体肌群力量比较（如膝关节屈肌群和伸肌群）可以显示容易导致运动损伤的潜在薄弱环节。等速肌力测试中分离这些肌群的目的主要在于更好地进行比较。等速肌力测试装置（图2.3）以一定的角速度来测试关节力量。

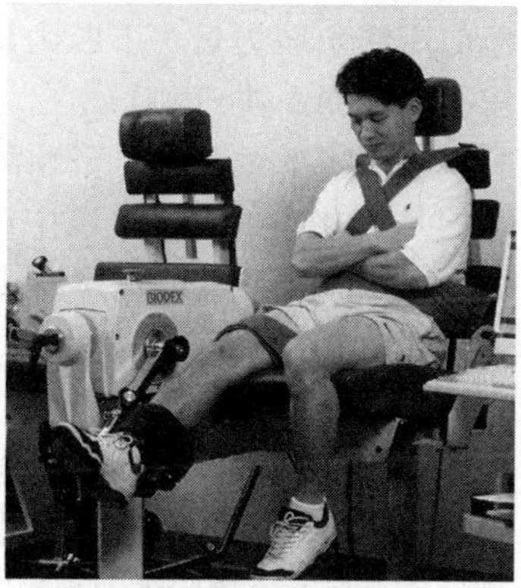

图2.3　等速肌力测试

在整个运动范围内，等速测试的力与身体部位产生的力大小相等、方向相反。身体用力产生的围绕其轴线旋转的力称为转矩，用牛·米（N·m）表示。由于等速肌力仪只能评价单关节、单侧的运动，因此，它在力量评价方面主要限于通过两侧肌力的差距或肌肉-关节不平衡来确定运动员潜在的肌肉损伤，这种测试模式比较耗费时间。因此，这种评价方法通常被那些对运动员进行康复训练的人员采用。

通过主动肌与被动肌之间肌力比来预测损伤的研究结果是不可靠的。其首要问题是不同运动项目运动员之间的差异较大，发展专项肌群肌力的训练效果，在不同关节中主动肌和被动肌的肌力比存在差异。双侧肌力差异的测试在损伤的风险预测方面具有一定的价值。双侧肌力相差15%或更大就可能表明重大损伤风险，运动员肌力不均衡达到15%以上，肌肉损伤的风险就可能高达2.6倍以上。但是，两侧肌力差距值应用的有效性仍存在争论。有些运动项目的运动员主要依赖单侧手臂动作（如网球、棒球投手），两侧肩、肘、腕关节肌群的肌力差距值经常比较明显。网球运动员和棒球投手的上臂肌力差距可达到20%。两侧肌力差距值如此大可能是由于上臂肌群承受负荷的差异性所造成的，两侧肌力的差距值是否影响运动成绩或增加损伤尚不明确。

4.3　动态恒定阻力测试

动态恒定阻力练习是指练习时不需要负重，是最为常用的力量测试模式。它涉及的因素包括：运动员训练计划中部分练习手段也可能被用来作为测试指标，挑选的练习尽可能与实际运动动作相似，以及练习中动员大量肌群参与。实践中使用最频繁的是最大力量测试，它一般用于直接测试一次最大力量（1RM）或从完成亚极量负荷重复的次数中来推算最大力量。通常情况下，这要取决于实际情况。当要测试大批运动员时（当对一个运动队测试时会经常遇到这种情况），时间是一个重要而有效的考虑因素。另一个问题是，最大力量测试可能导致运动损伤的发生，这一点尚无研究结果支持。只要运动员采用适宜的负荷，专业体能训练人员在现场，合理使用记录员，确保设备和测试场地的安全，1RM测试就不会增加受伤的风险。卧推、深蹲和挺举广泛地应用于上肢力量、下肢力量和爆发力评估，这些测试手段已被证实具有很高的重测信度（重测系数> 0.90）。

用亚极量负荷测试来预测最大力量的有效性已被证实（相关系数>0.90）。应当注意的是，在各种练习手段中选择1RM百分比重量的重复次数是变化不定的，在一个练习手段中变化幅度也是相当地大，表2.1中列出的公式可以用来预测1RM。

最大力量（1RM）测试方案

运动员应该做到以下几点：

· 完成一组10次力量的热身练习，练习的负荷超过预期50%1RM重量。
· 完成另一组5次力量的热身练习，练习的负荷超过预期75%1RM重量。
· 休息3～5min。
· 完成一次预期90%～95%1RM重量的练习。
· 休息3～5min。
· 尝试1RM 。
· 休息3～5min。
· 如果尝试成功，增加重量并尝试新的1RM。
· 继续这个方案，直到失败为止。

表2.1 推算1RM力量的计算公式

公式
重复的重量/（1.0278 － 0.0278×次数）
（0.033×次数×重复的重量）+重复的重量
（100×重复的重量）/（101.3 － 2.67123×次数）

另一个值得注意的是，预测最大力量中重复的次数。在亚极量的卧推测试用来评价上肢最大力量时，预测公式有效性时需要尽可能完成次数在10次以内。如果重复次数超过10次，公式就失去有效性，并可能低估实际最大力量。因此，如果体能训练专家决定用亚极量来预测最大力量，建议选择接近运动员力量水平的负荷。例如，一些美式足球队根据运动员在比赛场上的位置来确定负荷。例如，边锋选择卧推测试的负

荷是330lb，边后卫选择卧推测试的负荷是300lb等，这种方法可能更有利于运动员完成测试。

4.4 无氧功率和无氧能力

无氧功率可以在实验室和场地进行测试。对大部分体能专家来说，在人体实验室工作的可能性是有限的。但是，如果有机会的话，人体实验室能提供更为复杂和精准的体能测试。本节讨论的测试包括评价无氧功率和无氧能力的实验室和场地测试。无氧功率是提供运动员潜在无氧能力的信息，反映运动员在一定持续较长时间内完成高强度练习的能力（如一场比赛）。例如，看一个篮球运动员能跳多高，有助于了解他的潜能。当然，这不能反映出运动员打篮球的身体状况是否良好。

4.4.1 实验室测试

实验室有很多测试评估无氧功率的方法。不同的测试方法有不同的灵敏度，能提供不同的信息。无氧功率可以通过在电动跑步机、测力台或接触垫、最大努力循环测试中的冲刺进行评价。这些测试可以得到峰值功率（在测试过程中达到的最高功率输出）、平均功率（整个测试的平均输出功率），或两者兼有。此外，还可以测试疲劳速率（运动员在整个测试的持续时间内保持功率输出的能力）。无氧功率测试的金标准是在实验室进行的Wingate无氧功率测试。运动员用自身体重做负荷，最大能力快速骑固定自行车30s。此实验最初是在以色列温盖特学院开始的，这是确定实验室的无氧功率测试，在世界各地已广泛地使用。重测信度很高，重测系数>0.90。它能对运动员的峰值功率、平均功率及疲劳指数进行评估。然而，随着现代计算机技术和编程技术的进步，人们采用不同的运动时间来评价无氧功率，有的运动持续时间比较短（10～20s），有的持续60s。

尽管尚不能确定疲劳指数是否能有效预测无氧能力，但疲劳指数确实与快肌纤维数量高度相关。通常，疲劳指数高的运动员，其快肌纤维数量多。一般情况下接受过有氧耐力训练的运动员疲劳指数低。图2.4描述了30sWingate无氧功率测试结果。Wingate无氧功率测试的主要缺点及不能广泛地被体能训练专家认可的原因是专项肌群和运动模式的问题。很少有运动项目的竞技动作像骑功率自行车一样。例如，篮球运动员无氧功率的评价采用纵跳测试可能更加专项化一些。这个测试要求运动员在测力台或接触垫上完成多次的下蹲跳，记录每次跳跃的腾空时间（从运动员离地到落地接触垫子的瞬间）。腾空时间用来计算身体重心的变化，用体重和跳跃高度可以计算出身体运动的机械功。无氧功率可以用机械功和跳跃接触时间来计算。纵跳无氧功率测试有较好的专项性，尤其是对篮球和排球项目。

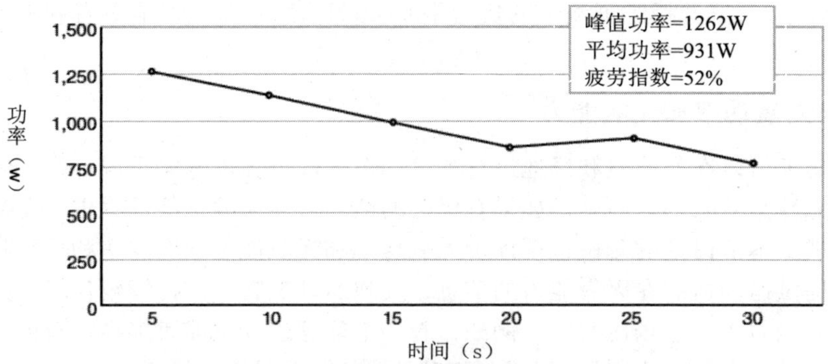

图2.4 Wingate无氧功率测试过程中30s功率输出示意

引自 J. Hoffman, 2006, *Norms for fitness, performance, and health.* Champaign,IL: Human Kinetics, 54.

4.4.2 场地测试

当测试大批运动员时，一些管理问题（设备的数量和一次只能测试单个受试者的实际情况）可能会影响上述提到的测试方法的使用。因此，大部分体能专家会采用场地测试的方法来进行类似于实验室的测试评价手段。纵跳是常用来评价无氧功率的场地测试方法。评价无氧能力的场地测试方法很少。下面介绍几种常用的无氧场地测试方法。

纵跳 纵跳是普遍采用的场地评价无氧场地的方法。这种方法相对比较容易，能有效地测量跳跃项目运动员的专项爆发力。纵跳的主要不足之处在于只能测量跳跃高度。若想提供更加精确的功率评价，就要采用公式来估计纵跳测试的功率结果。需要注意的是，功率结果的单位是瓦特（W）。计算最高和平均功率的公式是：

最大功率（W）= 61.9 × 跳跃高度（cm）+ 36 × 体重（kg）+ 1,822

平均功率（W）= 21.2 × 跳跃高度（cm）+ 23 × 体重（kg）- 1,393

300yd往返跑 往返跑是场地测试中经常使用的无氧能力评价方法。在进行充分的准备活动后，运动员们排队站在起点线上，听到信号后，运动员快速跑到前面25yd标志点处，然后跑回起跑线。总共跑6个往返（12 × 25yd =300yd），在最后一个往返跑中，运动员越过线时记录的时间精确到0.1s。5min的间歇后，运动员再次测试300yd往返跑。测试结果取两次的平均成绩。

直线跑 直线跑练习是测试运动员无氧能力的场地测试方法。直线跑练习可以在标准的篮球场或有相似空间的任何户外或室内场地进行（图2.5）。运动员站立式起跑，从底线跑向边界线（5.8m）上4个独立放置的锥桶：近处罚球线（5.8m）、半场线（14.3m）、远处罚球线（22.9m）和最远底线（28.7m）。当运动员到达每个锥桶后，快速返回起跑线并继续快速跑向下一个锥桶。

当这个测试在室外场地进行时，如足球场，就要使用码线标记。例如，在足球运动员测试中，球门线可能是起跑点，锥形标志需要放在10yd、20yd、30yd和40yd线（9m、18m、27m、36m），在室内的测试程序也是一样的。当测试一批受试者时，运动员需要用触线来代替接触锥桶。为了便于准确评价每个运动员，体能教练需要一块秒表来记录每一个运动员的成绩，通常测试3次，每次测试间隔2min。记录3次测试成绩，取最好成绩。疲劳指数为最慢成绩除以最快成绩。

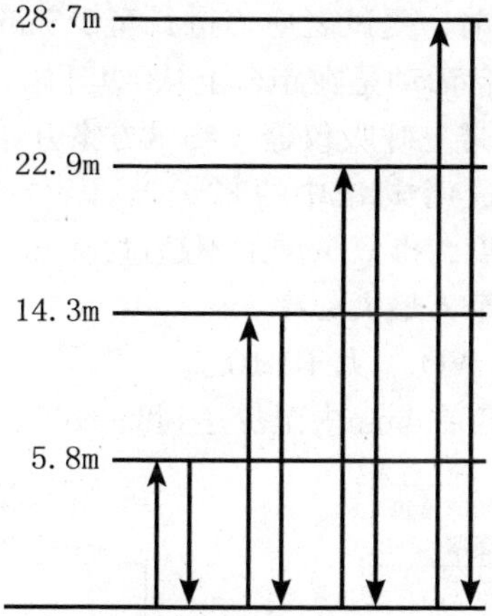

图2.5　标准篮球场上直线跑练习的跑动模式

引自 J.R. Hoffman, 2006, *Norms for fitness, performance, and health.* Champaign, IL: Human Kinetics, 200.

4.5　有氧能力和有氧耐力

有氧耐力项目运动员的成绩往往取决于优异的有氧能力，如越野滑雪、跑步、游泳、骑自行车等项目。虽然许多因素会影响有氧能力（如毛细血管密度、线粒体数目、肌纤维类型），但运动员的最大摄氧量是反映机体有氧供能系统能力的重要指标。最大有氧能力既可以直接通过运动力竭时的摄氧量测得，也可以通过亚极量练习测试来预测。

4.5.1　实验室直接测量

实验室评估有氧能力最常见的方法，是通过运动员在跑台上完成逐级递增负荷直至筋疲力尽的方式直接测量获得的。最大有氧能力也可以通过功率自行车、系绳阻力游泳或在游泳池游泳等方式进行测试。测试的方式取决于运动员的运动专项。在跑步机上进行有氧能力测量的结果准确性最高。在对铁人三项运动员的研究中，通过系绳抗阻力游泳和功率车的方式测得的最大摄氧量值分别比在跑台上的测试值低13%～18%和3%～6%。图2.6（a）和2.6（b）列出了普通人群最大摄氧量测试中常用的跑步机测试方案。目前已有很多最大摄氧量测试的方案，还有一些适合特殊人群的测试方案。

例如，一些运动方案主要是为心脏康复设计的，而其他方案主要是为运动员设计的，两者的主要区别在于方案最初的起点（跑步机的坡度和速度），以及逐渐递增的运动负荷（坡度和速度的增加）。

对运动员来说，受试者要在134～188m/min的范围内确定适合自己的起始速度。受试者应能够在此速度下跑完整个测试过程，同时，在运动力竭前跑台的高度保持每2min递增2%。

力竭运动负荷试验开始前，受试者应当进行至少5min的准备活动，或者直到他感觉可以进行测试。通常，准备活动是在跑台上从0级开始，选择受试者认为比较适合的速度。热身运动后，受试者带上呼吸仪器，测试方案开始。当运动员表示力竭时，或符合下列认为达到最大摄氧量4个标准中的3个：

- 即使继续增加运动强度，摄氧量增加不超过150ml/min（最大极量标准）。
- 达到根据年龄预测的个人最大心率。
- 呼吸交换比率（VCO_2/VO_2）大于1.10 。
- 运动结束后血乳酸浓度在4min内至少达到8mmol/L。

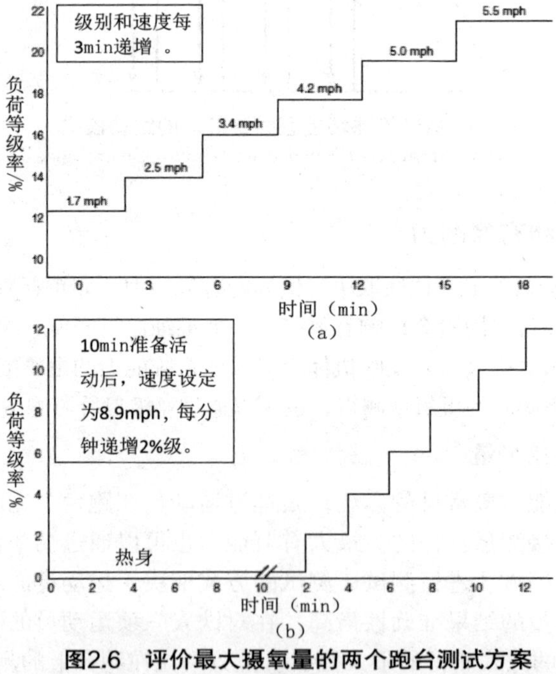

图2.6 评价最大摄氧量的两个跑台测试方案

(a) Bruce跑台测试方案, (b) Costill 和Fox 跑台测试方案

引自 J. Hoffman, 2006, *Norms for fitness, performance, and health.* Champaign,IL: Human Kinetics, 68.

4.5.2 实验室间接测试

直接测试最大摄氧量要考虑到成本、相关设备、空间和人员需要等因素，因此，最大摄氧量的直接测试方法通常只适用于研究和临床机构。当不能直接进行最大摄氧量测试时，可以通过各种亚极量测试来预测有氧能力，这些测试方法的有效性已经得到证实。这些方法基于许多假设条件，包括每一个运动等级的稳态心率与运动强度呈线性关系，给定年龄的最大心率是不变的，运动的效率（最大摄氧量的强度）对每一个人都是相同的等。如果不能满足这些假设中的任何一个，测试的效度就会降低。这些测试通常要在一个受控的环境中进行，是基于每个人的具体情况来进行管理的。

亚极量有氧能力测试既可以在功率车上进行，也可以在跑步机上进行。一般来说，亚极量测试的最大强度为个人最大心率的85%。亚极量跑台测试方案见图2.7。如果采用跑台速度和最后一级的级别来预测最大摄氧量，应当以下列公式来推算：

VO_2max（$ml \cdot kg^{-1} \cdot min^{-1}$）= 15.1 +（21.8 × 时速）−（0.327 × 心率）−（0.263 × 时速 × 年龄）+（0.00504 × 心率 × 年龄）+（5.98 × 性别）

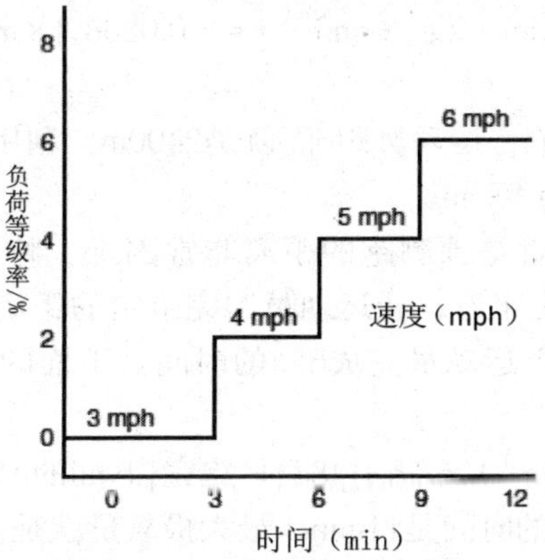

图2.7 跑台上测试亚最大摄氧量测试过程。每一级应当持续3min，直至心率状态稳定

引自 J.R. Hoffman, 2006, *Norms for fitness, performance, and health.* Champaign, IL: HumanKinetics, 70. Based on data from Ebeling et al. 1991 (12).

其中性别方面，女性为0，男性为1。据悉，这个公式预测的最大摄氧量与实际最大摄氧量的误差在4.85 $ml \cdot kg^{-1} \cdot min^{-1}$以内。

使用跑台测试的好处主要在于，与骑功率车相比，大多数人更熟悉步行或跑步。然而，功率车仍然是一种常用的测试模式，因为在测试中便于完成其他测量工作（如血压和心电图判读），而且测试中身体也不需要负重。此外，功率车比跑步机相对便宜一些，也更安全（如受试者在功率车上绊倒或跌倒的概率低于跑台）。这些因素促使人们选择亚极量功率车进行测试。

在基督教青年会亚极量功率车测试中，起始运动负载设定在150kg·m·min^{-1}（0.5kp），每级时间为3min，每一级运动负荷根据上一级最后1min的心率进行变化（图2.8），每一级最后1min心率测量值与运动量对应作图，根据绘制点所形成的线来推算运动员的最大心率，与X轴垂直线对应的就是运动员在最大负荷下应完成的运动量。最大摄氧量可以用下面的公式计算：

VO_2max（ml/min）= 运动负荷（kg·m·min^{-1}）×（2ml·kg^{-1}·m^{-1}）+（3.5 ml·kg^{-1}·min^{-1}）× 体重（kg）

4.5.3 场地测试

当测试大量的运动员时，往往采用场地测试来预测有氧能力。这些测试包括测量跑完一定距离的时间，或12min跑。最常用的是库珀12min跑和1.5mi（1mi=1609m）测试。库珀测试的目标就是运动员在12min内跑完尽可能长的距离。推算运动员12min跑的最大摄氧量，采用下列公式：

$$VO_2max\ (ml \cdot kg^{-1} \cdot min^{-1}) = (0.02683 \times m) - 11.3$$

标准田径场一圈是400m，运动员跑6圈就是2400m。利用这个公式，推算运动员的最大摄氧量就是53.0 ml·kg^{-1}·min^{-1}。

这种测试的主要不足就是预测跑的距离非常困难，特别是运动员未能完成一圈的某段距离。从管理的角度来看，让运动员跑完给定的距离往往很容易，这类测试只需要一个管理者报出每一个运动员完成6圈的时间。下面的公式可以用来推算运动员1.5mi跑的有氧能力：

VO_2max（ml·kg^{-1}·min^{-1}）= 3.5 +[483 ÷ 跑完1.5 mi的时间（min）]

如果运动员跑完1.5 mi的时间是11min，最大摄氧量就是47.4 ml·kg^{-1}·min^{-1}。

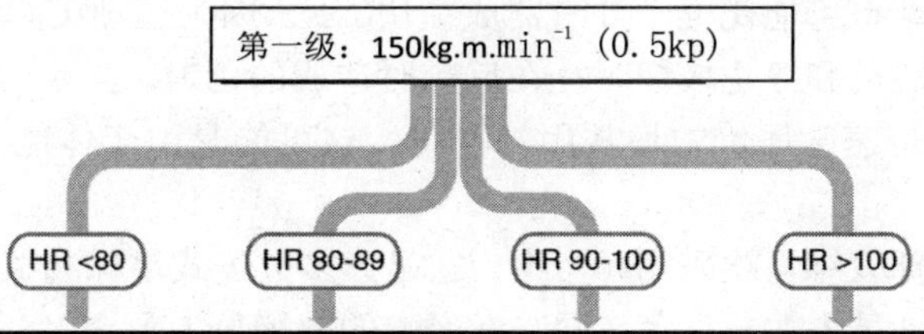

第二级	750 kg • m • min^{-1} (2.5 kp)	600 kg • m • min^{-1} (2.0 kp)	450 kg • m • min^{-1} (1.5 kp)	300 kg • m • min^{-1} (1.0 kp)
第三级	900 kg • m • min^{-1} (3.0 kp)	750 kg • m • min^{-1} (2.5 kp)	600 kg • m • min^{-1} (2.0 kp)	450 kg • m • min^{-1} (1.5 kp)
第四级	1,050 kg • m • min^{-1} (3.5 kp)	900 kg • m • min^{-1} (3.0 kp)	750 kg • m • min^{-1} (2.5 kp)	600 kg • m • min^{-1} (2.0 kp)

(a)

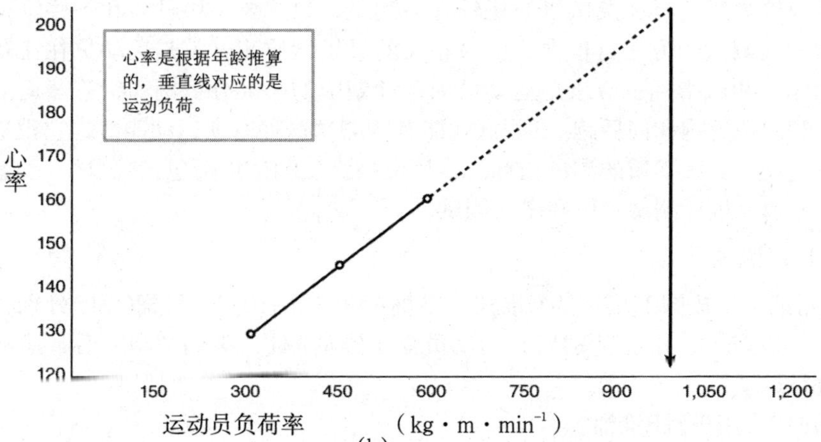

(b)

图2.8（a）YMCA功率车亚最大摄氧量测试，第2～4级运动负荷和对应的心率。（b）通过每一级最后1min的心率连接线及根据年龄推算的最大心率，推算最大运动负荷率

引自 J.R. Hoffman, 2006, *Norms for fitness, performance, and health*. Champaign, IL: Human Kinetics, 200–201.

4.6　速　度

速度是指在尽可能短的时间内完成动作的能力。速度相对比较容易测量，只需要一块秒表和几条跑道或一块场地。在较大训练量的项目中，电子计时器深受欢迎。使用秒表的主要问题是潜在的测量误差。即使在理想的条件下，一位经验丰富的测试人员测试的成绩也可能比电子计时器成绩快0.2s，因为运动员起跑和冲刺时，测试人员在按下秒表的启动和停止按钮时存在反应时造成的延迟。

40yd跑是速度评价中最常用的距离，这可能是由于体能教练熟悉跑完这段距离所需要的时间。

美式足球教练喜欢采用40yd跑，它是大多数美式足球测试项目中的主要测试指标。由于被测运动员人数非常多，同时有经验的教练员人数众多，40yd跑已经成为美国大部分运动员的测试项目。然而，跑40yd的原因尚不明确，这个距离可能是随意确定的。

根据运动专项需要，其他很多运动项目选择使用较短或较长的距离。有些篮球体能教练采用30yd跑（大约是篮球场的长度）来评价速度。但在棒球项目中，通常采用60yd跑（三个垒之间的距离，比如本垒到第二垒或第一垒到第三垒）。

4.7 灵　敏

灵敏性是指能够迅速改变方向的能力。它是大多数竞技能力测试中常用的一个指标。与速度素质一样，灵敏素质比较容易测试，只需要一块秒表和一些锥桶就可以了。灵敏素质测试的方法有很多，但最相关的灵敏素质测试就是运动员在比赛中经常完成的动作，测试指标也应该是运动员训练计划中的一部分。例如，篮球运动模式包括短跑、侧向往返跑和向后跑。T测试就能有效测试这种专项运动能力，它很适合作为评价篮球运动员灵敏素质的测试指标。常用灵敏素质测试指标包括T测试、埃德格伦侧步测试、专业灵敏性测试和伊利诺斯测试。

4.7.1 T测试

在T测试中，按图2.9摆放4个锥桶。锥桶A和B相隔10yd。锥桶C和D分别放置在锥桶B两侧，相隔5yd。准备活动后，运动员立于锥桶A处，听到“跑”后，运动员按下列方式进行运动：

· 跑向B，用手触B锥桶。

· 向左边侧步移动到C，或向右边侧步移动到D，用近侧手触锥桶。

· 侧步移向远侧锥桶（C或D）并用近侧手触锥桶（运动员移向另一个锥桶时不用触锥桶B）。

· 侧步移到B，手触锥桶。

· 向后跑回A（运动员越过锥桶时停表），运动员应该始终面向前，脚步无交叉。脚有交叉步或未触锥桶者就为不合格。

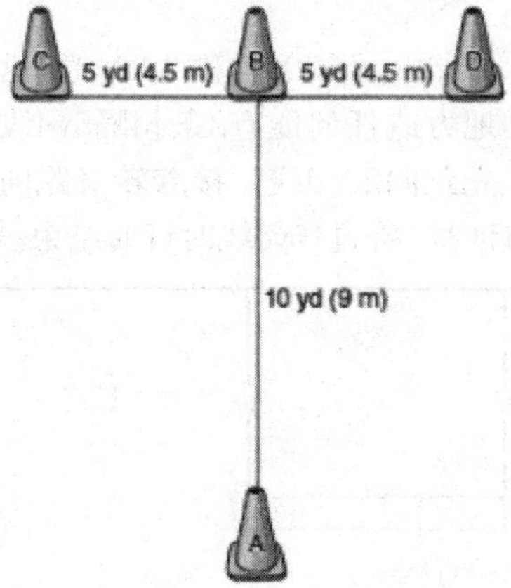

图2.9　T测试的组织

引自 J.R. Hoffman, 2006,*Norms for fitness, performance, and health.* Champaign,IL: Human Kinetics, 202.

4.7.2　埃德格伦侧步测试

在埃德格伦侧步测试（Edgren Side-Step Test）中，将12ft（1ft≈0.3048m）宽的体育馆地面用5条线分为4个1ft宽的部分（图2.10）。准备活动后，运动员跨立在中线上。听到“跑”后，运动员按下列方式进行运动：

- 侧步移到右侧，右脚触边线或跨出线外。
- 侧步移到左侧，左脚触边线或跨出线外。
- 连续10钟快速侧步移回和前移到边线。

计算10s跨过线的次数，包括跨过最外侧线。如果运动员有交叉步移动就从总分中扣除1分。

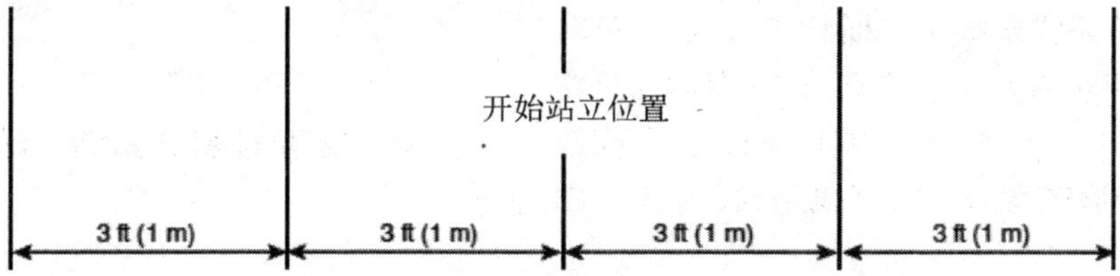

图2.10　埃德格伦侧步测试的组织

引自：J.R. Hoffman, 2006, *Norms for fitness, performance, and health.* Champaign, IL: HumanKinetics, 202.

4.7.3 专业灵敏测试

专业灵敏测试（The pro-agility test）也称为20yd往返跑。此测试通常在足球场进行，但也可以在能做标识的地方或任何能有3条相隔5yd线的地方测试。在足球场上，运动员跨立在15yd的线上，先跑向20yd线，接着转身跑向10yd线，再转身跑向15yd线（图2.11）。运动员起动时计时，跨过15yd线时计时结束。

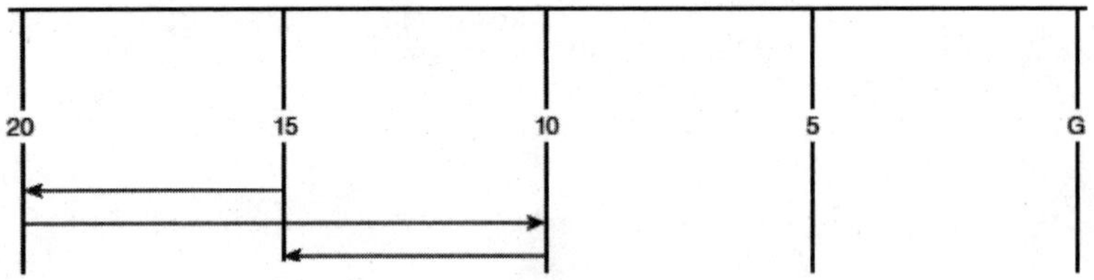

图2.11 专业灵敏性测试的组织

引自 J.R. Hoffman, 2006, *Norms for fitness, performance, and health.* Champaign, IL: HumanKinetics, 204.

4.7.4 伊利诺斯测试

伊利诺斯测试（Illinois Test）需要8个标志。4个标志用来围成一个10m长、5m宽的矩形。其他4个标志呈一条直线放在矩形中间，每个间隔3.3m。这项测试要求运动员在A点俯卧。当听到“跑”口令后，运动员跑向B点，完成U形转弯，反向跑回来。当接近起点位置A时，运动员变向对角锥桶1，进入矩形中间4个标志围成的路线。运动员进行Z字形跑，穿插绕过障碍。当他跑到这段路线末端（锥桶4）时，运动员转回来以相同的方式跑到锥桶1。当运动员跑过最后一个标志，就向C标志跑，完成最后一个U形转弯后，沿直线跑到D标志（图2.12）。

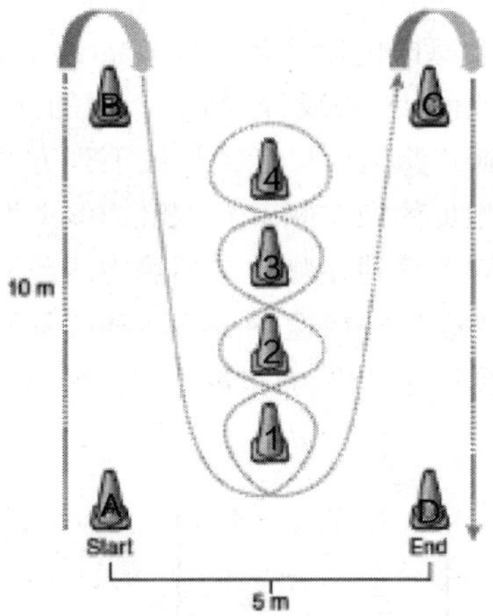

图2.12 伊利诺斯测试跑动路线

4.8　身体成分

身体成分（Body composition）一般用来反映人体重量中脂肪的百分比。不同运动员体内的脂肪含量差异性很大，这与各运动项目的专项需要有关。有氧耐力运动员或体操运动员通常非常瘦，但一些橄榄球运动员（主要是边锋）可能会达到肥胖的边缘。身体成分评估的方法有很多，这些方法在复杂程度、仪器的价格和测量的准确性方面存在很大差异。下面简要地介绍几种身体成分测试方法。

4.8.1　双能X光测定法

双能X光测定法（Dual-energy X-ray absorptiometry, 以下简称DEXA）是体成分评价的金标准。它是测试局部和全身的瘦体重、脂肪组织、骨密度和骨量的一种非创伤方法。DEXA在评价运动员和非运动员人群的身体成分时，其可信度和效度分为低、中、高三个水平。DEXA测试的一个主要优点在于它利用三维模型（脂肪量、肌肉量和骨密度）来确定身体成分。

这种方法优于常用的双维模型（脂肪和肌肉量），能更加准确地评价身体成分，减少评价身体密度（如残差量）时其他因素所造成的误差。DEXA主要的缺点是购买和操作仪器的成本高。此外，由于DEXA是一种X光装置，在一些国家中双能X光测定还需要医生的处方，它需要X光技师来操作，这使得在大范围使用这种技术评价身体成分不切实际。

4.8.2　水下称重

多年来，水下称重（Hydrostatic weighing）被认为是身体成分分析的黄金标准。水下称重法主要依据人体潜入水中排出水的重量。当人体浸在水中，他所受的浮力等于排出水的重量。利用在水中减少的体重，通过排出水的密度来计算身体密度。一旦身体密度计算出来，那么具体内脂肪含量可以通过各种方程计算出来，运动员的年龄、成长和成熟度、性别和种族都是影响体脂的变量。此外，准确评估体密度还需要计算肺残余体积，这可以通过直接测试或各种公式推测。

尽管这种身体成分测试方法的可重复性很高，但是仍有很多因素影响测量的准确性。例如，准确测量肺残余体积对减少误差非常重要，这可能是由于难以排除肠道里的空气的原因。计算身体密度的很多假设可以减小非典型人群的误差。水下称重法来分析身体成分测量的体脂与真实值相差2.5%。

4.8.3　空气体积描计方法

空气体积描记法（Plethysmography）是一种测量身体成分的可行方法，特别是对部分运动员来说，因为完全浸入水舱会让人感到不舒服。空气体积描计法（通过压强测试人体体积的封闭舱）在一些受试人群中具有很高的可信度。空气体积描计法是一种有效测量人体体成分的方法。尽管采用空气体积描计法能准确测量人体体脂百分比，但其计算值可能会比DEXA测量值高。因此，这些测量结果不能用于比较。

4.8.4 皮褶厚度测量法

皮褶厚度测量（Skinfold measurements）是一种非常普遍的测量身体成分的方法。皮褶厚度测量的原理是皮下脂肪含量与身体脂肪成比例关系。通过测量身体不同部位皮肤褶厚度，其体内脂肪含量的百分比可以通过回归方程计算出来（表2.2）。

表2.2 皮褶厚度推算体脂百分比的常用回归公式

部位	性别和年龄（岁）	公式
肱二头肌、肱三头肌、肩胛下角、髂部		男性（年龄）
	17～19	D = 1.1620 − 0.0630 x (log Σskinfolds)
	20～29	D = 1.1631 − 0.0632 x (log Σ skinfolds)
	30～39	D = 1.1422 − 0.0544 x (log Σ skinfolds)
		女性（年龄）
	17～19	D = 1.1549 − 0.0678 x (log Σ skinfolds)
	20～29	D = 1.1599 − 0.0717 x (log Σ skinfolds)
	30～39	D = 1.1423 − 0.0632 x (log Σ skinfolds)
7个部位		
胸部、腋下中部、肱三头肌、肩胛下角、腹部、髂部、大腿	男性	D=1.112−0.00043499 (Σ7skinfolds) +.00000055 (Σ7skinfolds) 2 − 0.00028826 (age)
	女性	D=1.097−0.00046971 (Σ7skinfolds) +0.00000056 (Σ7 skinfolds) 2 − 0.00012828 (age)
3个部位		
胸部、腹部、大腿	男性	D=1.10938−0.0008267 (Σ3skinfolds) + .0000016 (Σ3skinfolds) 2− 0.0002574 (age)
肱三头肌、髂部、大腿	女性	D=1.1099421−0.0009929 (Σ3skinfolds) + 0.0000023 (Σskinfolds) 2 − 0.0001392 (age)

D = 身体密度

通常测试皮肤褶厚度的部位有：

- 腹部: 在脐的右侧2cm处，垂直于腹肌捏起皮褶。
- 肱二头肌：在肱二头肌的肌腹处，顺直捏起皮褶。

续表

- 胸部：对角折，前腋线和乳头(男性)中点，或距离前腋线和乳头(女性)1/3处。
- 腋下中部：与胸骨剑状齐平的腋下线。
- 肩胛下角：肩胛骨下角下方1～2cm，皮褶走向与脊柱呈45度。
- 髂部：髂脊上缘与腋前线交界处，方向向下且向前方倾斜。
- 大腿：垂直捏起大腿前中线皮褶，腹股沟和膝盖骨之间的中点。
- 肱三头肌：垂直捏起上臂肩峰顶与尺骨鹰嘴突连线中点。

但是，由于皮下脂肪和全身脂肪的比率会随着年龄、性别和种族发生变化，要根据测试对象的情况来选择适宜的预测方程。另外，测试不同部位的皮褶也要选择相应的预测方程来计算体脂率。即使选择了正确的预测方程，由于其他因素的影响，体脂率也可能存在3%～4%的误差。因此，必须要选择正确的预测方程来推算体脂率。表2.2提供了常用的预测公式。表2.3提供了特殊人群身体密度转化为体脂率的公式。

表2.3　特殊人群身体密度转换为体脂率的公式

人群	年龄（岁）	性别	体脂率（BF%）公式
白人	17～19	男性	%BF = 4.99 ÷（D − 4.55）
		女性	%BF = 5.05 ÷（D − 4.62）
	20～80	男性	%BF = 4.95 ÷（D − 4.50）
		女性	%BF = 5.01 ÷（D − 4.57）
黑人	18～32	男性	%BF = 4.37 ÷（D − 3.93）
	24～79	女性	%BF = 4.85 ÷（D − 4.39）

数据来源于 Heyward and Stolarczyk 1996（19）.

4.8.5　生物电阻抗

生物电阻抗（Bioelectrical impedance）也是一种常用的测量身体成分的方法。此方法能消除因测量者自身因素造成的误差，测量方法简便，测量结果的准确性与皮褶厚度测量相似。

生物电阻抗背后的基本原理是全身水分含量与瘦体重的关系。肌肉组织含有大量水分，水是一种良好的导电体，通过测量人体的电阻可以估计体脂百分比。身体瘦的运动员电阻小，表明肌肉组织比例高，相反，电阻大表示脂肪量多。由于身体含水量是测量的关键，体液的任何变化都会显著影响体脂的计算，因此使用电阻抗测试时，强烈建议禁止受试者在测试4h前喝水或吃东西，测试前禁止喝酒、咖啡或任何利尿剂。如果做不到这些就会增加测量误差，脱水时进行测试可能会高估体脂率（体内水分少导致导电性差）。

小 结

·一个评价方案可以帮助检查训练计划的有效性，评价运动员的潜力，制订训练计划和设定训练目标。

·为了最大化评估方案的有效性，测试必须是可靠且有效的，必须向教练员和运动员提供相关信息。

·根据运动员的需求来设计测试方案，以便反映能量代谢、生物力学和专项运动的其他要求。

·测试管理包括测试顺序、测试时机，确保运动员在测试中发挥最佳表现，为周期训练监控提供信息。

·建议读者参阅下列教材，全面、深入讨论本章所述的评价规范，Hoffman JR. *Norms for Fitness, Performance, and Health. Champaign.* IL: Human Kinetics; 2006.

第三章

动态热身运动

Avery D. Faigenbaum

运动员在进行练习和比赛前都应进行热身准备活动，这一点很重要。一套精心设计的热身运动能够增加骨骼肌血流量，提高体温，增强代谢反应，并增大关节的活动范围，从心理上和身体上使运动员为训练和比赛做好准备。这些效果能够通过增强氧气输送量、提高神经冲动的传输速度、提高力量增长率、增大力量和爆发力来提高运动竞技表现。此外，精心设计的热身活动能够为接下来的活动打好基础，并为随后的练习或比赛建立所需的节奏。实际上，热身程序应与运动员的需求、目标和能力保持一致，是训练和比赛中必不可少的内容。

虽然精心设计的热身程序能提高运动竞技表现，降低受伤的风险和减少练习后肌肉疼痛的可能性，但热身活动与拉伸活动是两种不同的活动。一套热身活动由各种准备性活动和功能基础性活动组成，这些活动都是为使身体能适应训练或比赛而专门设计的。相比之下，拉伸活动的首要目的则是增强柔韧性。这种区别具有重要意义，因为长期以来对传统热身活动的观点近年来受到质疑。现在，一些科学家和医务人员提出，在运动训练和比赛之前，将静态拉伸活动从热身活动中剔除掉可能会有好处。

近年来，人们对动态拉伸活动和项目有关练习作为热身活动越来越感兴趣，因为热身活动能使身体在不同速度情况下最大限度提高关节的有效活动范围，同时能让身体为体育训练和比赛的需求做好准备。本章对传统的热身活动的内容进行了论述，同时探讨了动态热身准备活动的潜在益处。虽然本章探讨了各种不同的热身练习，但其焦点还是集中在动态热身运动对运动员竞技表现的影响。本章还论述了提高运动员在运动训练和比赛中准备状态的生理机制，并着重阐述了设计紧密结合项目的专项热身活动方案的要求。

传统的热身运动通常包括两项内容。第一项内容是由5～10min的中低强度心肺功能练习组成的常规热身运动，如慢跑或固定式脚踏车练习，然后是几分钟的静态拉伸活动；第二项内容是专门性热身运动，动作不太剧烈，与随后要进行的专项练习或训练活动很相似。这种热身运动的目的是使身体逐渐适应训练课中不断变化的生理需求，避免过度疲劳。常规性热身运动主要是大肌肉群参与的基础练习，能提高心率、血流量、肌肉温度和体温，其特征表现为身体出汗。静力性拉伸练习是由静止开始，缓慢地将所要练习部位的肌肉韧带拉长，到一定程度后静止不动，保持一段时间。教练员通常采用静力性拉伸练习来增大关节的活动范围，提高竞技表现，预防运动损伤。然而，训练和比赛前静力性拉伸的传统做法近年来受到质疑。

■ 1 静力性拉伸与竞技表现的关系

作为体质健康中的一项评价指标，虽然静力性拉伸运动可以增强柔韧性，但是，几乎没有什么科学证据能证明赛前静力性拉伸运动能够防止运动损伤或提高运动员的竞技运动能力。即使参加诸如体操或跳水等柔韧性要求极高的比赛项目的运动员，也必须同时考虑包含静力性拉伸练习的热身活动潜在的益处和相关的注意事项。

越来越多的研究证据表明，赛前对主要参与肌肉的静力性拉伸运动实际上可能会对爆发力、耐力水平、反应时间和跑速等产生负面影响。一项检验静力性拉伸运动对大学生田径运动员短跑成绩的影响的实验发现，在静力性拉伸运动后进行 40m短跑测试，运动成绩降低了3%。其他研究还表明，赛前的动态拉伸和涉及肌肉被动拉伸与肌肉主动伸展的本体感受神经肌肉促进法（PNF）的伸展方法能够降低爆发力。虽然有数据表明，赛前静力性拉伸对竞技表现的各项指标没有影响，但大多数已获得的证据都表明，它可能会对随后的竞技表现产生不利的影响。

静力性拉伸所产生的负面影响可能与神经系统兴奋性降低、肌腱硬度的下降或神经与肌肉的各种综合因素有关。静力性拉伸运动可能会导致肌肉损伤（血液中的肌酸激酶的水平升高），因此组织损伤也就同样可以解释（至少可以部分解释）静力性拉伸运动所引起的竞技表现的下降。尽管静力性拉伸运动对竞技表现的不利影响日益明显，但还需进一步的研究来确定产生这种竞技表现下降背后的生理机制，以及产生负面影响的具体拉伸方案和练习条件。

值得注意的是，在某些情况下静力性拉伸运动后的竞技表现显著降低可能会持续长达1h。即使竞技表现上有 1% 的变化，也可能会对个人或集体项目的赛事结果产生显著的影响。因此，指导教练和体能教练应当考虑静力性拉伸练习对竞技表现所产生的消极影响。美国运动医学学会、美国体能协会和总统身体保健与运动委员会等体质和运动医学组织，都认为运动前的静态拉伸可能对运动员的竞技表现产生负面影响，尤其是涉及力量与爆发力的运动项目。

当然，这并不是说把静力性拉伸动作从运动员的训练计划中去掉，而是应该将其合理地融入日常的训练活动中，因为长期的拉伸练习可以扩大关节的运动范围，在一定程度上可以促进力量与爆发力的提高。因此，大多数运动员应在训练课结束后进行静力性拉伸活动，或将其作为单独训练课的训练内容。对需要有高水平柔韧性的体育项目的运动员来说，赛前的静力性拉伸练习有利于竞技能力提高。例如，体操运动员在做完常规性热身运动后，再进行赛前拉伸练习，但前提是他们要在训练或比赛之前进行一系列的动态练习。

静力性拉伸运动传统上一直作为多种热身练习的内容之一，体能教练在为运动队制订柔韧性训练方案时，要根据每位运动员对赛前静力性拉伸的态度和经历来定。有时，教练员需要对那些习惯静力性拉伸的运动员进行思想教育，尤其是那些坚信静力性拉伸练习作用好的运动员，让他们了解赛前静力性拉伸对随后竞技表现的不利影响，让他们逐渐适应和习惯赛前动态拉伸训练。

■ 2 动态热身运动与竞技表现的关系

目前，赛前静力性拉伸活动更多地凭直觉和习惯而非科学证据，因此，随着对提高竞技表现的各种训练方法的逐渐了解，模拟体育活动和运动项目中的各种动态热身运动越来越多。训练的类型通常分为低强度、中等强度和高强度的练习，其目的是增加体温、增强肌肉兴奋性、培养运动知觉意识，并最大限度地扩大关节的活动范围。动态热身练习关注的不是个别肌肉，而是某一项练习或专项动作需求。“准备活动”一词用来描述这类练习，主要是让运动员为专项运动做准备。

同样需要引起注意的是，动态热身并不涉及会强力拉伸肌肉的动作，而是对特定的肌肉群进行有所控制的拉伸。在这种连续性运动的过程中，随着动作幅度的不断加大肌肉被动拉伸，然后再进行主动收缩完成所需要的动作。因此，在动态热身运动过程中，肌群不会放松，而是在整个动作范围内始终保持激活状态。例如，在弓步走（图3.1）过程中，运动员在进行既定重复次数的弓步动作时，会增大步幅，同时使前腿膝关节保持在脚的正上方或略后于脚，而后腿膝关节刚好离地。

图3.1 动态热身中弓步走

理想情况下，动态热身练习应当从较低强度的动态运动过渡到与项目运动相类似的较高强度的活动。要提高竞技表现就必须进行较高强度的运动，因为高强度运动是赛前准备的重要内容。例如，像跳远等田径运动员可以先从小步跑开始热身练习，然后再变为爆发性跳跃练习。短跑运动员可以在开始时进行高抬腿练习，然后进行一系列的短跑训练，以便为运动训练和比赛中达到最高水平的竞技状态做准备。在进行举重练习之前，可以利用健身球来进行一些增强型跳跃和爆发性的练习，以便使运动员为接下来的训练课做好准备。无论采用什么样的动作，体能教练都必须强调正确的动作技术要领，以便强化正常完成动作所需的关键性技能因素。赛前热身运动的类型可以大幅度地提高肌肉对竞技表现的影响。如果精心地设计动态热身运动的方案，并与运动员的需求和能力结合起来，可能使爆发力运动成绩提高 2%～10%。

2.1 激活后增强效应

在对跳远、撑竿跳高或跳高等爆发性运动项目准备的过程中，运动员的动态热身练习可以采用一种被称为“激活后增强”的效应。激活后增强效应是指一次性最大或次最大力量负荷后爆发性运动表现提高的一种现象。激活后增强效应是通过增加调节肌球蛋白轻链的磷酸化，提高神经肌肉功能，或改变羽状角，来为竞技表现创造最佳的环境。虽然激活后增强效应的确切机制尚不完全明了，不过有证据表明，骨骼肌对刺激负荷的反应受其以往收缩过程的影响。短时间的重复性刺激可以引起增强性收缩反应（增强效应），而过大的刺激可能会降低收缩反应（疲劳）。

这种效应与疲劳可能会在重复性刺激过程中和随后一段时间内共同存在于骨骼肌肉，因此，体能教练在为运动员设计和实施热身练习方案时必须考虑这两种现象之间的相互作用。简而言之，增强效应与疲劳之间的本质差异决定赛前训练计划的效果。

大量针对青少年和成年人的研究，分析比较了各种热身练习方案（静力性拉伸和动力性拉伸）对肌肉力量与爆发力表现的短期效果实验。现有研究表明，精心设计的动态热身方案能显著提高运动员的肌肉性能，主要原因在于肌肉激活后的增强效应。但是，激活后增强效应运用于训练中，还需要考虑许多，如训练经验、个人爆发力与力量比、赛前活动的强度与量以及恢复时间等，都能够影响运动表现提高的刺激效果。此外，在动态性肌肉收缩练习中应用激活后增强效应时，还应当考虑个体的差异。

激活后增强效应在实践应用中的重要问题是，激活后增强练习结束后与训练或比赛开始之间的间隔时间。肌肉恢复后性能增强可能存在一个最佳时间，但这一稍纵即逝的良机取决于各种复杂因素之间的相互作用，这包括运动员的肌纤维类型、训练经验以及预先负荷练习的设计等。初步的证据显示，激活后增强效应提高爆发力运动成绩（如跳高）的最佳时间是在预负荷刺激之后的4～12min之内。值得注意的是，在恢复的早期阶段主要是疲劳，疲劳下降速率快于激活后增强效应，因此在随后的运动当中会出现增强效应。少量的数据表明，赛前肌肉激活的效应可能会持续数小时，甚至有可能延续到集体项目的下半场。

2.2 心理准备

精心设计的准备活动可以提高体温、增强柔韧性，而各种动态性练习准备活动能为即将到来的专项训练奠定基础。如果准备活动方案缓慢而单调（如低强度的绕场慢跑和静态拉伸），在训练课或比赛中就难以达到理想的成绩。另一方面，如果赛前准备活动方案有丰富多样的动态练习，那么就有可能在随后的训练课或比赛取得理想的成绩。简而言之，动态柔韧性练习的准备活动有助于运动员更好地专注于倾听、学习和关注与训练任务有关的因素。

■ 3 制订动态热身方案

与传统的热身方案不同，动态热身活动可以显著提高基础的动作技能水平。它还能使身体为运动训练和比赛当中可能出现的各种激烈、随机的动作做好准备。因此，该阶段的训练可以提高年轻运动员在完成动作技能方面的自信心。此外，积极主动、丰富多样、具有挑战性的热身活动比传统的静力拉伸练习要令人愉快得多。

精心设计的动态热身运动应当能动员神经肌肉系统，使运动员为运动训练和比赛的需求做好准备。常规的思路是：① 热身；② 激活；③激励。“热身”强调的是体温的提高；“激活”是指使肌肉神经系统产生兴奋或得到加强；而“激励”则侧重于使运动员从心理上为运动训练和比赛的要求做好准备。与围绕运动场的慢跑不同，包括跳绳、以体重为负荷的力量训练、健身球练习、绳梯练习或各个锥桶之间运球练习等综合性热身练习，能够帮助提高运动技能，并对整个训练过程产生积极作用。一项研究表明，在大学摔跤运动员的赛季前训练中，采用动态热身练习进行4周的训练，运动员的力量、爆发力、灵敏性、肌肉耐力和柔韧性都显著提高。

动态热身活动的一项基本原则就是热身练习参与肌肉群完成的动作模式要与训练或比赛过程中的动作模式一致。日常的动态热身运动不需要设备或大面积的场地。运动员们通常要做好每一个功能性基础动作，并完成预定的重复次数（如8～12次）或达到预定的距离（如10～20m）。正常情况下，运动员们要完成8～12项不同的练习，从相对简单的动作过渡到难度大的练习，包括运动幅度大，动作模式比较复杂的练习。为此，精心设计的动态热身练习方案不仅能提高运动员体能水平，而且对持续的体能训练计划都起到时效性作用。但是，需要牢记的一点是，其目的是热身、激活和激励，而不致产生过度疲劳。如果热身练习强度太大，肌肉无法从赛前动态热身运动过程中产生的疲劳中得到恢复，那么就会导致竞技状态下降。

在适当情况下，可以整合准备活动中各种动态练习，提高准备活动效率。例如，在弓步走动作中加入提膝练习，以便在较短的时间内使更多的肌肉得到伸展。在任何情况下，运动员在练习每一个动作时，都要正确完成技术动作，并接受教练员对动作要领的指导（如躯干垂直、在脚的上方、膝盖贴近胸部等）。由于动态热身练习中可以融入数百种练习，因此本章所描述的练习案例，仅是一般性指南或起点，以供教练员制订适合运动员体能和技能水平的训练计划时参考。

理想情况下，应根据体能训练的练习、训练课和比赛的特定要求来制订不同的动态热身练习方案。对那些很少接受动态练习的运动员来说，要在赛季前进行动态练习训练，以避免做动作幅度过大的新动态动作而可能引起的肌肉酸痛。教练员也可以从其他书籍中找到有关动态柔韧性练习融入准备活动方案中。

4 动态热身练习

抱臂（Arm Hugs）

运动员做以下动作：

- 身体直立，向两侧抬起双臂，与肩平。
- 将双臂交叉于体前，双手抱住对侧的肩膀。
- 保持一小会儿，然后将双臂打开，越开越好，使胸肌尽力伸展。
- 重复该动作。

脚跟至脚尖行走（Heel-to-Toe Walk）

运动员做以下动作：

- 身体直立，双脚分开，与肩同宽。
- 向前迈步，右脚跟落地（a）。
- 脚掌快速向前滚动至右脚跟抬起（b）。
- 左脚重复以上动作，一步一步向前走（c）。

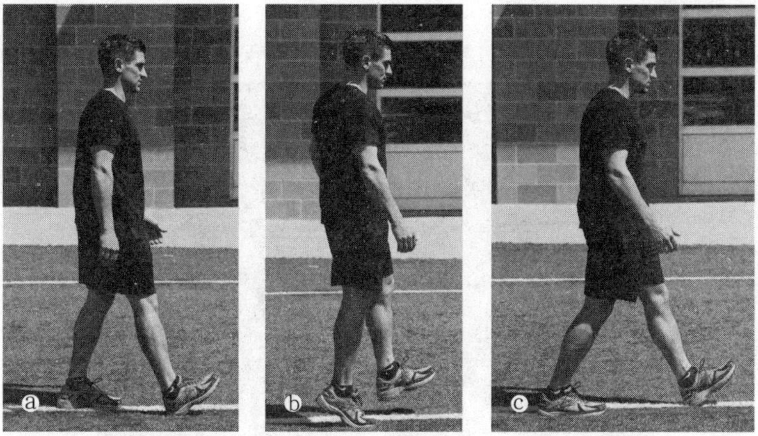

高抬腿行走（High-Knee Walk）

运动员做以下动作：

· 左腿向前跨步。

· 右大腿向胸前上抬，同时保持直立姿势。

· 双手抱住右膝盖的前部。

· 将右大腿拉向胸部。

· 放下右腿，换另一条腿重复上述动作，一步一步向前移动。

伐木（Woodchoppers）

运动员做以下动作：

· 身体直立，双脚分开与肩同宽，双臂举过头顶，双手持球（a）。

· 身体下蹲成全蹲姿势，双臂伸直并将双手移到双膝之间（b）。

· 回到开始姿势，双臂举过头顶，尽量往上伸。

躯干转动（Trunk Twists）

运动员做以下动作：

· 身体直立，双脚分开，与肩同宽，双膝略微放松，双臂略屈于身体前方，双手扣在一起。

· 屈髋，上体前倾（约成 45°）（a）。

· 上体变向右侧，然后再变向左侧，髋部和下肢保持向前不动（b）。

跨步躯干转动（Stepping Trunk Twist）

运动员做以下动作：

· 身体直立，双手相扣于脑后（a）。

· 原地跨步（b、d）。

· 将髋部向右转动 90°，然后再向左转动 90°，同时保持躯干正直，面向前方（c、e）。

行进间侧摆腿（Trail-Leg Walking）

运动员做以下动作：

· 身体直立，双手放于髋部。

· 向前迈步，向身体外侧抬起左膝（外展）至腰间高度（a）。

· 将腿摆回至身体中线处（b）然后再落于地面。

·用另一条腿重复以上动作，一步一步向前移动。

单腿站立盘腿（Leg Cradle）

运动员做以下动作：

·左腿向前迈步。

·右膝尽量往上抬起，同时将膝盖外展（a）。

·右手放在右膝上，左手放在右脚踝上（注意不要抓住脚）。

·将小腿向上提（b）。

·动作过程中身体保持直立姿势。

·放下右腿，向前迈步的同时换另一条腿重复以上动作。

直立拉伸股四头肌（Quad Walk）

运动员做以下动作：

·左腿向前迈步。

·向后抬起右脚，并使身体保持直立姿势。

·用右手抓住右脚踝，并将脚拉向臀部。

·放下右腿，向前迈步的同时换另一条腿重复以上动作。

手足爬行（Hand Walk ）

运动员做以下动作：

·双脚开立，与肩同宽，双膝略微弯曲。

· 以髋为轴心向前屈体，并将双手放于地面，同时保持双膝略微弯曲。
· 用双手交替向前行爬，直至身体呈俯卧撑姿势。
· 双脚用小步移向双手，同时保持双臂伸直，双膝略微弯曲。
· 重复以上动作。

直腿上踢（Straight-Leg Kick）

运动员做以下动作：
· 身体站立，双臂伸过头顶，双脚分开，与肩同宽。
· 左腿向前跨步。
· 右腿向上踢，同时保持躯干直立，腿部绷直。
· 双手向前触碰右脚尖。
· 放下右腿，双臂回到开始姿势。
· 换另一条腿重复以上动作，一步一步向前移动。

燕式平衡（Inverted Hamstring）

运动员做以下动作：
· 身体直立，并用右脚保持身体平衡。
· 腰部向前弯曲，同时左腿向后伸展，双臂向两侧打开。
· 保持身体与地面平行，同时脊柱挺直（双肩之间的连线应与左脚垂直）。
· 向后迈一小步以回到开始姿势。
· 换另一条腿重复以上动作。

弓步伸展（Lunge Walk With Reach）

运动员做以下动作：
· 身体直立，双脚分开，与肩同宽，双手置于体前。

· 左腿向前迈一大步呈弓步，并使左膝处于左脚正上方。

· 右膝下落直至离地面 1 ~ 2 ft。

· 与此同时，向不同方向伸展双臂（向前、向上、向左或向右）并使身体保持相应的姿势。

· 伸左膝和髋部蹬离地面。

· 双臂回到开始姿势。

· 将右脚放到左脚旁边。

· 右腿向前迈步，重复上述动作。

肘触脚背弓步走（Lunge Walk With Elbow to Instep）

运动员做以下动作：

· 身体直立，双脚分开，与肩同宽，双臂置于体侧。

· 左腿向前迈一大步呈弓步，左膝处于左脚正上方。

· 右膝下落直至离地面 1 ~ 2 ft（a）。

· 上体前倾，同时左肘侧触左脚脚背（b）。

· 上体后倾，保持直立姿势。

· 伸左膝和髋部蹬离地面。

· 右脚向前迈步并落在左脚旁边。

· 换另一只脚向前迈步，并重复以上动作。

后弓步（Backward Lunge）

运动员做以下动作：

- 身体直立，双脚分开，与肩同宽，双手扣于脑后。
- 躯干与地面垂直，左腿向后迈一大步。
- 身体重心下降至左膝离地面1～2ft。
- 伸右膝和髋部蹬离地面。
- 使左腿回到开始姿势。
- 右腿向后一步，呈弓步。

侧弓步（Lateral Lunge）

运动员做以下动作：

- 身体直立，双脚分开，与肩同宽，双臂伸直置于体前。
- 左腿向左侧迈一大步。
- 髋部向地面下压。
- 右腿保持伸直，同时双脚朝向前方。
- 回到开始姿势。
- 重复以上动作至所需的次数，两腿轮流进行。

高跨步（High Hurdle Step）

运动员做以下动作：

- 身体直立，双脚分开，与肩同宽。
- 用左脚模拟跨高跨栏的动作向左侧跨步（a）。
- 用右脚重复该动作。
- 膝关节尽量往上抬（b）。
- 重复以上动作至所需的次数，然后再换另一侧腿重复进行。

侧向交叉步（Carioca）

运动员做以下动作：

· 身体直立，双脚分开，与肩同宽。

· 将右脚交叉于左脚前方，使身体重心移到左侧。

· 左腿向侧向迈步。

· 将右脚交叉于左脚后方并重复。

· 尽量快速转髋。

· 向两侧轮流做以上动作。

后踢腿（Glute Kicks）

运动员做以下动作：

· 小步向前移动，同时手臂有力地摆动，并保持躯干挺直。

· 与此同时，快速地向臀部踢右脚跟，然后再踢左脚跟，与此同时，快速将脚后跟踢到臀部。

跳跃击脚（Skip Taps）

运动员做以下动作：

· 向前跳跃，膝关节高抬并内旋。

· 与此同时，用对侧的手触摸抬起脚掌的内侧（a）。

· 交替拍打每一只脚，完成一定的距离（b）。

小　结

· 精心设计动态准备活动，让运动员从身体和心理上为运动训练和比赛的要求做好准备。

· 传统观点偏重于赛前的静态拉伸练习，但越来越多的证据表明，巧妙地在准备活动中加入动态练习，可以提高体温、扩大关节活动范围以及增强运动神经功能，提高训练效果和运动成绩。

· 运动员准备活动的优化方案有待于进一步研究，以便深入理解动态热身方案对专项运动损伤风险的影响，但已有的数据表明，精心设计的动态热身活动有利于运动员成绩的提高。

· 应当仔细周密地设计热身练习，并以正式训练课程或比赛的重视程度来对待。

第四章

抗阻训练

Nicholas A. Ratamess

抗阻训练是一种常见的训练形式，其作用是通过增强肌肉力量、爆发力、速度、肌肉耐力、运动能力、平衡性和协调性来提高运动成绩。任何运动项目的运动员都能从抗阻训练中受益。但是，决定急性运动反应和长期适应的关键因素是抗阻训练计划的设计。抗阻训练计划是由多个因素相互作用产生对刺激的适应。体能教练或运动员对这些因素进行精细推测才能制订出成功的训练计划。设计训练计划的方法有无数个，只要坚持本章所论述的训练原则，抗阻训练计划都可以取得成功。优秀运动员的训练计划就证明了这一点。

美国体能协会与美国运动医学学会确立了一系列合理制订短期训练计划的指导原则。如果训练刺激始终超过了运动员对体能中特定素质的适应阈值，就能提高运动能力，产生积极的生理适应。因此，只有渐进式抗阻训练计划才能长期性地提高运动成绩。本章论述了训练计划设计的要点，为体能教练提供抗阻训练的框架。

■ 1　抗阻训练的适应

全面了解人体对训练的急性生理反应及随后产生的适应有利于科学地设计抗阻训练计划。

本章虽然未能详细地列出各种训练适应，表 4.1简要列出了与提高运动成绩密切相关的几种重要的生理适应。

抗阻训练会引起神经系统、肌肉系统、结缔组织、心肺系统和内分泌系统的积极性适应，从而增大肌肉体积，增强肌肉力量、爆发力和耐力。神经系统的适应使运动员能动员更多的肌纤维参与并优先调用最有利于力量与爆发力活动的肌纤维。此外，某些神经防御机制（其作用是促进疲劳抑制或产生疲劳，如高尔基腱器的反射）可能减弱，从而让运动员在更高的耐受水平上进行循序渐进式的训练。肌肉的适应会引起肌肉体积增大、基质浓度升高、酶活性增强、纤维转变的加快（如Ⅱx类型至Ⅱa类型）、组织结构变化以及氧化能力增强（毛细血管和线粒体密度的增加是采用大强度有氧练习的抗阻训练计划的一大特点）。力量的提高和肌肉的增加还需要增大结缔组织和其超微细结构的变化来为之创造条件。

表4.1 对抗阻训练的生理适应

变量	适应
神经系统	
反射增强作用	提高
肌纤维的动员和参与率	提高
动员的时机和效率	提高
神经递质释放	提高
张力抑制	降低
神经-肌肉接口	扩大
骨骼肌	
体积	增大
蛋白质含量	提高
肌纤维数目	可能无变化或略微增加
肌纤维类转变（由快到慢）	提高
生长因子的表达	提高
安静状态下的基础代谢水平	提高
无氧代谢酶活性	可能提高、降低或者无变化
结构性的变化（纤维角度、长度）	提高
缓冲能力	提高
毛细血管数量	增加（但随着纤维的生长其密度会降低）
线粒体数量	增加（但随着纤维的生长其密度会降低）
结缔组织	
韧带体积与强度	提高
肌腱体积与强度	提高
骨密度	提高
胶原含量	提高
软骨体积与强度	可能提高或维持基质状态
内分泌	
安静状态下的激素：睾酮、生长激素、IGF-1、皮质醇	无变化（除非训练计划进行重大修改）
急性睾酮与生长激素响应	可能提高，也可能无变化
雄性激素受体	短暂性上升
心肺	
安静状态下的血压与心率	可能无变化或者下降
安静状态下每搏输出量	可能随着身体的增长而增大
急性心率应急	绝对工作负荷的响应度可能更低
急性的血压应急	绝对工作负荷的响应度可能更低
急性心输出量与每搏输出量	提高
心室与隔膜体积或厚度	增加
心室大小	无变化或略微增加

内分泌系统在抗阻练习过程中具有非常重要的作用。激素（儿茶酚胺和睾酮）能提高肌肉能力并且在调节练习之后的组织重建过程当中起着尤为关键的作用。心肺功能的加强能使心脏适应更大的负荷。有氧运动会使心肺功能产生更多的整体变化，而抗阻训练有效地增大心脏的肌肉组织和收缩特性，这些适应能够共同提高运动成绩。上述功能很大程度还取决于所采用的训练计划（如逐渐递增负荷的幅度，变化性和专项性）。

■ 2　抗阻训练计划的制订

最有效的抗阻训练计划应满足个人的需求或者符合通过需求分析所得出的个人目标（参见第一章）。个性化的抗阻训练计划是最为有效的，它确保计划的设计是以目标为导向的，而且可以实现训练的针对性原则。根据搜集的相关信息，确定运动员的健康状态可以进行抗阻训练，就可开始训练计划的设计过程。以下是一些需要解决的普遍关注点和问题：

·是否存在可能影响训练内容或训练强度的健康问题或伤病？现已存在的状况可能会影响运动员当时所能够进行的训练。在运动员完全康复之前，可能会一直影响训练的强度。

·哪些类型的重力可供使用？（如自由力量训练器、弹力带、管状重力、训练球与平衡球、平衡训练重力等）可供使用的重力对练习的选择至关重要。虽然出色的训练计划可以采用最少的重力，但了解了可供使用的重力有利于让体能教练选择合适的练习手段。

·训练频率是多少？是否存在任何可能影响训练时长的时间限制问题？要确定每周的训练课的总量，因为这会影响到所有其他的训练因素（如每个单元选择的练习手段、训练量和训练强度）。某些训练课可能需要确定具体的时间段。例如，如果将训练课的时间定为1h，那么制订的训练计划就必须不能超出这一时间段。这就决定了所选择的练习的类型和数量、练习的总组数以及各组练习之间的间歇时间。

·训练哪些肌群？所有大肌群都要得到训练，但是，可以根据运动员的优势和不足以及专项需要而有所侧重。在设计训练计划时至关重要的一点就是主动肌和对抗肌群的肌力保持相对平衡。因此，选择的训练手段要全面发展所有肌群的力量。大肌群的科学训练应保持主动肌-对抗肌之间的平衡关系（如，骨骺肌群-股四头肌）以及保持稳定的作用。与大肌群相比，小肌肉通常较为薄弱。例如，应当注意旋转关节部位的肌群和肩胛骨固定肌群以及脊柱深层肌肉、核心区和躯干肌群。对运动员的成绩定期进行评估，确定运动员的优势和不足，并对训练过程进行监控。

· 针对的供能系统（如有氧型或无氧型）是哪些？人体内有三大代谢系统：ATP-CP系统、酵解能系统以及氧化能（需氧）系统。大多抗阻训练计划针对 ATP-CP 系统和酵解能系统。重复次数少、间歇时间长的高强度练习刺激的是 ATP-CP 系统。相反，中-高重复次数、中-短间歇时间、中-高强度练习通常针对的是酵解能系统（提高酸碱平衡和肌肉耐力）。应当特别注意上述两种供能系统是否满足专项运动供能系统的需要。虽然有氧供能系统在抗阻练习过程中非常活跃，不过该系统很容易通过有氧训练而加以更有针对性的训练。但是，有些训练方案，如循环训练方案或间歇时间短、重复次数多的训练方案等，可以有效地提高氧化能系统。

· 需要哪些类型的肌肉收缩方式（如向心收缩、离心收缩、等长收缩）？让运动员定期练习特定的肌肉收缩方式的动作模式，产生特定的适应性反应，提高专项能力。例如，摔跤运动员经常会在比赛中使用最大等长力量，因此，训练计划中应包含更多等长力量训练，提高运动员的体能水平。

· 如何针对专项或训练中最常见的受伤部位进行训练？训练重点应放到那些最容易受伤的部位。例如，女运动员的前十字韧带撕裂的可能性比男运动员要高4～8倍。因此，应加强女运动员的躯干部到脚部的训练。训练计划应包含三个运动平面的练习，增强膝踝和髋关节肌群力量，减少膝关节受伤的可能性。加强躯干肌群的抗阻训练也会取得相同的效果。

必须确定好目标，以便为训练计划的设计指明方向。抗阻训练的常见目标包括伤病恢复和肌肉体积、力量、爆发力、速度、局部肌肉耐力、平衡性、协调性、柔韧性、身体脂肪百分比及健康状况（如降低血压、增强结缔组织、缓解压力等）。大多数训练计划都会通过多种素质和要素产生影响，不只是集中在单一运动素质和要素。例如，体操运动员需要很高的力量与爆发力，但如果肌肉过度发达却可能导致运动成绩下降。这些运动员需要很高的力量与肌肉量比，其训练计划的目标应该是最大限度增强运动神经功能，而不是过分地强调肌肉体积的增大。但是，橄榄球前锋除了要增强力量与爆发力外，如果其肌肉发达且脂肪低，则会具有很大优势。这些运动员可以通过专门的针对性训练来增加肌肉体积。因此，训练计划必须反映这些需要，并包含足够的超负荷训练方法和多样性，以实现上述目标。

虽然训练计划目标通常都是提高体能水平，但有时是为了保持运动员现有的体能水平。为此，抗阻训练可以用来维持当前的体能水平而不是进一步提高。这类训练计划通常在赛季当中采用。

如果维持性训练刺激不足，有可能会导致训练停止现象（中断训练或训练频率、训练量或训练强度大幅减小，从而导致成绩下降）。因此，应当合理设计周期性训练计划，维持体能训练水平，以保运动成绩稳中有进。

要了解有关根据运动员在训练年度不同阶段的需要和目标来制订抗阻训练计划的示例，请参见第十二章。

■3 抗阻训练计划中的要素

抗阻训练计划是由多个要素组成的。这些要素包括：①练习手段的选择；②练习的顺序和训练单元的结构；③训练强度；④训练量（组数与重复次数的总和）；⑤间歇时间；⑥重复动作的速度；⑦训练频次。改变其中的一个或多个要素都会对训练的刺激作用产生影响。因此，合理安排抗阻练习，就要针对特定的目标控制好各个要素。

3.1 练习手段的选择

抗阻训练过程中所选择的练习手段对提高竞技能力和生理适应能力都起着极其重要的作用。从生物力学的角度出发，可以通过肌肉收缩的类型、关节活动的类型及练习的运动链形式来确定各种练习。在选择练习时，体能教练还需要考虑一些实际问题，比如要采用的器材、采用单侧或两侧进行练习。

3.2 肌肉收缩类型

所有的练习都是由肌肉向心收缩、离心收缩和等长收缩方式完成的。每一次动态重复动作都包含了离心收缩（下落阶段或肌肉拉长）、一次向心收缩模式（提升阶段或肌肉收缩）和一次等长肌肉动作（静态阶段或肌肉长度无变化）。从生理学的角度来讲，离心收缩中单位肌肉横断面积产生的力更大，参与的肌纤维数量较小，能耗也较少，造成的肌肉损伤较大。离心收缩模式还比向心收缩模式和等长收缩更有利于肌力增长。此外，在力竭离心收缩模式时，其动态力量的提高量也更大。由于这些原因，一些高水平的举重运动员往往采用力竭离心收缩模式的训练。

大部分抗阻训练的组数是指用向心收缩动作方式来完成练习的组数，坚持是设计组数的首要影响因素。换言之，坚持是决定该练习效率的关键点。由于向心收缩模式是动作全过程重复次数的限制因素（这在抗阻训练中是最常见的），因此重量的选择最终要取决于能够将多大的重量举过该向心收缩模式的坚持区。例如，在深蹲练习过程中，大腿在刚好超过与地面平行位置处遇到该练习当中最困难的点。一旦越过了该坚持区，在剩下的动作范围内就会比较轻松地由向心收缩来克服重量了。因此，动作范围的其他区域，包括向心收缩模式阶段，可能都不会受到最佳训练刺激。

重物的反作用力或由同伴施加的反作用力是两种增强离心收缩效果的训练方式。这两种方式能够给神经肌肉纤维不同的负荷刺激，并给增大力量和肌肉体积提供全新刺激。但是，应当小心使用大负荷离心收缩类训练（如每次训练课只做几组，持续时间不超过 4 ~ 6 周的训练），以减少肌肉的过度损伤和训练过度而受伤的风险。还有一种大负荷离心收缩训练是采用中–小重量进行两侧对称练习，然后在离心阶段仅用单侧肢体。例如，运动员可以进行双腿的膝关节伸展动作，但随后只用一条腿承受重量，每一次重复动作或每一组动作双腿轮换一次。这些离心收缩训练方式可以为骨骼肌提供极大的超负荷刺激。

等长肌肉动作在抗阻练习中有多种方式：①不同的肌群稳定作用，保持身体姿势对抗外力的影响；②介于练习中的主动肌的离心收缩与等长收缩之间；③在握紧重物时；④在特定区域范围中的主要练习动作。例如，静态平板支撑练习就是肌肉等长收缩的动作模式（图4.1）。要克服重力作用，就需要躯干肌群的强烈收缩。在高举下蹲（图4.2）练习当中，上半身和躯干以等长方式保持着稳定，以便在下蹲和蹲起身过程中保持杠铃高举的姿势。手指、拇指和腕部肌肉的等长收缩对于握紧重物起着非常重要的作用（尤其是在提拉练习中）。握力训练很大程度上取决于肌肉等长收缩动作模式。肌肉等长收缩动作模式在做引体向上时等长肌肉动作可以作为练习的主要目标。例如，举到最高位置并保持一定的时间，使背部和手臂肌肉群做等长收缩。此动作可以作为增强特定动作幅度区的力量与肌肉耐力的专项练习来使用。

图4.1　平板支撑是等长收缩动作模式

高级抗阻训练计划可采用一种“功能性等长练习”的等长收缩类训练。功能性等长练习需要将杠铃架上的杠铃提起几英寸，直至其顶住架子上的销钉，随后继续以最大等长收缩进行推的动作或拉的动作，并保持2～6s。功能性等长练习可以在动作范围的任何区域内进行，但在靠近练习动作的艰难区进行时最有效。这是一种已被多年采用的有效的力量训练手段（针对该练习的薄弱点）。一些针对功能性等长收缩的常见练习有仰卧推举、挺举、深蹲和抓举。

图4.2　高举下蹲。虽然此深蹲动作不是等长练习，但上半身和躯干部肌肉必须等长收缩才能保持稳定和维持杠铃的位置

3.3　多关节参与的练习

两种常见的抗阻练习：针对一个关节的练习和针对多个关节的练习。单关节练习是对一个关节或主要肌群施加压力，而多关节练习则是对多个关节或主要肌群施加压力。单关节和多关节练习对于提高肌肉力量都很有效。根据运动员的情况，任选一种练习都可以针对特定的运动项目。单关节练习（如膝等）常用于针对特定肌群的力量练习。由于所涉及的技术和技能水平较低，因此这类练习风险较小。在神经激活方面多关节练习（如仰卧推举、坐姿推举和深蹲等）技术相对比较复杂。这类练习一直被认为是发展肌肉力量最有效的方法，因为多关节练习运动员能够举起更大的重量。

多关节练习可以细分为基础力量练习和举重练习。基础力量练习至少包括2～3个大肌群，而举重练习（如奥运会举重及其变形项目）则涉及大部分大肌群，这是最为复杂的练习。举重是发展肌肉爆发力最有效的练习，因为举重需要极大的爆发力和全身的快速动作。大肌群或多个肌群参与运动的练习会产生大量的急性代谢和激素（睾酮与生长激素）反应。事实上，大肌群练习安排在小肌群练习之前，可以显著地增强小肌群的等长收缩力量，比单独做小肌群练习的效果更好。大肌群参与的练习肌群参与数量比小肌群练习的多，并能产生更好的无氧刺激环境，因此，肌群参与数量是选择练习时的一项重要考虑因素。

3.4 器材和类型

身体姿势、抓握方式、手握的宽度、脚的站姿以及位置等各个方面的变化，在一定程度上对肌肉激活性产生影响，从而使练习的性质和效果发生变化。抗阻训练可采用各种单关节和多关节练习。抗阻练习一般推荐采用自由重力或训练器械。自由重力包括杠铃、哑铃以及相关重力（如卧推板、衬圈、长凳等）。训练器械则包括各种专门设计的设备，能够在规定的动作和运动方式的范围内提供相应的阻力。

自由重力和器械在提高肌肉力量和运动成绩方面都非常有效，并有各自的优势和不足，具体取决于运动员的需要。训练器械具有更好的稳定性，并能控制运动路线。而自由重力则需要练习者自己来控制练习动作。在进行自由重力类练习时，起稳定作用的肌肉群承受的负荷会更大。如此一来，就会给人这样的印象：训练器械类练习更安全，也更容易入门，而自由重力类练习则能在更大程度上促进肌肉发展。由于训练的针对性，自由重力类训练在自由重力类测试中产生的进步更大，而训练器械类训练则在器械测试中取得的成绩更好。在中性测试装置中测试时，采用自由重力和训练器械进行的力量强化训练产生的结果很相近。自由重力训练似乎更适合提高竞技能力。

但是，有些训练器械能够进行自由重力很难完成的练习（如腿部屈伸、背部下拉、三头肌下压等）。这些器械可以看作是必不可少的，它们可以为个别运动员带来一定的好处。但是，是选择自由重力类还是训练器械类练习可能要取决于其他因素，比如器械的可用性和成本。

除了自由重力和训练器械外，在不稳定环境采用如稳定球、平衡板和博苏球进行练习也已成为一种流行的训练方式，这些练习可以提高躯干部肌群及其他稳定型肌群的参与程度（相对于稳定环境而言）。但是，由于这类练习中负担的重量较轻，这种刺激对提高力量和最大力量影响有限。此外，近年来的研究表明，结构性运动，如深蹲和挺举练习等，在激活躯干部位核心肌群方面比不稳定平面上进行的练习更为有效。不过，在不稳定平面上进行的练习依然有着某些作用（如恢复）。第十章将对此做进一步的论述。铁人竞赛项目的练习也成了一种受大众喜爱的训练方法。如搬石头或水桶、负重行走、扔木头、举轮胎和拖卡车（仅举几例）等练习会动员所有大肌群，并给神经肌肉系统与代谢系统带来巨大的挑战，为全身力量与体能训练提供有益的刺激。最后，还可以采用其他器材来进行练习，如沙袋、小桶、壶铃、弹力带/链（能够在整个动作范围内提供变化的阻力）以及粗铁棒等。可以在各种条件下进行大量的练习，体能教练和运动员可以根据训练条件选择相应的训练手段。

3.5　单侧与双侧练习

还有一种改变练习方式的方法是针对同样的主要练习部位交替进行单侧（一侧肢体）与双侧（两侧肢体）练习。在进行单侧与双侧练习时，肌肉激活程度会有所不同。单侧训练可以提高两侧肢体的力量（同时也会增强单侧的力量），而双侧训练可以提高单侧肢体的力量，同时还会缩小两侧肢体在力量上的差别。这也就是说：由两侧肢体共同产生的最大力比其单独收缩产生的力的总和要小。对训练有素的运动员来说，两侧肢体的力量差距对训练效果影响很小。因此，单侧与双侧练习都值得推荐。

3.6　运动链

从竞技能力的角度出发，闭合运动链练习在专项动作和日常活动动作方面的训练效果会更好。在闭合运动链练习中，其远侧部位是固定的（深蹲、挺举，见图4.3），而开放运动链练习（腿部屈伸，见图4.4）能够让远侧部位在克服阻力的过程中自由移动。研究表明，闭合运动链练习与跳高和立定跳远的成绩之间高度相关。此外，奥古斯特森及其同事发现，采用闭合运动链练习（深蹲）能让纵跳成绩提高10%，而开放运动链练习则不能提高成绩。因此，闭合运动链练习应当作为运动员抗阻训练计划的核心基础。

图4.3　深蹲是一种闭合运动链练习，其身体的远侧部位（双腿）是固定在原地的，在此图中腿是与地面相接触的

图4.4 腿部屈伸是一种开放运动链练习，其身体的远侧部位（双腿）可以克服阻力自由移动

3.7 训练单元结构与练习顺序

在设计抗阻训练单元时，需要考虑练习中参与肌群的数量。有三种基本的训练单元结构可供选择：①全身训练单元；②上肢与下肢分开的训练单元；③各肌群分开训练。全身训练单元所采用的练习会使用所有大肌群（每个大肌群安排一到两种练习）。这种训练模式在运动员和竞技举重运动员当中常见。在竞技举重项目中，主要的举重动作及其变换形式都属于全身练习。通常，在训练单元顺序当中首先进行的技术练习就是举重练习（提拉的变换形式）。训练单元剩下的部分就是基本的力量练习。上肢与下肢分开训练单元是指在一次训练单元中只进行上肢的练习，而在下一次训练单元中则只进行下肢的练习。

这种训练单元在举重选手和健美运动员当中很常见。肌群分开练习是在一次训练单元中针对特定的肌群进行练习（比如，在背部与二头肌训练中，先进行背部练习，然后再进行二头肌练习），这是健美训练的特点。

所有这些训练计划的设计都能有效提高运动员的成绩。个人目标、时间与频率以及个人的偏好等决定了体能教练或运动员应当选择何种训练单元结构。这些训练单元结构之间的主要差别在于每次训练单元中的专门化等级（与每个肌群进行的练习的数量有关）以及各次训练之间的恢复时间的长短。在对练习进行排序之前，可根据个性化需要确定采用何种结构（除了完成的练习外）。

一个训练单元当中的练习顺序会显著影响抗阻训练过程中的负重能力和随后力量

的变化。练习顺序应当服从训练的主要目标。在训练单元的前期所做的练习，应该避免产生疲劳，发力速率较大，重复次数较多，举起的重量较大。研究表明，多关节练习（卧推、深蹲、腿蹬伸等）如果安排在训练单元的后期进行（相同肌群完成其他练习能力后），其练习效果会大幅降低。考虑到这类多关节练习能有效提高力量和爆发力，通常会在训练课的前半段优先安排做这些核心的结构性练习（那些针对训练计划目标的练习）。

例如，举重项目需要爆发力，而疲劳会降低爆发力训练的效果。这些练习必须在训练单元早期进行，它们对技术上的要求很高。力量与爆发力训练的顺序安排已有人关注。需要注意的是，这些顺序安排也适用于肌肉耐力训练和发展肌肉体能训练。

对于发展肌肉体能训练和肌肉耐力训练，这些指导原则可能存在一些例外情况。虽然旨在增大肌肉体积的训练应当包括力量训练，但是，肌肉的生长却是取决于与生物力学和血流量相关的因素。相比之下，力量训练主要是为了提高与生物力学相关的因素。如果训练的目的是为了肌肉生长，那么在疲劳状态下进行训练就会对促进肌肉生长的代谢因素产生有效的作用。在这种情况下，可以改变顺序以刺激肌肉生长所包括的各种代谢因素。例如，一些健美运动员就采用了一种“预消耗”的方法。首先进行单关节练习（使目标肌群产生疲劳），随后再进行多关节练习。

练习顺序的一般原则

在一次训练单元当中训练主要大肌群：

· 大肌群练习（如深蹲）应当在较小肌群练习（如肩推）之前进行。

· 多关节练习应当在单关节练习之前进行。

· 爆发力训练：全身性练习（从最复杂的到最简单的）应当在基础性力量练习之前进行。例如，最复杂的练习有抓举（因为杠铃要移动最大的距离）和相关举重练习，然后再是挺举和推举。这些练习要在仰卧推举和深蹲等练习之前完成。

· 上肢和下肢交替进行（主动肌和拮抗肌的关系）主动肌工作时，拮抗肌休息。这种排序安排有利于保持训练的高强度和完成规定的重复次数。

· 某些针对不同肌群的练习可以穿插在其他练习的组次之间进行，以提高训练的效率。例如，在卧推的练习组次之间可以穿插进行躯干部的练习。由于刺激到的是不同的肌群，因此在进行卧推之前不会产生额外的疲劳。这在间歇时间较长的情况下尤其有效。

在某一天训练上肢肌群，而在另一天训练下肢肌群时，运动员应当按以下原则来做：

· 先进行大肌群、多关节练习，后安排小肌群、单关节练习。

· 交替进行对立工作肌群练习（主动肌–拮抗肌关系）。

在训练单个肌群时，运动员应当按以下原则来做：

· 将多关节练习安排在单关节练习之前进行。

· 将高强度练习安排在低强度练习之前进行（这种安排顺序可以从强度最大的练习开始，逐渐向较低强度过渡）。

比如，先进行哑铃仰卧飞鸟练习，使胸大肌和三角肌产生疲劳，然后再进行卧推。在测验卧推练习动作时，很多时候肱三头肌群过度用力是卧推失败的根源。从理论上分析，胸大肌可能没有得到最有效的刺激。采用“预消耗”法，可以让胸部肌群提前产生疲劳。因此，当练习者在哑铃仰卧飞鸟之后进行卧推，胸部肌群（目标肌群）就很可能会产生疲劳。在进行发展肌肉体积训练时，练习的重复次数较多，练习的重量就较轻。这种方法在提高肌肉体积和肌肉耐力方面效果优于最大力量训练方法。

肌肉耐力训练要在产生疲劳的基础上才能出现适应，因此，练习顺序可以有多种变化。例如，在赛季前的训练期间，篮球教练可以选择将深蹲练习安排在训练单元的后半段进行。这样会让运动员在疲劳状态下进行练习，与比赛当中遇到的情形相一致（比如进行与下半场比赛当中跳跃动作相似的下蹲动作）。

在采用热身练习时，可以变化练习手段。例如，一些运动员选择在下蹲练习之前进行单关节练习（腿部伸展）来作为热身。这里的关键点在于，腿部伸展要采用小重量进行，不要让练习者产生疲劳。因此，可以有效使用热身练习手段来为高强度的训练做准备。

3.8 强　度

强度经常用来表达抗阻训练过程中单次所承受的负荷重量。训练强度很大程度上取决于其他要素，如练习顺序、训练量、训练频次、重复速度以及间歇时间等。强度的安排取决于运动员的训练状态和目标，相当于 1RM（最多只能试举一次时的重量）的45%～50%（或更低）的低强度训练可以提高未经训练运动员的肌肉力量。但是，随着运动员训练水平的提高，必须采用更高的强度（至少相当于1RM 的 80%～85%）来提高最大力量。在大负荷负重练习中肌纤维动员方式与小负荷负重练习不同。提高力量、爆发力、肌肉耐力和肌肉生长，需要动员更多数量的肌肉神经参与。

3.9 连续重复的次数

举起的重量与进行的重复次数之间存在着一种反比关系，图4.5 展示了训练强度与重复次数之间的关系。一般来说，高强度和重复次数少有利于提高力量。随着重复次数的增多和训练强度的降低，开始向右侧迁移的主要是肌肉耐力。

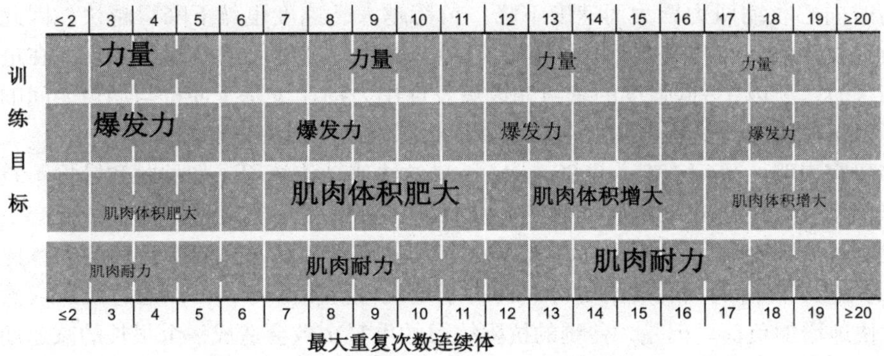

图4.5 理论上的最大连续性重复次数

引自T. Baechle and R. Earle，2008，*Essentials of strength training and conditioning.* Champaign，IL：Human Kinetics，401.

1RM至 6RM或大于 85%1RM的负荷有利于发展最大力量。虽然负荷达到 6RM至12RM（67%～ 85%1RM）也能显著提高，但这一负荷范围并不是发展运动员最大力量的，它主要用来发展初级、中级水平运动员的肌肉力量。研究表明，该负荷范围可提供训练强度与训练量的最佳组合。换言之，6RM 与 12RM 之间的重复次数可以最大限度促进力学因素与代谢增长因素之间的相互作用，比该负荷（≥12RM）更轻的强度对发展最大力量效果较差，但对提高肌肉耐力非常有效。

尽管这个连续体的每个训练区都有各自的优点，但运动员不能将其全部的训练时间都花在一个训练区上，避免出现训练瓶颈或训练过度的情况。建议初、中级练习者在进行抗阻训练时采用 67%～85% 1RM 的负荷适量练习6～12次。高水平运动员应当交替进行67% ～85% 1RM负荷和相当于80%～100% 1RM的训练负荷，最大限度增强肌肉力量。另外还需要注意的是，要根据练习手段确定练习强度。如挺举等多关节练习，可以在训练计划当中安排定期的高强度力量练习。但是，其他练习的目的则可能有所不同。在一个训练单元当中不能所有练习都采用高强度。例如，运动员可能会用重负荷（4～6RM）来做深蹲练习，然后再用较低的强度（8～10 RM）来做腿部屈伸。确保力量训练需要采用大重量的练习，但并不意味着每一项练习都必须采用高强度。当然，核心部位的练习往往要采用较大的强度。

3.10 爆发力训练

爆发力训练需要两条负荷调整策略。爆发力是力与速度的乘积。因此，要最大限度发展爆发力，就必须同时注重力量和速度两项指标。完成中等到大负荷训练需要快肌纤维参与，这才能发展最大力量。但是，正如力量与速度的关系描述的那样，当采用大负荷时向心收缩肌力增大而速度下降。负荷越大，速度也就下降得越快。因此，进行重负荷抗阻训练可以提高肌肉力量，但却不能优化速度（或时间）要素。在进行爆发力训练时，要以中–低强度的练习完成爆发性用力动作（基于冲量与动量之间的关系）。可以根据所进行的练习和运动员的训练状态来改变训练强度。

很多研究表明，采用 15%～60% 1RM 重量的快速动作练习（如蛙跳和卧推）有利于发展峰值爆发力。近年来的研究表明，在跳跃过程中较小的阻力（体重）能产生最大的爆发力，有研究显示，在提高峰值爆发力方面采用 30% 的 1RM 负荷的训练比采用 80% 的 1RM 负荷的训练效果更好。而对于爆发性抗阻练习，可以通过跳跃或投掷重物来最快地增加负荷。但是，传统的抗阻练习的重复次数会造成一个很长的减速期，从而在整个动作范围内影响爆发力的发挥。由于减速方面的影响，采用传统重复次数的练习过程中获得峰值爆发力的强度通常高于爆发性练习中获得峰值爆发力强度（如，40%～60% 1RM卧推，50%～70%深蹲）。竞技举重的峰值爆发力通常是在 70% ～80% 1RM 范围内出现的。

虽然任何训练强度都可以发展肌肉爆发力，但为了确保训练的有效性和专项性，强调训练的强度要满足专项的需求。例如，橄榄球选手（前锋）可以用中、高强度的爆发力训练，这样可以更加真实地模拟赛场上所遇到的情形。然而，田径跳高选手却可以采用较低强度的爆发力训练，因为他们基本上只需要与其自身的体重相抗衡。因此，较轻的训练负荷可以更加贴近其运动项目的要求。为此，峰值爆发力训练需要根据运动员的运动项目或场上位置，确定快速地完成合理强度的抗阻练习。

按照建议，爆发力训练应当根据不同的阶段采用不同的负荷调整策略。增强力量必须采用重负荷（85%～100%1RM），而增强爆发力则须采用中、低负荷（上半身练习采用30%～60%1RM；下半身练习采用0%～60%1RM）。建议在力量训练计划中分阶段安排多组数（3～6组）、每组重复1～6次的爆发力训练计划。

3.11 增加强度

在循序渐进的抗阻训练过程中，有三种增加强度的基本方法：①增加1RM的相对百分比；②在某一最大重复次数区间内进行训练；③增加绝对训练量。增加1RM的相对百分比在周期性的训练计划中很常见，尤其是对于竞技举重、深蹲、挺举和卧推等。运动员可以采用其预定的70%1RM来做一组，然后再采用80%的重量做下一组。

可以采用百分比来逐组改变强度，或者对一个训练周期进行量化（如增加肌肉体积的训练周期一般采用的强度为67%～75%1RM，而力量训练周期采用的强度通常超过85%1RM）。在一个较长的训练周期中，如果体能教练考虑到运动员在训练期间力量提升的潜力，那么相对百分比可能会超过原来计算出的100%1RM。相对百分比在无负荷周期中特别有用。相对百分比可以随着力量测试结果的变化来调整，因为该百分比要以新的1RM力量值为依据。

在一个RM区间内进行训练时需要根据当前的训练负荷来增加重复次数，直至达到规定的次数。在一个8～12RM的区间内，运动员应选择8RM的重量并重复做8次试举。在接下来的几个训练单元中，运动员以该重量多做几次，直到在随后的训练单元中达到12次的重复次数。然后再增加训练负荷重量，并让运动员随后重复做8次。

通过绝对重量来增加强度是最为常见的，尤其是在辅助性练习和核心区练习中。比如，运动员在卧推练习中用100kg完成6次重复推举。随着力量的提高，运动员依然只做6次重复试举，但是他采用的是更大的负荷（如105kg）。当运动员感觉（或看上去）体能水平提高后，就可以增加绝对重量。所增加的绝对重量应取决于练习本身，因为大肌群的练习（如腿蹬伸）可以承受4～7kg的增加量，而小肌群的练习（如屈腿）则可能只能承受1～2kg的增加量。所有这些方法经过研究后都证明对抗阻训练非常有效。最终要使用哪一种方法或综合使用哪几种方法要取决于运动员或者体能教练的偏好。

3.12 超大强度

在某些情况下，可以采用超大强度（大于运动员向心收缩100%1RM），它可以提供很大的超量负荷。超大强度用得比较少，大多是在需要获得最大力量的训练周期的最后阶段使用。向心收缩1RM 也可以被定义为通过关键活动范围所举起的最大重量。因此，可以让运动员用其他肌肉收缩方式和动作范围内其他区段举起超过给定练习的1RM 的重量。可以采用“被动重复次数”“超大重量”“局部范围动作训练”（位于动作范围的最强区域）和“超负荷”等方法来刺激神经系统并提高最大力量。超大重量是采用大于 100% 1RM 的重量（通常超过 20% ～ 40%）加在杠铃上。离心收缩模式应当在有人员监护或者配备带有固定销钉的杠铃架的情况下才能进行。“被动重复次数”也是如此——在向心收缩模式阶段应有监护人员协助，但离心收缩模式阶段则主要由运动员自己控制。

为了强调在所选择的练习过程中出现的自然力量曲线，可以采用“局部范围动作”试举练习。例如，多关节推举练习通常是一条上升曲线（其中，在动作范围内随着推举向上力量会增大），而提举练习则是一条下降曲线（在动作范围内随着提拉向上力量会减少）。这样会刺激神经系统来提高力量，绕过动作范围内的薄弱点，在最强区域加重负荷。

超负荷只是支撑住超大重量，而并非真的做这个练习。采用这种训练方法的理论是通过支撑超过100%1RM的重量来激发神经系统。一般认为，这样会让人觉得1RM较轻，从而可以提高1RM的力量。据说举重运动员经常使用超负荷进行训练。例如，一种被称为“走出去”的方法常被用来协助完成超过1RM的深蹲练习。练习者从杠铃离开杠铃架到开始位置都只支撑超大重量，而并不真的做深蹲练习。由于这些训练方法涉及高强度，因此在训练中必须小心谨慎。这些训练方法主要都是针对高水平举重运动员训练的。

3.13 训练量

训练量是在一个训练单元中所做的组数与重复次数的总数之和。可以通过改变每个训练单元的练习数量、每组完成的重复次数以及每项练习所做的组数来对训练量加以控制。通常，每项练习所进行的组数与每个训练单元中进行的练习的数量之间存在反比关系，训练量与训练强度之间也存在反比关系。也就是说，如果安排的训练强度显著提高，那么训练量也就应当减少。力量训练一般都是中低训练量，因为核心区练习中每组练习是中低数量的重复次数。发展肌肉体积和肌肉耐力训练主要是中高强度和训练量。这类训练计划的总训练量都很大，有利于增强内分泌和代谢的反应。

不同运动员的训练量差异很大，这不仅取决于训练强度，还取决于其他各种因素（如训练状态、每个训练单元所练习的肌群数量、营养情况、训练及比赛日程等）。目前对力量训练的训练量建议：初学者每项练习做1～3组，中级和高级运动员每项练习做2～6组。向中高级训练过渡时应当采用多组数练习，并且训练量和训练强度都要系统地变化。不建议陡然增大训练量，这样可能导致训练过度。此外，并非所有的练习都要做相同的组数。每项练习的训练量取决于训练计划的侧重点。在设计抗阻训练计划时，每项练习的组数、参与的肌群以及训练单元的总体结构等也是基本的考虑因素。很少有研究直接比较训练计划中的总组数，大多数研究是比较单组和多组训练计划。有人将一组慢速完成重复次数为8～12次的练习与分阶段训练计划和无阶段多组式训练计划进行比较。这些研究表明，无论采用什么样的计划设计，对初级运动员产生的结果都很相近，而有些研究则表明多训练计划效果更好。在向中高级训练阶段过渡期间，分阶段、多组训练计划效果更佳。一项研究表明，转换为单组式训练方案的女运动员的力量有所下降。关于每个训练单元所进行的总组数，一项研究在对现有文献著作进行查证后表明，每个肌群做8组所产生的效果最大。大部分研究采用的都是每项练习做2～6组，受过训练的运动员和未经训练的初学者的力量都得到了显著提高。通常，在抗阻训练当中每项练习做2～6组是最常见的，在此基础上也可以增加或减少组数，也都被成功采用过。

3.14　多组数训练的安排

在采用多组数练习时，首先要考虑各组练习的结构安排。每个练习过程中的训练强度和训练量可以增加、减少或保持不变。常用的基本结构（及其综合系统）有三种：①“固定负荷/重复次数”的方法。每组练习所采用的强度和训练量都相同。这种方式对于增大力量、爆发力、肌肉体积和肌肉耐力非常有效。它可以很容易地被安排到分阶段训练计划当中。② 采用由轻到重的负荷。每一组的重量都有所增加，而重复次数则保持不变或有所减少。采用这种方法的一个常见例子就是递增式金字塔训练法。通过控制训练强度和力量，金字塔训练可以发展体能中各项运动素质。由于在试举最大重量之前有一个递增的过程（如运动员在专项热身后更好地准备第一次练习），从这个意义上讲，这种方法颇具优势。但是，过度使用递增式金字塔训练法会增加训练过度的风险。③ 采用由重到轻的负荷。采用这种方法的一个常见例子就是递减式金字塔训练法。每一组的重量都会有所减小，而重复次数则保持不变或有所增加。其优点是，先完成负荷最重的一组，而此时的疲劳感是最轻的。但是，对这种方法持反对意见的人通常会担心运动员在做负荷最重的第一组时会得不到充分的热身。实际上每种方法各有利弊，每种方法都是有效的，采用何种方式要取决于运动员、教练或体能训练专家的个人偏好。

3.15　间歇时间

间歇时间的长短取决于训练强度、训练目标、体能水平以及所针对的供能系统的使用情况。组与组之间和各项练习之间的休息时间，会显著地影响抗阻练习过程中人体对急性刺激所产生的代谢、激素和心肺反应，以及随后的各组练习中的表现和训练适应。间歇时间过短不利于快速力量和爆发力训练的发挥，较短的间歇时间对于发展肌肉体积和肌肉耐力训练很有好处。图4.6描述了不同间歇时间下的急性试举的成绩。图中显示了几组连续柱状图，其中，当间歇时间为30s时，成绩下降幅度最大。当间歇时间为5min时，成绩保持得最为稳定。因此，间歇时间过短会降低成绩，而较长的间歇时间则有助于保持训练强度和训练量。

对抗阻训练的长期研究表明，组与组之间的休息时间较长（如2～3min）与休息时间较短（如30～40s）相比，较长休息时间对力量的提高程度更大。需要注意的是，间歇时间的长短应根据训练计划的目标和计划内的单个练习的需要而变化（不是每项练习都必须采用相同的间歇时间）。对于初级、中级和高级力量训练，建议采用的休息时间至少为2～5min。以上建议也同样适用于发展肌肉体积的训练，不过，在训练的不同阶段，也可以采用更短的间歇时间。力量与爆发力的成绩极大地取决于ATP-CP系统，该系统通常需要3min恢复时间。高强度的举重练习需要有最大数量的能源物质供应，以便在很少疲劳或无疲劳状况下完成该组练习。在采用较短的间歇时间的情况下，肌肉力量也可能会提高，但提高的速度很慢。

在进行肌肉耐力训练时，间歇时间的选择会产生很大影响。提高肌肉耐力的训练意味着运动员重复次数多，能提高次最大肌肉耐力或减少每组之间间歇时间以提高强度或力量耐力。因此，肌肉耐力训练应采用较短的间歇时间（如≤ 30 秒）。

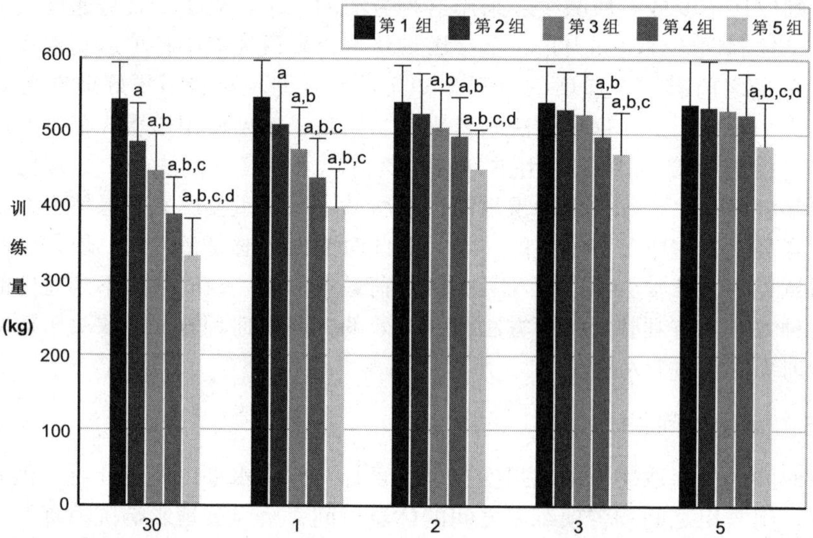

图4.6 每组重复做 10 次的卧推，30s、1min、2min、3min和5min间歇时间后的推举成绩
（a）大大低于第 1 组（P＜00.5）；（b）低于第 2 组；（c）低于第 3 组；（d）低于第 4 组
引自 Springer Science+Business Media：*European Journal of Applied Physiology*，"The effect of rest interval length on metabolic responses to the bench press exercise，" 100：1–17，N.A. Ratamess et al. Copyright 2007.

3.16 动作重复速度

提举速度影响人体对训练所产生的神经、肌肉生长和代谢的反应。它在很大程度上取决于负荷和疲劳程度。对于不是采取最大重量的练习，运动员在动作过程中采用的速度至关重要。力量 = 质量 × 加速度，当慢速完成重复动作时，力量就会明显降低。但是，肌肉有两种慢速收缩方式：无意减速和有意减速。无意识慢速收缩一般在高强度重复动作当中出现，在这种情况下，负荷强度和疲劳程度都会对动作的速度产生影响。也就是说，运动员使出最大的力量（快速推举重量），但是负荷太重或处于疲劳状态，使得完成练习动作的速度很慢。这种情况在高强度的多组数练习中很常见，并对提高力量产生有效的刺激。此外，在一组的最后几次重复动作中且出现疲劳的情况下，动作速度也会降低。

有意识慢速收缩一般与次最大重量共同采用，在此情况下，运动员直接控制动作速度。有意放慢速度时的发力要比采用正常（适中）速度或爆发性速度时低得多，肌纤维激活水平也会相应降低。有意地缓慢提举重物会迫使运动员大幅减少重量。一项研究发现，其重量要减少大约 30%，也不会为发展 1RM 力量提供最佳刺激。因此，有意地放慢速度可能对于肌肉耐力训练有所帮助，但对于力量和爆发力训练会适得其反。

中、高速度（1～2 秒的向心收缩模式；1～2 秒的离心收缩模式）对于提高肌肉能力最为有效（如完成的重复次数、所做的功和产生的爆发力以及训练量等）。对于力量训练，尽可能快速地举起重物（使神经反应达到最佳状态）的意图是至关重要的训练特征。也就是说，在举起重物过程中，速度是举的结果，关键刺激是快速移动杠铃。补偿性加速训练方面要求运动员在向心收缩阶段使杠铃速度达到最大，以最快的速度举起重物。其主要优点在于，可以在练习重负荷时使用此方法。它对于多关节练习十分有效，而对于力量训练也比慢速动作更有帮助。此外，为了最大限度提高爆发力，建议采用快速或爆发性速度。

发展肌肉耐力或增大肌肉体积的练习可采用不同的速度。对肌肉耐力训练而言，其关键是要延长每组的持续时间。有两种方法来延长每组持续时间：①采用有意慢速动作来做中等数量的动作；②采用中、高速度重复次数多。采用轻负荷的有意慢速训练法（5s的向心收缩模式或5s更慢的离心收缩模式）会使肌肉持续紧张，且持续的时间更长。这比中、高速度对代谢系统的要求更高。但是，采用有意慢速动作很难进行大量的重复次数。若想重复次数多，最好采用中、高速度。采用慢速、中等重复次数的训练方法和采用中高速度、多重复次数的训练方法都会提高负荷刺激酵解能和氧化能系统的需求，因此可以作为发展肌肉耐力的一种有效方法。

3.17　频　率

在某特定时期进行训练课的数量会影响训练适应。频率是指每周进行力量练习的次数。它取决于好几种因素，比如训练量、训练强度、练习的选择、体能水平或训练状态、恢复能力、营养的摄取以及训练目标，等等。许多抗阻训练的研究都主张对未经训练的运动员采用每周2～3天的隔日训练。这样的训练频率被证明是初始阶段的一种有效的频率。建议举重的初学者采用这种训练频次。训练经验的积累不一定意味着改变力量训练的频率，而是要更多地考虑改变其他重要因素，如练习手段的选择、训练量和训练强度等。加大训练频次可能需要针对更多的特殊情况（如为每个肌群选择更多的练习手段和加大训练量）。其他一些研究则主张，提高最大力量的训练频次，每周4～5天要优于每周3天，每周3天要优于每周1～2天，而每周两天则要优于每周1天。有一项研究表明，运动员每周训练4～5天比每周训练3天或者6天的效果要更好。

高水平运动员力量训练所采用的频次差异很大。高水平的举重运动员和健美运动员会采用高频率的训练方式（如每周4～6节训练课）。优秀举重运动员和健美运动员的训练频率甚至可以更高。在训练期间通常采用两分式训练法（每天2节训练课，分别针对不同的肌群），因而每周可能达到8～12节训练课。高频次训练在竞技举重选手当中很常见，其理论依据是，在频繁的短时间训练课之后安排恢复期、补充期和营养摄入期可以达到更好的训练刺激效果。优秀举重运动员通常每周训练4～6天。需要注意的是，并不是所有的肌群在每个训练单元中都进行高频次训练。

要了解有关整合训练年度全年当中的所有计划变量的更多实践性指导方针，请参见第十二章。

这样，不管训练单元多少，每个主要肌群每周都能训练2～3次。

小　结

·调控抗阻训练的各种变量对于训练计划的设计至关重要。人体通常会在1～2周之内就能适应其当前的训练负荷。因此，必须不断地修改训练计划以保持有效的训练刺激和防止训练效果停滞不前。只要循序渐进增加训练强度和专项性并不断变化，任何抗阻训练计划都会取得效果。

·让训练单元更加有效的措施（根据特定的目标）：①增加重量或负荷；②在当前训练负荷的基础上增加重复次数；③在低于或接近最大负荷的重量时提高试举的速度，增强神经肌肉系统的反应；④延长间歇时间，加大强度，或者缩短间歇时间以增强肌肉耐力；⑤在合理的范围内增加训练量（如 2.5%～5%）；⑥采用其他先进的训练方法进行超大负荷训练。

·不采用循序渐进的训练负荷（逐渐增加对人体所施加的压力），就不会产生适应。因此，练习者必须努力地逐步加大训练难度，以便不断进步。

·针对性是指为专门的目标而设计训练计划。训练适应针对的是特定的刺激。这包括肌肉收缩方式的针对性、动作范围的针对性、供能系统动员的针对性、速度神经肌肉动员方式等。个性化的训练计划必须针对特定的提高运动成绩的运动素质，以便最大限度提高成绩。

· 应当采用产生变化的训练或分期训练（参见第十一章）来保持全新的刺激，从而使身体产生适应。通常训练强度和训练量是周期性安排的。但是，所有重要的训练变量可以在一定程度上加以控制。例如，改变所选择的练习手段就是一种提高抗阻练习质量的有效方法。训练刺激的系统变化是一个长期的循序渐进过程。

第五章

爆发力训练

Robert U. Newton，Prue Cormie，
William J. Kraemer

本章主要论述很多项目运动成绩中最为重要的神经肌肉功能，即产生最大肌肉爆发力的能力。对最大爆发力进行定义，并论述其对于人体运动表现的重要性。随后，将论述最大爆发力的训练和训练计划的设计，以及发展爆发力的训练方法。

爆发力可以被定义为作用力乘以运动速度。由于“功”是力与位移距离的乘积，而速度等于位移的距离除以所用的时间，因此爆发力还可以被表示为单位时间内所做的功。一名运动员爆发力产生的功率大概在 50W（如轻型脚踏车或慢跑当中产生的功率）到7 000W左右（举重的挺举阶段所产生的功率）。本章主要介绍最大爆发力（肌肉最大输出功率），它可以通过肌肉的N次收缩产生。这种情况被称为“最大瞬时爆发力”；不过，在本章当中，将使用“最大爆发力”一词。

随着发令员的一声枪响，快速蹬离起跑器、从2.45m高的横杆上一跃而过、迅速改变方向以躲避对手的袭击、抓举相当于自身体重 2.5 倍的重量或者将高尔夫球打出300m远——所有这些都是最大爆发力的表现。如果是为了在起跳、出手或冲击时达到最大速度，那么爆发力产生的最大功率就比运动成绩更为重要。这包括各种常用的动作，如冲刺跑、跳跃、变向、投掷、踢腿和击打等。因此，绝大多数竞技体育项目都涉及爆发力。

■ 1　影响爆发力的因素

运动员在篮球赛中抢篮板球时的跳跃动作显示了最大爆发力的重要性，也使我们去研究影响爆发力的因素。运动员抢篮板球时所跳跃的高度完全是由他起跳速度决定的。在起跳动作结束时，身体立即停止动作（图5.1）。当运动员伸展躯干、髋部、双膝和脚踝并离开地面时，身体就会向上加速并达到一个最大的起跳速度。这个速度是由肌肉对地面所产生的作用力乘以其作用时间（术语称之为“冲量”）再减去体重的冲量之后的结果所决定的。

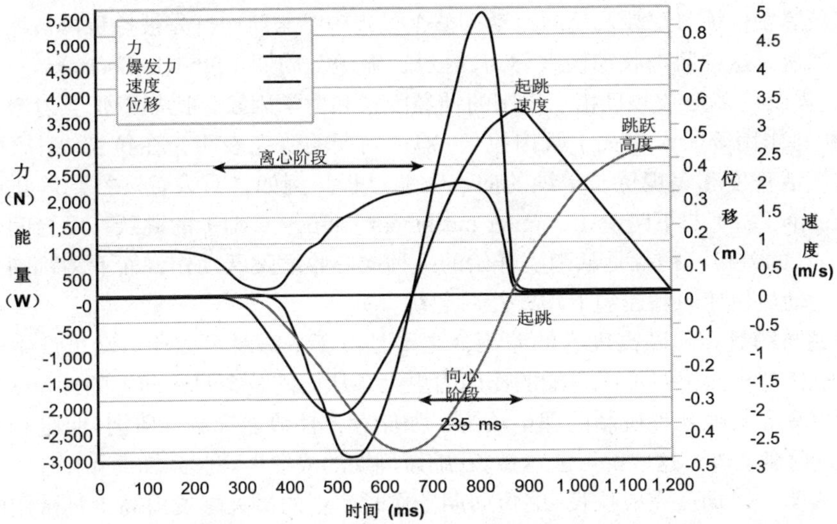

图5.1　在起跳过程中垂直方向上的地面反作用力、被测试者的位移、速度和爆发力。注意，向心肌肉动作的持续时间仅为 235 ms。最终实现的起跳速度是由这一短时间内所能产生的各种力量之和所决定的

当运动员跳离地面后，他就不能产生改变运动方向的力了。身体垂直加速越快，运动结束与起跳之间的时间就越短（图5.1中的235ms）。从中我们可以看到肌肉最大爆发力的重要性。运动员试图发挥最大爆发力，使身体加速的施力时间就缩短了。因此，神经肌肉系统的三个力学特性决定了成绩：

· 在短时间内产生最大力量的能力，术语称为“力量发挥最大速率”（mRFD）。

· 肌肉离心收缩阶段结束和向心收缩阶段的前期产生最大力量的能力。

· 肌肉收缩速度加快时，肌肉持续产生大力量的能力。

很多因素会影响上述三个特性的发挥。探讨每个因素都能帮助我们了解不同训练策略的作用以及它们是如何影响训练效果的。最大爆发力表现需要采用肌肉先伸展再收缩的反向运动类（拉长–缩短周期）的训练。特定爆发力训练比重负荷抗阻训练的反应更好，因为爆发力训练涉及力量和速度以及肌肉活性下降的短暂减速阶段。每个有利于最大爆发力发挥的因素都有自身的适用范围，因此，在为运动员设计训练计划时，应综合应用多种方法，并应针对那些产生最大适应潜力的环节，即运动最弱环节。

1.1 拉长-缩短周期

大多数爆发性练习都涉及反向运动，整个过程中参与肌肉群先被拉长再被缩短使身体或肢体加速。这种肌肉收缩模式称为“拉长-缩短”周期（Stretch-Shortening Cycle，SSC）。它涉及许多复杂并且相互作用的神经因素和力学因素，比如牵张反射激活和肌肉-肌腱相互作用等。大量关于肌肉拉长-缩短周期的研究表明，在拉长-缩短周期过程中肌肉激活程度和表现优于单纯的向心收缩过程。例如，有人曾观察到静止或蹲跳（Squat jumps，SJ）与下蹲跳（Counter movement jumps，CMJ）的跳跃高度之间存在着 18% ~ 20% 的差距。蹲跳是从蹲姿开始的一种向心收缩跳跃动作，而下蹲跳则是从站姿开始，运动员快速屈膝屈髋下蹲，然后起跳。

下蹲跳与蹲跳在跳跃高度上的差距，主要是由于下蹲跳可以让运动员产生更大的爆发力。这样就会使得对地面施加的作用力更大，从而使整个身体向上的冲量（F×t）和加速度更大。其他几种机制的理论认为，如储存弹性势能释放、肌肉-肌腱相互作用以及牵张反射激活等，这些都可能对拉长-缩短周期的成绩提高起到辅助作用。

事实表明，运动员完成拉长-缩短周期动作时产生的最大爆发力高于日常用的拉长练习。这些超等长练习已经在大量研究中被证明可以有效提高跳跃能力和爆发力。超等长训练可以使肌肉的整体神经刺激得到加强，从而增大输出的力量。不过，肌肉活动质的变化也同样很明显。肌电研究表明，不熟悉大强度的拉长-缩短周期负荷的被测试者肌肉激活时间减少，从触地前的 50 ~ 100 ms开始并持续100 ~ 200ms。这是一种由高尔基腱器产生的保护性反射机制，该器官会在突发性、大强度的伸缩负荷过程中起作用，这类负荷通常会在拉长-缩短周期的力量高峰期间减少肌腱单元内的张力。在经过一段时间的超等长训练之后，这种抑制作用会降低（术语称之为“抑制解除”），而拉长-缩短周期的成绩则会提高。

超等长训练（Plyometric training）会使肌肉骨骼系统承受相当大的作用力。专家建议运动员在开始超等长训练计划之前应该具备初步力量训练的基础（比如，运动员应当能够采用其 1.5 倍体重的负荷做深蹲练习），也可以进行低强度的超等长训练（如蹲跳、下蹲跳、侧跳、跳箱子等）。需要牢记的是，超等长训练往往是儿童进行的跳跃游戏的内容之一。有人认为深蹲跳跃所带来的受伤风险比较高，因此初学者不应进行此练习。

1.2 肌肉力量

力量是指肌肉按特定或确定的速度收缩所产生的力或力矩的值，肌肉收缩方式包括：离心、向心和等长收缩等方式。通常，体能教练和运动员会将“力量”一词与慢速甚至是等长肌肉收缩过程中所发出的力相联系。这种力可以通过采用重复一次试举的最大重量（1RM）的测试来获得。该测试是以运动员在整个动作过程当中试举一次所能举起的最大重量来对其力量进行评估的。1RM力量的发挥和评估受到了大量研究者的关注，有兴趣的读者可以参考相关的文献著作。在举起最大重量时，其限制因素是在缓慢收缩速度下所产生的肌肉力量。但是，在1RM力量训练中，需要运动员尽全力完成有限数量的试举练习。大多数体育项目都要求在很快的运动速度中产生很大的力量，或从放松状态下快速获得很大的力量。

研究结果和体能教练提供的例证表明，如果运动员在慢速运动状态下的力量得到了提高，那么其爆发力和运动成绩也会提高。这是因为慢速运动状态下的最大力量也是最大爆发力的基础。换句话说，力量与爆发力之间存在着一种基本关系，即不够强壮的运动员不可能拥有高水平的爆发力。对未受过训练到训练有素的被测试者的大负荷力量训练计划的研究表明，这样的训练既能提高最大力量，也能提高最大爆发力。虽然力量是影响最大爆发力发挥的一个基本要素，但是，当运动员已具备很高力量水平时，这种影响就会减小。因此，运动员当前的力量水平决定了其最大肌肉爆发力潜力的上限，如果最大力量很低的话，爆发力也就成为无本之木了。

要获得更大的爆发力就要从向心收缩转为离心收缩。这样，它会从零速度开始。因此，在离心阶段后期产生的力、从拉长到缩短的转换（包括肌肉等速收缩）以及随后的向心收缩都是由主动肌的最大力量所决定的。如果最大力量被提高，那么这个过程中就可以产生更大的力，使冲量增加，从而提高加速度。但是，随着肌肉高速收缩能力提高，慢速动作肌肉力量对快速力量能力的影响会减弱。在运动员专项训练过程中，这一点显得尤为重要。

■ 2　爆发力训练

慢速、大负荷的抗阻训练提高最大爆发力的理论依据是：爆发力等于力与肌肉收缩速度的乘积。增加 1RM 的力量就会影响爆发力，这一点已经得到反复证实。尽管这一论断得到未受过训练的被测试者的短期性干预训练的相关研究的支持，但它并不适用于已经有力量基础的训练有素的运动员。如果我们要最大限度提高这类运动员的爆发力，那么就必须同时训练力量和速度两个要素。因为运动距离通常是由运动员的关节活动范围所决定的，速度是由完成动作的时间所决定的。因此，如果我们采用缩短完成动作时间的方法来训练，就可以提高爆发力。与这一理论紧密联系的概念是力量递增最大速率。

2.1 抗阻训练与爆发力

在训练方面，许多研究都表明，实施力量训练计划后，爆发力练习成绩（如纵跳）都得到了提高。例如，一项研究证明，在进行为期 24 周的大强度抗阻训练之后，纵跳成绩提高了7%。尽管抗阻训练能提高爆发力，但专项爆发力训练效果会更好，尤其对于训练有素的运动员而言。在一项研究中，被测试者采用了相对较轻的负荷的爆发力训练，其纵跳测试成绩提高了 21%。这些结果表明，与爆发力训练相比，大负荷抗阻训练也可能会产生专项训练适应。采用大重量和慢速向心肌肉收缩的大负荷抗阻训练主要是提高最大力量（力量–速度曲线中的大力量、低速度部分，图5.2）。如果采用较快速度的抗阻训练，最大力量提高幅度就会降低。爆发力训练采用的是较轻的负荷和速度更快的肌肉收缩方式，从而可以提高快速动作时的力量输出。力量递增最大速率（Rate of force developmort，RFD）也同样得到了提高。

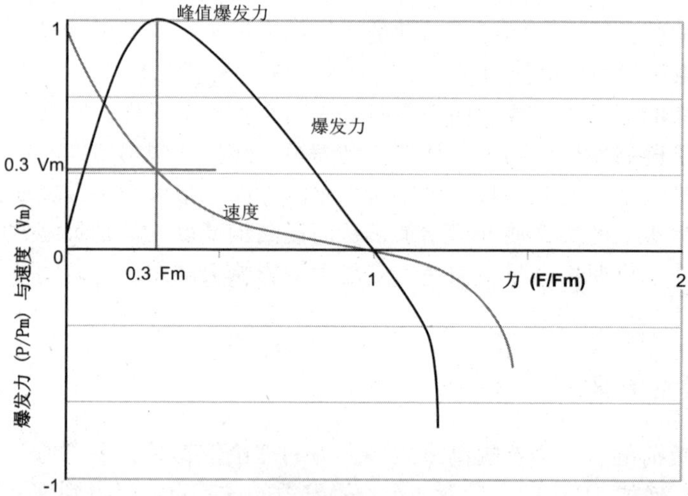

图5.2　骨骼肌的力量、速度与爆发力之间的关系。V_m、P_m、和 F_m 分别表示最大动作速度、最大爆发力与等速肌力输出

引自 N.L. Jones，N. McCartney，A.J. McComas. *Human muscle power,* Champaign，IL：Human Kinetics，81–94.

> 要了解有关在训练年度的不同阶段安排爆发力与抗阻训练的指导原则，请参阅第十二章。

虽然速度专项性的训练适应得到了证实，但训练引起的成绩变化却并非总是符合这一原则。这种矛盾源自于肌肉收缩方式的复杂性和整个成套动作中的慢速与快速用力的多重性。在观察明显而有专项的训练适应当中，另一个令人困惑的影响因素就是，在未受过训练的人群当中，各种各样的训练干预都会提高力量和爆发力。由于被测者的训练状态的不同，这种反应可能并不总是符合专项性训练的原则。

对于力量水平较低的被试者，在整个力量–速度范围内可能都有提高，而与采用的训练负荷或训练模式没有关系。例如，在10周的训练之后，接受大负荷抗阻训练或弹射式爆发力训练的水平较低的被试者在力量–速度关系方面的变化很相似（图5.3）。运动员接受大负荷力量训练后，神经系统最大激活程度和肌肉体积都有提高。相比之下，弹射式爆发力训练后，肌肉激活的速度显著提高。尽管对各种训练刺激的适应存在着本质上的差异，但都在力量–速度关系上有显著的提高，特别是对那些未经过最大爆发力训练的人更是如此。

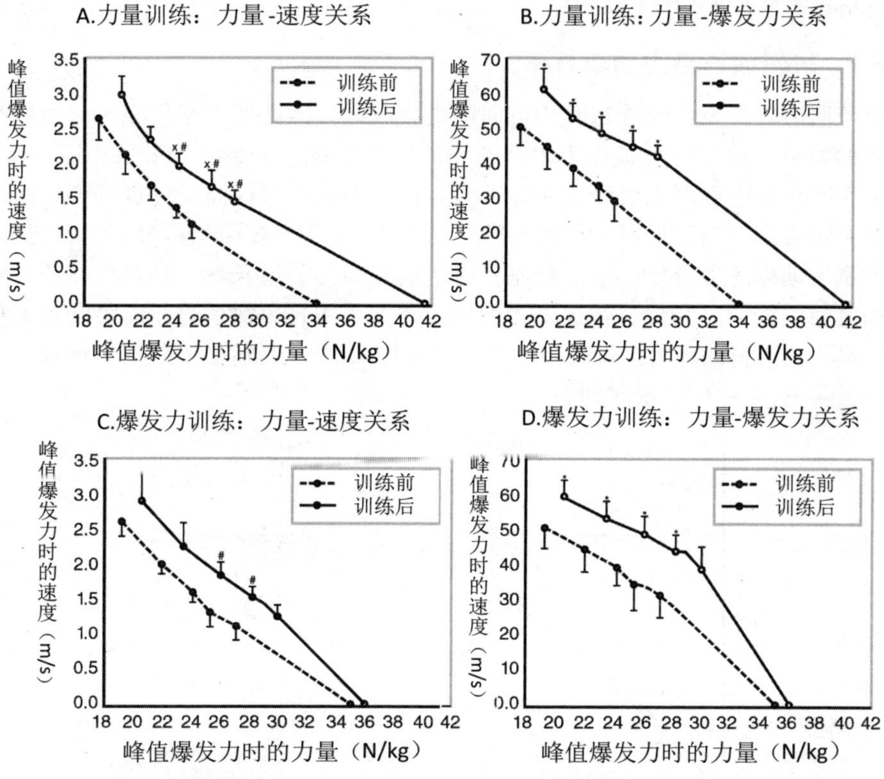

图5.3　10 周的大负荷抗阻训练（A与B）和弹射式爆发力训练（C与D）后蹲跳（如肩负杠铃下蹲跳）练习中力量–速度关系与力量–爆发力关系的变化。力量（x）、速度（#）或爆发力（*）的显著提高

引自P. Cormie，2009，*A series of investigations into the effect of strength level on muscular power in athletic movements*（Perth，WA：Edith Cowan University，School of Exercise，Biomedical，and Health Science），263.

单一因素（如很大的力、高爆发力）的训练适应是在基础力量与爆发力训练之后出现的。这基于的事实是，如果运动员已经具有了相应水平的力量，那么通过传统力量训练最大爆发力的效果就会很小。要进一步提高最大爆发力，就需要更多专项训练干预。因此，要提高训练有素的运动员的最大爆发力，需要设计更为复杂的训练方案。

有研究结果证实了上述观点，8周负重训练或超等长训练后，对1RM深蹲、纵跳和20m快速跑等进行比较。根据训练1RM深蹲的重量，将受试者分为“弱”和“强”组，研究结果表明，负重训练后20m快速跑和纵跳成绩与训练前1RM深蹲的成绩呈负相关。研究者认为，这可能是由于获益递减原则，开始阶段肌肉功能提高比较容易，达到一定水平后再想进一步提高难度就会增大。令人意外的是，超等长训练所带来的成绩的提高与早期的训练水平没有关系。

2.2 抗阻训练与力的增长率

由于肌肉在爆发性收缩过程中的时间是有限的，因此肌肉必须在短时间内产生尽可能大的力量。这一特性被称为力量的增长最大速率（Rate Of Force Development，RFD）。这在一定程度上解释了为什么大负荷抗阻训练对提高受过良好训练的运动员的爆发力效果不理想。采用大负荷（1RM 的 70% ~ 120%）的深蹲练习可以提高最大等长力量（动作速度等于零）。但是，它不能提高力的增长率，甚至可能还会降低肌肉快速发力的能力。相反，快速发力的练习（如采用轻负荷后进行蹲跳训练）却能提高运动员快速力量的能力。针对最大爆发力的抗阻训练会提高力量-时间曲线前半部分的斜率，从图5.4 中可以观察到。

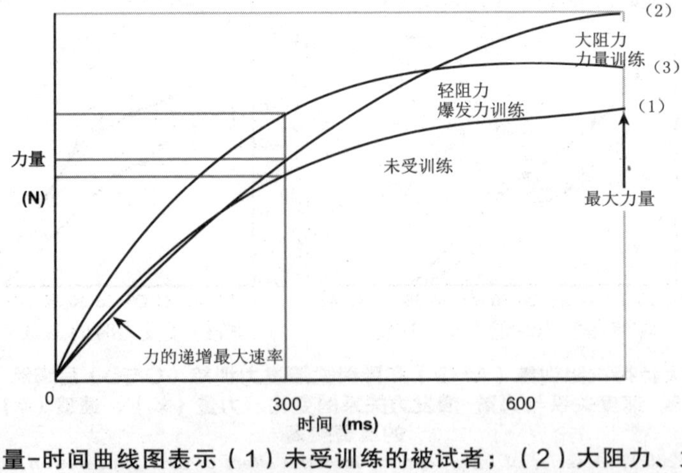

图5.4 等长力量-时间曲线图表示（1）未受训练的被试者；（2）大阻力、力量训练的被试者；（3）轻阻力、爆发力训练的被试者的最大力量、力的递增最大速率和200ms时的力量

引自K. Häkkinen，P.V. Komi，and M. Alen，1985，“Effect of explosive type strength training on isometric force- and relaxation-time，electromyographic and muscle fibre characteristics of leg extensor muscles，” *Acta Physiologica Scandinavica 1985*. 125（4）：p. 587-600.

尽管该项研究中的大阻力训练提高了最大力量，也提高了力量-时间曲线的最高点，但它并未明显提高爆发力，尤其是对于已经具备一定的力量训练基础的运动员（已经积累了6个月以上训练经验的运动员）。其原因可能是爆发力练习过程中的运动时间通常都少于300ms。在这么短的时间内往往不可能实现力量的提高。也就是说，运动员在爆发力练习过程中没有时间来利用通过大阻力训练所获得的力量收益。

2.3 克服传统抗阻训练当中的减速阶段

多项研究的结果都关注到了传统的抗阻训练和爆发力训练当中的一个更深层次的问题。据观察，当运动员在卧推练习中举起最大的重量时，随着重物接近运动范围的末端，杠铃杆在向心收缩运动范围内减速24%。当运动员用较轻的负荷（如 1RM 的 8%）做卧推时，这一减速阶段增大到了 52%。在更多地针对专项快速动作训练当中，运动员要尽快移动杠铃。但是，这样也会增大减速阶段的持续时间，因为运动员必须使杠铃放慢速度以便在该区段的末端完全停住。

如果运动员是将重物抛开或负重跳跃，就可以克服减速阶段的问题。该类动作被准确地称为“弹射式抗阻训练”（ballistic resistance exercises）。“弹射式”是指采用抛射到空间的方式快速加速。在麦格理词典中解释为“无外界作用力且只受到重力作用的抛射运动”。由于此类训练的基本特点是用力将负荷抛向空中以使其成为抛物体，与其他训练形式有明显的区别，因此弹射式抗阻训练一词显得最为贴切。

以往的研究已经将传统卧推的运动学、动力学和神经激活与弹射式卧抛进行过比较，后者是将杠铃从手中抛出去（图5.5）。与传统卧推相比，抛举运动过程中平均速度、峰值速度、平均力量、平均爆发力和峰值爆发力方面显著高于在卧推中的值。

胸大肌、前三角肌、肱三头肌和肱二头肌在向心收缩阶段的肌肉激活程度在投掷情况下更高（分别为 19%、34%、44% 和 27%）。对速度和力量曲线的进一步分析表明，推举过程中的减速阶段的持续时间占向心收缩过程的 40%，这与肌肉激活程度下降有关。得出的结论是：采用小负荷快速推举练习时，肌肉神经系统激活程度达不到最大爆发力所需的程度。这在该动作的最终阶段体现得尤为明显，而在这阶段中，弹射式重物负荷条件（在整个动作过程中阻力都在加大）却产生了更快的运动速度、更大的力量输出和更强的肌电。

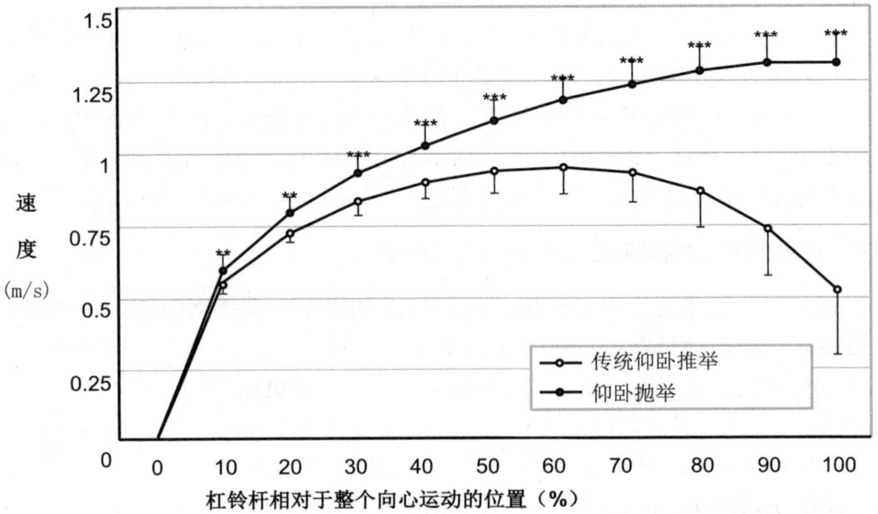

图5.5　以尽量快的速度做传统仰卧推举和做仰卧抛举时杠铃杆相对于整个向心运动的平均速度（±标准差）（$^{**}p < 0.01$；$^{***}p < 0.001$）

引自 R.U. Newton et al.，1996,Kinematics，kinetics，and muscle activation during explosive upper body movements，*Journal of Applied Biomechanics* 12：31–43.

超等长训练、负重蹲跳以及举重动作允许运动员在整个运动过程中加速至负荷的抛射点（如跳跃的起跳、投掷铅球的出手、击打运动中的碰撞等），从而可以避免减速问题的出现。

■ 3　发展爆发力的训练方法

发展运动员爆发力的训练方法包括大阻力训练（根据专项对爆发力的要求）、弹射式训练（应当在训练量当中占有相当的比例）、超等长训练和举重训练。力量性抗阻训练可以提高爆发力，但可能不会立竿见影。减量训练和恢复是训练计划的两个重要方面，应当根据专项需求有所变化。

3.1　大负荷抗阻训练

运动员的爆发力必须能在专项动作中表现出来。随着具体的运动项目对爆发力的要求日益受到重视，这种关系也变得更加直接。按照惯例，运动员的肌肉力量要比专项比赛中所需力量高3倍。这相当于在承受最大力量的30%负荷时神经肌肉系统产生最大的爆发力。

例如，在纵跳性运动项目中（如排球或篮球），运动员的力量训练应能负重完成两倍于体重的杠铃进行深蹲练习。就是说，当运动员不负重（仅承受自身体重）跳跃时，相当于承受最大力量 30% 的负荷。在三级跳远、跳远和短跑等运动项目中，提供动力的动作是来自于一条腿蹬伸，因此其腿部伸肌的力量应当更大。值得注意的是，采用三倍于体重负荷的单腿屈伸或深蹲是不现实的，因为这需要超乎寻常的力量。但是，这样的理论分析表明，运动员需要极强的最大爆发力就必须有非常大的力量作为基础。要了解有关评估和发展力量的详细资料，有兴趣的读者可以参考以柴商斯基和克雷默等人为代表的相关文章以及本书的第四章。

尽管大负荷抗阻训练会导致动作速度低于专项运动速度（如跳跃或投掷），但传统的抗阻训练练习已被成功地用于提高动力性专项动作中的最大爆发力。虽然做这些练习不需要较大的爆发力，但最大爆发力的提高主要是由于最大力量提高所产生的生理适应（肌纤维横截面积增大和神经系统动员能力增强）。

因此，对于那些力量处于中下水平的未受过训练的人来说，最大爆发力在采用传统抗阻练习的训练之后会有显著提高，但是，随着力量水平逐渐提高并接近运动员的基因潜力，最大爆发力的增长速度会减慢。因此在训练的早期阶段或力量水平较低的运动员（如有氧耐力运动员），大负荷抗阻训练后最大爆发力会显著提高。虽然大负荷抗阻训练对于发展力量与爆发力非常重要，但是，训练中要想进一步提高最大爆发力就需要采取其他专项性更高的动作模式。

3.2 弹射式抗阻训练

弹射式运动（Ballistic movements）（如深蹲跳、仰卧抛举）需要运动员在整个运动范围内都要向弹射/抛射点（起跳或出手）加速，从而消除任何的减速情况。由于整个动作范围内的持续加速，弹射式动作过程中的向心收缩的速度、力量、爆发力和肌肉激活比传统抗阻训练的练习过程中要高。为此，许多研究人员和体能教练都建议在以发展最大爆发力的训练计划中应当包含弹射式动作而不是传统的抗阻练习。这种建议的依据是，弹射式动作更具有专项性，这样可以更好地产生专项适应。

有研究表明，采用弹射式练习的训练之后，运动员能显著提高在专项动作中的最大爆发力。此外，采用变化负荷方式训练也能提高爆发力（在小负荷和大负荷情况下也能提高爆发力）。对受过良好训练的男子排球选手（1RM深蹲 /体重 = 1.69）进行8周训练的结果表明，采用弹射式动作（蹲跳）训练提高专项纵跳成绩的幅度显著高于传统练习（深蹲和蹬伸）。因此，采用弹射式动作进行训练能够提高各种训练水平运动员（如初学者、高水平运动员或优秀运动员）的专项动作的爆发力。

弹射式爆发力训练产生适应的确切机制目前尚不明确。据推论，这些动作在神经系统动员、激活模式以及肌肉内部协调性产生适应性与专项运动中动作一致。据猜测，这些生理适应可能有助于提高力量的增长率，在短时间内产生更大的力量。因此，在训练计划中采用不同负荷的弹射动作有利于提高专项动作中的最大爆发力。

根据专项练习和专项中运动员的需求，弹射动作通常可以采用各种负荷训练（1RM的0%~80%）。由于后激活增强的效果，在做小重量的练习组次之前先完成大负荷的练习。另一种方法是小负荷和大负荷练习隔开安排，而不是在一节训练课中完成不同负荷的练习。这种方案对处于赛季当中的运动员尤其有用，因为在比赛之后的训练日里需要做小负荷练习。

通常，蹲跳（如负重相当于自身体重或1RM的重量完成深蹲跳）是提高下肢肌肉爆发力的弹射式抗阻训练的主要练习。仰卧抛举是拳击运动员或橄榄球运动员非常有效的上肢爆发力训练手段。完成这种练习类似于普通的仰卧推举，但杠铃杆被抛出后再被接住。而在推铅球时，运动员可以使用一种斜凳并调整其倾斜角度以便抛出时的轨迹和推出时的运动路线在同一个平面上。提拉式运动也可以采用弹射方式进行，让运动员躺在长凳上并迅速地向上提拉杠铃杆。这需要用一种橡胶止动器或泡沫减震器来缓冲对长凳的冲击力。有专门设计的器械供弹射式抗阻训练使用。出于对训练专项性的考虑，可自由调整重量的杠铃杆用得越来越多，同时配有一种专用的杠铃架，其底部装有止动块以防止脱手或抛举失败。这种器械还可以配备制动系统以限制冲击力，以及相应的仪器来记录运动的力量、爆发力和速度。

3.3 超等长训练

超等长训练是一种要求运动员进行快速拉长–缩短周期运动的训练形式。大量的练习都被归类为超等长练习，包括各种单侧和双侧式抓举、抛掷、推举、跳跃、单腿跳和各种形式的跳跃运动等。通常，超等长练习在外部阻力很小或不采用外部阻力（仅承受体重或采用很轻的健身球）时练习。通过增加伸缩速度（缩短拉长–缩短周期的持续时间）或者伸缩负荷（增加深跳时的下落高度）来增加训练负荷。因此，可以对超等长练习进行精心设计，以便更好地发展短暂性（持续时间为 100~250ms，如加速跑、跳远或跳高当中的触地）或长时间的拉长–缩短周期动作模式（持续时间超过250ms，如深蹲跳或投掷）。

由于能够同时针对短时间和长时间的拉长–收缩周期动作模式，以及这些动作的弹射式特性，因此可以根据专项动作来设计各种超等长练习。大量研究表明，采用超等长训练可以显著提高专项爆发力。但是，这些通常都仅限于提高小负荷、高速度的拉长–缩短周期运动项目的爆发力。

目前有关采用超等长训练的著作并未深入探讨如何提高最大爆发力的机制。根据推论，和弹射运动一样，超等长训练也能够在提高发力速度能力的神经系统动员、激活形式和肌肉内部协调方面产生特定的适应。同样根据猜测，对拉长-缩短周期动作过程中提高成绩的机制有助于提高最大爆发力。因此，一些专项动作的高水平超等长训练能非常有效地提高专项动作中的最大爆发力。

3.4　举　重

竞技举重动作（Olympic weightlifting movements）（抓举和挺举）及其变形（爆发性挺举、高挺、爆发性抓举、高抓、上拉、高拉和推举等）通常被包含在各类运动项目运动员的爆发力训练计划当中，和弹射动作一样，举重练习（图5.6）要求运动员在整个发力阶段（第二次提拉）都要加速，使杠铃快速被举向空中。举重动作本身所具有的大力量、高速度的特性使得这类练习能够在各种负荷条件下产生极大的爆发力。

例如，当举重负荷相当于1RM的70%～80%时，运动员所产生的爆发力最大。此外，人们普遍认为，举重练习中动作形式与跳跃和冲刺跑等动作非常相似。有研究表明，举重运动和跳跃动作加速阶段的动力学特征相似。同时还发现举重运动的成绩与跳跃过程中的爆发力（r = 0.58–0.93）以及短跑成绩（r = 0.57）之间存在显著相关性。

图5.6　抓举等奥运会举重运动要求运动员在提拉阶段让杠铃加速，为爆发力的产生提供充分的刺激

要了解有关将超等长练习与举重练习整合到运动员训练计划中的实践性技巧，请参见第十二章。

尽管举重练习及其变形动作能提高爆发力，但很少有研究来验证爆发力训练的效果。特里科利及其同事共同研究发现，对未经训练的受试者进行8周举重动作模式的爆发力训练，训练后其蹲跳、深蹲跳高度和10m跑成绩显著提高。此外，深蹲跳高度也比为期8周的超等长训练后的提高幅度更大。采用举重爆发力训练能够显著地提高最大爆发力以及在承受大负荷时所产生的爆发力。因此，在训练中这种训练手段是快速克服阻力运动项目的运动员（如摔跤、英式橄榄球前排队员、橄榄球前锋等）较为理想的练习。

举重动作显著提高爆发力训练的机制目前尚不清楚。根据猜测，举重动作技能的复杂性及负重性产生了独特的神经肌肉适应性，有利于提高力量增长率及向专项转移。因此，举重动作与各种专项动作模式的结合，使得竞技举重动作成为非常有效的发展爆发力的训练手段。

3.5　力量向爆发力的转化

我们已经探讨了肌肉力量的提高不一定会立即提高爆发力（未受过训练的运动员除外），必须有足够的时间让运动员通过练习来适应。这往往就成为周期性训练的一部分，这种转化可以通过复杂的训练来实现。为此，运动员完成大负荷的抗阻训练后，要立即完成专项练习。例如，在完成一组负重深蹲后，再完成一组纵跳，或者在完成一组负重分腿下蹲后再完成 40m跑。需要记住的一个要点是，抗阻训练可能不会立即提高爆发力。因此，在爆发力训练中，要采用与专项接近的练习手段，促进专项爆发力的转化。

3.6　通过赛前减量和恢复来优化爆发力

正如我们前面探讨过的，将神经和肌肉的各种因素合理地结合起来，才能产生最大爆发力。某些训练模式会对这些要素产生负面影响。例如，负重抗阻训练会改变肌肉的结构，不利于发展爆发力。所以，在爆发性或速度性项目准备期的训练中，直到赛前4周都要减量训练。当然，这并不是说完全停止训练，因为这样会导致力量和爆发力下降。直到比赛都必须显著降低大负荷抗阻训练的训练量，最好降至每周练1次，每次1～3组。

这一策略应根据体育项目的竞技要求来灵活变化。需要很强的力量和爆发力的运动项目，如橄榄球或英式橄榄球，就必须在赛前和比赛期都坚持大负荷抗阻训练。事实上，在橄榄球、英式橄榄球和其他身体冲撞类项目中，直到赛季结束，运动员都要一直保持个人力量的最好水平。这是最困难也是对比赛至关重要的阶段。

■ 4 爆发力训练的负荷和速度选择

爆发力会因动作速度和负荷不同而改变。例如，在蹲跳过程中峰值爆发力在0% 1RM（6 332 ± 1 085 W）到 85%1RM（3 986 ± 564 W）的范围变化。因此，在弹射爆发力训练计划中，负荷的大小会影响成绩提高的类型和幅度，以及潜在的生理适应。

金子及其同事揭示了不同的训练负荷引起了对力量-速度关系及随后的爆发力的适应。4组进行12 周的肘部屈肌训练（弹射抗阻训练），采用的负荷分别为最大等长肌力的0%、30%、60%和100%。尽管各组的最大爆发力都显著提高，但在力量-速度关系方面产生了最明显的变化。例如，采用 0% 的最大等长肌力的小组主要是在小力量、高速度条件下提高了爆发力，而采用 100% 的 F_{max} 的小组则主要是在大力量、慢速度条件下提高了爆发力。这一开创性的研究证明，各种负荷训练都能提高最大爆发力，包括大负荷、小负荷、最佳负荷及将各种负荷组合等四种方法。

4.1 大负荷

尽管运动速度很低，但根据两条主要理论，为了提高最大爆发力，还是建议采用大负荷（如大于 1RM 的 80%）的训练。首先，由于肌肉动作的力学原理（如力量-速度关系）和力量与爆发力之间存在的正相关关系，大负荷训练后可以提高最大力量和最大爆发力。其次，大负荷训练与运动单位动员有着密切关系。大负荷能激活Ⅱ型肌纤维参与，这类练习手段需要最大力量。因此，当采用大负荷进行训练时，主要决定快速力量性项目运动成绩的Ⅱ型肌纤维被充分动员参与工作。为了提高最大爆发力，在传统抗阻训练弹射性练习和举重练习中，经常采用大负荷。

大负荷在以提高最大力量为目的的传统抗阻训练中得到了最为广泛的采用。由于在训练之后会提高最大等长肌力，这样就能提高运动员的最大爆发力（根据肌肉所固有的力量-速度关系）。这些规律适用于相对较弱或缺乏经验的运动员。这种提高是由于肌纤维横截面积的增大而产生的，尤其是二类肌纤维，另外还会增强神经对肌肉的控制。

对强壮而富有经验的运动员来说，在这种训练之后其最大爆发力的变化幅度小得多。因此，采用大负荷的传统抗阻练习对于初期提高最大爆发力起着重要的作用。但是，当力量达到一定水平后，这种作用就不再延续了。

在弹射性练习和举重练习中也经常使用大负荷进行训练。有关这方面的生理适应的研究很少，不过理论上认为，这种适应不同于采用传统抗阻练习的大负荷训练所产生的适应。采用大负荷的弹射训练和举重训练有利于动员高阈值的运动单元参与。但是，爆发力的提高可能是由于力量增长率的提高、神经激活模式与肌肉内协调性的增强。理论上认为，这些适应可以对最大爆发力产生积极影响，但只有在训练当中采用一定负荷的条件下才会发挥其最大影响力（适应只针对特定的负荷或运动速度）。因此，大负荷的弹射训练和举重训练可以提高初学者和经验丰富的运动员的爆发力。

遗憾的是，很少有研究验证大负荷弹射式练习和举重练习提高爆发力的训练效果。特里科利及其同事报告称，采用4～6次最大负荷进行的举重训练能显著提高最大跳跃高度和10m跑的成绩。但是，该项研究的实验对象是训练水平相对较低的被测试者，这些被测试者还在训练之后显示出在 1RM 重量上有了显著提高；麦克布莱德及其同事发现采用 55% 和 80% 1RM 负荷蹲跳训练后，峰值爆发力显著提高，但在 80% 的 1RM 负荷进行了8周的弹射深蹲跳训练后再进行 30% 1RM 的蹲跳训练后，峰值爆发力没有提高。这些提高与采用 55% 和 80% 1RM 进行的深蹲跳当中股外侧肌的肌肉活性的提高有关，表明产生了负荷或速度的专项生理适应。虽然需要进一步的研究才能阐明大负荷弹射训练和举重训练对增强爆发力所起的作用以及成绩提高的机制，不过，理论上认为这种训练非常适用于对抗阻力中需要很高爆发力的运动员（如摔跤选手、英式橄榄球前排选手以及橄榄球的前锋）。

4.2 小负荷

在快速爆发训练中，小负荷训练（0% ～60% 1RM）通常在弹射练习和超等长练习中广泛采用。这种训练负荷有利于运动员以与赛场上相似的速度进行训练。在需要高力量增长率及与阻力相适应的高爆发力条件下通常采用小负荷。

大量研究证明，采用小负荷的训练能够提高专项动作中的最大爆发力，同时也能提高运动成绩（如各种跳跃运动、短跑以及灵敏素质）。此外，同等（如相同的运动模式）训练模式下的小负荷与大负荷之间的比较结果表明，采用小负荷训练后，最大爆发力有了更大程度的提高。因此，小负荷的快速爆发力训练对提高专项动作中的最大爆发力非常有效。

有关这种提高爆发力的机制尚不清楚。理论上认为，在高动作速度、力量增长率和大爆发力训练中采用轻负荷促进了神经激活模式和肌肉内部协调性方面的生理适应，因而有利于爆发力的提高。因此，对于需要在承受外部小负荷的快速运动（如短跑、跳跃、投掷和击打）中产生极大爆发力的运动员，建议采用小负荷的训练。然而，需要注意的是，这些研究结果仅适用于采用小负荷的弹射性练习和超等长练习。在传统抗阻训练或举重运动中采用小负荷的做法并不被研究人员推荐或被体能教练普遍采用，其原因是这种训练中练习手段的速度、力量都不能达到产生生理适应的刺激程度。在小负荷练习中，当将重物停在关节运动范围末端时，也不能对肌肉产生足够的刺激。

4.3 最佳负荷

运动员所承受的能在专项动作中引发最大爆发力的负荷通常被称为“最佳负荷”。在单块肌肉和单关节运动中，最大爆发力可达到30%最大等长肌力。然而，在多关节的专项动作中，能够获得最大爆发力的负荷会因所涉及的运动类型而各不相同。例如，最佳负荷通常会从蹲跳当中的0%1RM到仰卧抛举中的30% ~ 45%1RM，在举重运动中可以高达 70% ~ 80%1RM。

由于爆发力的提高量在训练中所采用的负荷下最为显著，因此采用最佳负荷进行训练可以提供最理想的刺激，以提高专项动作中的最大爆发力。虽然采用特定负荷训练后产生的极佳适应的确切机制尚不明确，但理论上认为，最佳负荷提供的刺激有助于产生神经激活方式的专项适应。有几项研究为这个假设提供了支持，与其他负荷训练相比，采用最佳负荷的训练能够极大地提高最大爆发力。

虽然科学证据表明，最佳负荷训练在短期的训练干预（8～12周）后能有效地提高专项动作中的爆发力，但这并不意味着最佳负荷训练是长期性训练计划中提高最大爆发力的最佳方法或唯一方法。此外，在高水平或优秀运动员训练中是否也会出现相同的结果尚未明确。当然，采用最佳负荷的快速爆发力训练是有利于提高专项动作中的最大爆发力的。

4.4 组合式负荷

采用小负荷的弹射式爆发力训练能够提高力量-速度关系中的高速区域（在小负荷下以高速度产生爆发力）。而采用大负荷则可以增强力量-速度关系曲线中大力量的比例（在大负荷下以低速度产生爆发力）。在弹射式爆发力训练计划中采用组合式负荷的做法，其理论依据是针对力量-速度关系中的所有区域，其目的是增大整个曲线内爆发力的适应。因此，有人主张，采用多种负荷组合的方式来训练可以在力量-速度关系中实现全方位的提高，比小负荷或大负荷训练能更显著地提高最大爆发力和运动成绩。

研究证明，采用多种负荷的组合进行训练后，能显著提高最大爆发力和专项成绩。更重要的是，其中的一些研究结果表明，最大爆发力和运动成绩的提高幅度在组合式负荷的训练计划中比只采用一种负荷或其他负荷组合形式的训练计划要更加明显。然而，类似的研究没有控制各组做的总功，因此，很难区分是负荷参数还是完成练习的总功差异所产生的结果。

如果在训练过程中做的总功相同，科米及其同事称采用单一小负荷的训练与大、小负荷相结合的训练在提高最大爆发力和最大跳跃高度方面无显著差异。但是，组合式负荷训练组的爆发力和一定范围的负重蹲跳高度有显著提高，最大等长肌力和动态

1RM也都有所提高。在小负荷训练组中没有观察到这些能力的。这表明，大小负荷相结合的训练比单一小负荷训练在提高力量或爆发力方面的效果更好。

然而，这些研究的实验对象都是训练水平相对较低、体能较弱的受试者。他们采用的是弹射式爆发力练习与传统力量练习相结合的方式（跳跃与负重深蹲），而不是采用大、小负荷与弹射式爆发力练习相结合的方式（采用0%～80% 1RM 蹲跳）。因此，很难确定这些结果是否适用于受过良好训练且已经具备高水平力量的运动员。此外，也不清楚采用高于和低于最佳负荷的各种负荷（0%～60%1RM）的组合是否更能有效地提高受过良好训练的被测试者的最大爆发力。这种适应是来自于一组和一节训练课的组合负荷，还是来自一节单独训练课负荷，还有待进一步研究。

4.5 速度的专项适应性

抗阻训练中速度特异性的理论表明，训练后的生理适应会大于或接近于训练中所采用的动作速度。然而，与此相冲突的理论认为，训练适应受快速运动想法的影响程度更大，而不是实际动作速度。这些相冲突的理论造成了在围绕正确选择弹射式爆发力训练当中所采用的负荷和练习手段问题上的混乱。因此，制订一套有效的爆发力训练计划必须考虑训练、练习所涉及的实际动作速度和预期速度。

是实际动作速度还是预期速度的速度专项适应训练刺激的争论引起了众多研究人士和体能教练的高度关注。研究表明，快速移动的意识会影响运动员对训练的适应。无论采用何种肌肉收缩类型，在负荷动作速度的练习手段中，这一点都是非常重要的。但是，大多数研究都指出，最大爆发力中专项速度的提高在很大程度上取决于训练中实际动作速度。因此，训练后神经肌肉的适应促进运动成绩的提高，这取决于实际动作速度和预期速度。为了最大限度实现从训练向成绩的转化，运动员要采用能完成与专项动作相似的动作速度的负荷来训练。此外，运动员应当尝试以尽可能快的速度做那些旨在产生最大力量的练习。

小 结

· 竞技体育中精彩的动作，如大力扣篮或橄榄球赛中风驰电掣般地快速奔跑等，都需要很高的爆发力，以及神经、肌肉、力学和技能等因素的最优化。

· 有助于发挥最大爆发力的机制有很多，且相对复杂。这些机制包括发力速度、拉长–缩短周期的动作模式和基础的肌肉力量。

· 各种训练方法（大负荷、小负荷低速度、高速度等）的采用要做到极致，其中要对各种有助于提高成绩的因素加以确定和评估，在特定的阶段实施，并不断进行后续测试。

·虽然最大力量非常重要，但随着运动员训练年限的增长仅仅发展最大力量会导致训练效果不断下降。需要采用更为复杂的训练方法，包括大负荷和小负荷的弹射式训练、超等长训练以及举重训练。此外，不加负荷或者超速练习等方法也对提高训练效果大有裨益。

·本章的两个主要理念是专项性（专项运动的速度、范围和动作类型）和负荷的变化（阻力、训练量和训练强度），以求不断地提高爆发力。

第六章

无氧训练

Jay R. Hoffman

由训练所产生的生理适应与所采用的特定类型的训练计划有关，因此，运动员和体能教练必须坚持专项性训练的基本原则。对运动员和体能教练员来说，要想获得期望的生理性适应，就必须重点发展该项目的能量供应系统。无氧运动员的训练计划必须重点发展无氧供能系统。这些生理适应有利于提高运动员完成高强度训练的能力，以及在每个练习间快速恢复。

在设计有效的训练计划的过程中，体能教练必须了解运动员在比赛过程中的生理需求。以无氧供能为主的运动项目主要包括以橄榄球、篮球和冰球为代表的集体项目和田径、游泳及自行车等个人运动项目（尤其是短距离项目）。其他一些运动项目，例如足球、冰球、曲棍球和集体手球等，需要有氧和无氧供能系统同时供能。但是，这些运动项目很大程度上通过运动员换人的方法，使运动员主要依靠有氧供能系统来保证长时间的工作。本章阐述了无氧训练的生理适应，探讨了训练计划的制订，同时举出了无氧训练的实践案例。

■1　无氧训练计划的生理适应

由训练所产生的生理适应与所采用的特定训练计划的类型有关。由无氧训练计划所产生的生理适应通常有以下几种：

· 促进Ⅱ 型肌纤维向糖酵解亚类型转化。

· 显著提高糖分解酶（磷酸果糖激酶、磷酸化酶、乳酸酶、脱氢酶）。

· 增加血乳酸的最大浓度。

· 降低亚极量练习中的血乳酸浓度。

· 提高血液缓冲能力。

以上这些生理性适应是运动员为比赛做好准备的前提，主要体现在肌纤维亚类的转化和代谢的变化中。在训练中，对无氧爆发力训练和无氧训练加以区分显得尤为重要。通常，后者着重提高无氧能力，这是运动员长时间高强度练习（如对抗性比赛）所必备的能力。本书其他章节对发展无氧爆发力的方法进行了详细阐述。

1.1　肌纤维亚类的转化

肌纤维通常被分为快肌纤维（Ⅱ型）和慢肌纤维（Ⅰ型）。这两种肌纤维的区别在于发力特性、收缩速度和疲劳率。快肌纤维具备很强的爆发力和很高的收缩速度，但很容易疲劳。相反，慢肌纤维具有较慢的收缩速度和较低的爆发力，但比较耐疲劳。因此，篮球、橄榄球或速度滑冰等大强度运动项目的运动员，快肌纤维所占的比例越高，则运动能力优势越明显。

Ⅰ型（慢速收缩型）肌纤维与Ⅱ型肌纤维的比例似乎是由遗传基因决定的。两者的关系在一个人年龄很小时似乎就已经确定了。尽管有几项研究表明，训练能够改变Ⅰ型肌纤维与Ⅱ型肌纤维的比例，但绝大多数研究工作都尚不能确定肌纤维类型的组成比例会因训练计划而发生改变。一般认为，训练所能实现的转化只限于某一类肌纤维的范围之内。也就是说，在每一种肌纤维类型（慢速收缩或快速收缩型）当中，存在着几种能够对训练压力产生适应的不同亚类。这些亚类形成了代表该类肌纤维的更强或更弱特性的连续统一体。

肌纤维亚类是更加易于糖分解（无氧）还是更加易于氧化（有氧），取决于所发生的训练刺激。有趣的是，在过去几年当中，对肌纤维亚类的不断了解使人们认识到，Ⅱx亚类是懒惰型。这种肌纤维亚类能够通过运动训练计划相当快速地转化成一种更为活跃的Ⅱ型肌纤维亚类。

高强度练习是一种可促进肌纤维亚类Ⅱx型向Ⅱa型转化的有效刺激手段。有报告指出，大多数Ⅱx型肌纤维运动员在经过20周的训练后，Ⅱx型肌纤维都转化为了Ⅱa型肌纤维。肌纤维亚类从Ⅱx型向Ⅱa型的转化还能在高强度抗阻训练中与耐力训练的训练计划相结合。有趣的是，只进行耐力训练的受试者不但有提高Ⅱa型肌纤维的倾向，而且能明显地提升Ⅱc型纤维（Ⅱ型肌纤维中最具有氧化性的纤维，并且最有益于提高长时间的训练能力）。

肌纤维亚类的转化似乎在参与体能训练计划的过程中进展相当迅速（两周内）。但是，这些生理适应可能是短暂性的。在停滞期或非训练期间，快速收缩型肌纤维亚类会从Ⅱa型转回到Ⅱx型，但是恢复训练后又会在相对较短的时期内将这种纤维亚类重新转化到训练状态。这些说明了骨骼纤维类型具有可转化性质。

1.2　代谢适应

有三种供能系统为训练提供能量。磷酸原（ATP-CP）系统主要为极短时间（小于 30 秒）内的高强度练习提供能量；酵解能系统则为持续性的高强度（对氧的需求量大于供氧量的强度）练习提供2～3min的能量；而氧化能系统则为低强度（对氧的需求量刚好与供氧量相吻合）的长时间活动提供能量。所有这三种能系统都会一直处于激活状态，但是以其中哪一种供能系统为主则取决于练习的强度。前两种供能系统不需要氧；因此，它们被称为“无氧供能系统”。最后一种供能系统需要氧，因而被称为“有氧供能系统”。

冰球、篮球或橄榄球等无氧运动项目运动员所采用的训练或练习的运动强度必须刺激相应的供能系统。为了提高无氧供能系统的能力，必须针对比赛当中所使用的相应供能系统进行高强度的训练活动。例如，橄榄球是一项重复的高强度运动项目，一般是5s高强度进攻，然后是25～30s间歇休息。

在无氧训练计划中，练习时间和恢复时间应当与比赛当中专项运动的运动时间和间歇时间相同。此外，体能教练有可能在训练年度的特定时期内增加冲刺或训练的持续时间，以实现进一步的生理适应（如提高缓冲能力），这些生理适应将在本章后面部分和第十二章中进行探讨。只有针对性训练才能提高一个供能系统的能力。训练效果可以通过检查肌肉内部酶的变化来进行科学的评估。

1.3 磷酸肌酸供能系统

要改善磷酸肌酸供能系统的功能，就要通过提高ATP或者CP的浓度来提高肌肉中磷酸肌酸的浓度。另一种方法则是提高练习间供能系统的恢复过程。然而，运动员特定供能系统适应能力的提高，在比赛或训练中该供能系统是否效率更高，这个问题尚未达成一致的观点。这也许就是为什么运动补品（尤其是肌酸补品）在过去15～20年当中那么有效的主要原因。因为通过训练很难影响磷酸肌酸系统，但这些补品却能够对磷酸肌酸系统产生影响。

研究表明，短时间（5～6s）高强度的训练几乎不会使静息磷酸肌酸（ATP或CP）的浓度或者使磷酸肌酸供能系统的酶（肌酸激酶）产生任何变化。

即便是在持续时间更长（>10s）的高强度训练过程中，磷酸肌酸供能系统中酶的变化也并非始终如一。在连续30s的膝关节伸展训练中，通过7周的训练后，可以观察到肌酸激酶和肌激酶（均为磷酸肌酸供能系统中的酶）都显著提高，而在其他训练中，在6周的训练后（在固定式脚踏车测力计上进行15s和30s的最高冲刺）则肌酸激酶和肌激酶的浓度无显著变化。然而，另一项研究表明，每天进行的为期2周的冲刺跑（15s的固定式脚踏车最高冲刺）训练使肌酸激酶的浓度显著提高（44%），从而清楚地证明了对高强度训练相当快速的适应。显然，对磷酸肌酸供能系统的训练性适应是能够实现的，并且这些变化在两周以内的训练中就可以出现。各项研究之间的差别很有可能与训练状态、训练体验、快速跑的持续时间以及训练计划的长短有关。

1.4 酵解能系统

随着高强度训练时间的持续增加，维持该训练所需的能量将主要来自于酵解能系统。研究已经表明，15～30s或更长时间的训练后，磷酸果糖激酶、脱氢酶和乳酸脱氢酶等糖酵解酶的浓度都会得到显著提高。这些酶的增加可以提高酵解能系统的效率。柏拉及其同事的研究表明，在对之前未经过训练的运动员进行两周的训练后，能够观察到这些变化。研究表明，充分恢复的高强度间歇训练对糖酵解适应的刺激强度高于持续性练习。此外，间歇性练习，例如高强度间歇训练10组10s的快速跑，运动时间与休息时间的比值为1∶4，连续训练15周，不仅能有效地提高无氧能力，还能把最大摄氧量提高到与20～25 min连续性练习所能达到的程度相同。

1.5 氧化酶

导致糖酵解酶浓度升高的训练刺激还会显著增强线粒体酶的活性（氧化酶）。这些变化会提高线粒体的效率，在特定强度的练习中，减少肌糖原利用和乳酸的生成，这有助于肌糖原保持，缓解疲劳，对无氧项目运动员来说具有重要意义。当高强度训练的持续时间超过3min时，这些酶的浓度会升高得更为明显。此外，这些酶浓度的升高量不会达到长时间的有氧耐力训练之后通常会表现出来的效果。然而，从无氧训练所导致的氧化酶浓度的升高的启示表明，无氧运动员可以在一定程度上提高其有氧能力，这对于提高训练恢复能力可能具有重要的意义。

1.6 缓冲能力

高强度训练可以使肌肉的pH值下降，从而导致肌肉出现疲劳。长时间快速跑过程中肌纤维和血液内的乳酸积累增加，运动员经常会感觉到肌肉的灼热感，迫使其放慢速度或停止训练。对无氧供能系统施加压力的训练能改变肌肉对高浓度的代谢性酸性物质的忍耐能力。对无氧训练的一项基本生理适应就是要使缓冲能力得到提高，从而使得肌肉能够承受高浓度的乳酸积累。肌肉内部产生的缓冲物质，如碳酸氢盐和肌肉磷酸盐，有助于维持运动肌肉内部的酸碱平衡。训练（8周）期间，肌肉内部的缓冲能力可以提高12%～50%。这取决于运动员的训练水平和训练计划的设计。总之，骨骼肌内部缓冲能力的增强对缓解高强度训练过程中的疲劳和提高受训运动员对高浓度酸累积的忍受能力都将起到重要作用。

■ 2 无氧训练计划的制订——以时间安排为例

合适的训练计划应当是建立在对运动员需求分析以及运动项目需求的基础之上（参见第一章）。项目的主要运动模式、运动的持续时间、运动的数量以及练习休息比等都是制订合适的训练计划所必须确认的关键性变量。每一个运动项目都可能有不同的需求。即便是同一个运动项目，不同的位置上都可能有不同的需要。对每个位置要求的不同（如冰球当中的守门员和前锋、橄榄球当中的边锋和外接手）会导致对运动员的生理要求有所不同，从而也就要求制订不同的训练计划。完成了解一个运动项目的活动需求之后，才能够采用更有针对性的练习项目和练习–休息比，从而最大限度提高训练计划的有效性。

无氧训练计划最常见的问题就是何时开始。这个问题不太容易回答，主要是因为不存在唯一正确的答案。这个问题主要涉及训练周期和计划实施的一些概念，这些概念将在第十一章和第十二章中分别进行详细的探讨。但是，训练方案中的任何细节都绝不应当基于偶然因素。无氧训练计划的实施应当基于科学依据和最佳实践。在考虑训练过程中出现的生理适应的时间进程时，体能教练能够粗略计算出让运动员达到最佳无氧训练状态所需的时间。

要了解更多有关将无氧训练整合到运动员年度训练计划当中的内容，请参阅第十二章。

体能教练还必须了解选手在非赛季从事过哪些活动。他们在决定训练开始时间、适当的训练强度和训练量以及练习–休息比的控制时，必须将这一情况考虑在内。

2.1 集体运动项目

提高无氧训练计划效率重要因素是要将训练和休息时间合理搭配。例如，橄榄球比赛可以分为一系列的进攻回合，下面是美国大学生职业橄榄球第三区联赛一个赛季当中所观察的回合数和攻防次数：

观察到的攻防次数：1 193。

观察到的回合数：259。

每场比赛的平均回合数：14.4。

每个回合的攻防次数：4.6。

进攻 6 次或以上的回合所占百分比：31.2% 。

进攻 10 次或以上的回合所占百分比：8.1%。

在每场比赛中，每个队平均有14.4个进攻回合，每个回合有4.6次进攻。据报道，大学生橄榄球联赛中每次进攻的平均持续时间为5.49s（大部分在1.87s ~ 12.88s不等）。在两次进攻之间，每个队最多有25s的时间来开始下一次进攻。但是，比赛要等到裁判指定好开球点后才能开始计时。因此，两次进攻之间的休息间隔通常会超过25s。在有限的报道中，大学生橄榄球联赛中的两次进攻之间的平均间隔时间为32.7s。每次进攻的平均时间和两次进攻之间的休息时间可作为精确制订无氧训练方案所需的练习–休息比的依据。显然，根据上述每次进攻的时间与两次进攻之间的休息时间的数据显示，在非赛季的橄榄球训练计划中可以采用1：5的练习–休息比。选手们可以进行短时间的快速跑来模拟实际橄榄球比赛中的运动模式。

这一橄榄球训练计划要在集训前的6～10周内开始。橄榄球训练计划比篮球训练计划的时间要长，因为篮球选手经常会进行一些即兴比赛（夏季联赛）。但是，橄榄球运动员不可能在非赛季进行比赛。训练的类型以及训练量与训练强度的水平与表12.13（见第225页）中所显示的数据相似。但是，对橄榄球选手来说，有可能会实现特殊的适应。比如，据观察，大学生橄榄球选手每个回合会发起4～5次进攻，每次进攻大约持续5s。考虑到每节有3～4个进攻回合，可以制订一份接近实际的练习–休息比的训练计划来模拟橄榄球比赛。此外，还可以安排各种距离的快速跑来模拟比赛中常见的各种跑的过程。

要了解有关集体运动项目的更多内容以及篮球无氧训练计划的样本，请参阅第十二章。

2.2 个人运动项目

篮球、橄榄球和冰球等集体运动项目训练计划的制订与个人运动项目（例如短跑）训练方案的制订有很大不同。集体项目中每个运动员的运动形式和强度都有差异，短跑运动员通常需要在一场比赛中以最大能力来跑完一次比赛距离。虽然他们可以参加几个不同的项目，但每个项目的要求都是相似的。短跑选手的训练计划主要是着重发展爆发力，提高跑的技能和速度，以及增强速度耐力，而后一个目标正是其无氧训练计划中的核心。

这一目标的重要性可以在100m短跑的分段成绩中看到。短跑运动员的目标是要尽可能快地达到最大速度，并在整个跑动过程中保持最高速度，这就叫“速度耐力”。表6.1显示了奥运会纪录保持者尤塞恩·博尔特在100m短跑中的分段成绩。这些结果清楚地反映了他保持速度直至最后10m的能力。但是，回想起那次重大比赛的人都会记得，他在冲向终点时看上去似乎放慢了速度，那是因为他在赛道上已经遥遥领先了。这些分段成绩清楚地证明了他在比赛准备期间所达到的最高训练水平。

查看短跑运动员的无氧训练计划的案例，请参阅第十二章。

表 6.1　尤塞恩·博尔特在2008年北京奥运会上100m短跑中的分段成绩

距离（m）	用时（s）	间隔时间（s）	速度（km/h）
10	1.85	1.85	19.4
20	2.87	1.02	35.3
30	3.78	0.91	39.6
40	4.65	0.87	41.4
50	5.50	0.85	42.4
60	6.32	0.82	43.9
70	7.14	0.82	43.9
80	7.96	0.82	43.9
90	8.79	0.83	43.4
100	9.69	0.90	40.0

短跑运动员的训练计划与足球或橄榄球运动员的训练计划不同。针对集体项目运动员的无氧训练计划，主要是为运动员准备重复的高强度活动，并且训练中要限定休息时间。相比之下，短跑运动员的训练计划则更多地注重每次比赛的质量而非提高体力恢复速度。

■ 3　无氧训练的练习方法

无氧运动项目的运动员为比赛做准备的训练计划中包含大量的练习。通常，这些训练手段主要是发展速度耐力的练习。这些练习传统上是通过在较长时间的快速跑项目提高或保持速度能力。这些练习被称为能量代谢系统训练（针对无氧训练或无氧运动耐力的更广义的术语）。此外，这些练习也适用于那些有无氧供能项目的运动员，如橄榄球、篮球、足球、曲棍球和冰球。冰球选手和速度滑冰选手在冰上完成这些练习可以提高竞技能力，在陆地上训练所产生的适应性也会转换到专项能力上。短距离游泳运动员应当着重进行水中的无氧训练。

3.1　间歇性快速跑

这是一个非常好的发展无氧能力的训练方法。该训练可以在400m跑道或任何已测定的赛道上进行。通常，运动员要在跑道的直线部分进行快速跑，而在转弯处慢跑或步行（图6.1）。这样就会形成100m快速跑和100m慢跑的训练。这种组合式训练要在整个训练过程中不断进行。练习的时间长短和休息时间（慢跑或步行）取决于运动员的训练水平和竞技能力。

在该训练计划刚开始时，间歇次数可以是一圈或两圈，然后随着运动员训练水平的提高而逐渐增加。第十二章对训练计划的综合情况进行了更详细的论述。

间歇的距离也可以改变。比如，可以采用较短（如40m）或较长（如200m）的距离。

3.2　法特莱克训练法

这种训练可以在跑道或越野赛道上进行。运动员交替进行快速跑和慢跑。

快速跑的长度可以采用短距离和长距离交替进行的方式，可对每次快速跑之后的休息时间做适当的调整。通常，长距离快速跑和短距离快速跑都可以采用相同比例的练习–休息比。法特莱克交替跑与间歇式快速跑之间最大的区别在于：在法特莱克交替跑过程中，快速跑的距离是变化的。而在间歇式快速跑中，快速跑的距离在整个训练过程中是始终不变的。

3.3　重复跑

在这种训练中，运动员要在指定的距离上进行最快速度跑。冲刺距离可以是短距离（20～40m快速跑），也可以是长距离（100～400m快速跑）。每次跑后运动员进行被动休息。重复的次数和练习–休息比取决于运动员的训练水平。

行进间的重复跑。此训练方法与前一种类似，区别在于运动员先开始20m加速跑，然后进行规定距离的快速跑。同样，重复的次数和练习–休息比取决于运动员的训练水平。

3.4　重复接力跑

此训练方法由一组运动员组成一支接力队（图6.2）。运动员 A 快速跑向运动员 B，运动员 B 加速跑向运动员 C，运动员 C 快速跑向运动员 D。这一过程将在整个跑道上持续下去。

运动员停留在他所接替的那个人的位置上。可以通过由各接力队之间展开比赛而使该项训练富有竞技性。重复的次数取决于运动员的训练水平。练习–休息比是由接力队的人数来控制的。

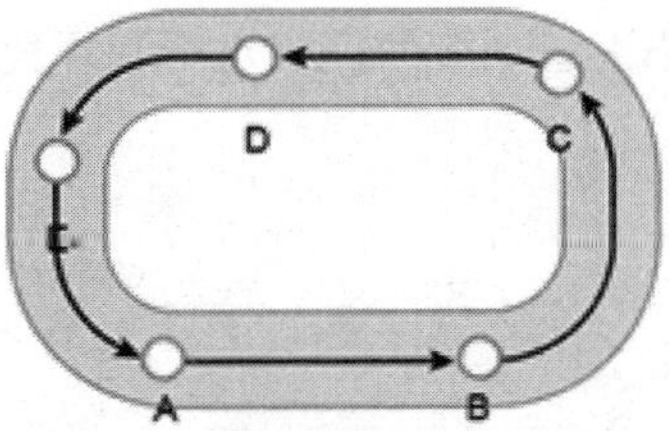

图6.2　重复性接力跑的安排和跑动模式

假如接力队的每个队员的速度很接近，那么由5个接力队员组成的小队的练习–休息比就是1∶4。

3.5　循环短跑

此项训练方法至少由4名运动员来进行，运动员们排成队绕着跑道慢跑（图6.3）。在体能教练发出信号后，最后一名运动员快速跑到队伍的前面。当该名运动员跑到队伍前面后，体能教练再次发出信号。

这时，处在最后位置上的运动员快速跑到队伍的前面，如此反复进行下去。为了增加跑步的强度，体能教练可以缩短发信号的间隔时间或者在队伍中安排更多的队员。

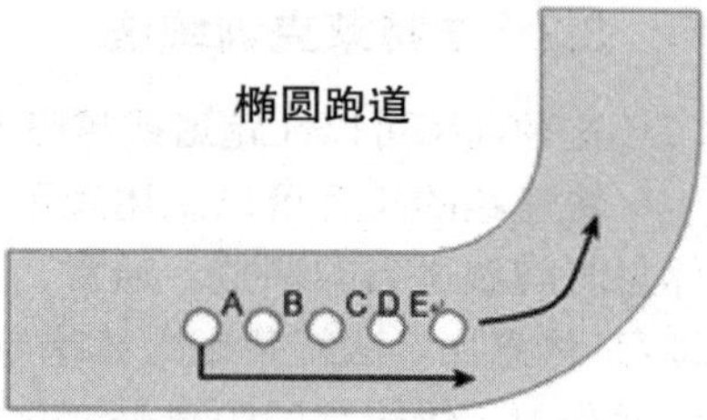

图6.3 循环短跑的安排

小 结

· 无氧训练计划的生理适应包括肌纤维亚类的转化、酶的代谢适应以及缓冲能力的提高。

· 虽然Ⅰ型和Ⅱ型肌纤维不会通过训练而改变，但每种肌肉内的肌纤维会变为另一种有氧或无氧代谢的亚类，具体取决于训练的刺激情况。

· 训练产生的代谢适应会影响酵解能系统，该系统为持续时间小于3min的剧烈运动提供能量。

· 在集体运动项目中，如橄榄球、篮球、冰球或足球，运动员要进行多个回合的重复性高强度运动，且各回合之间的休息时间有限。因此，训练应当重点针对这些运动项目的具体要求来训练运动员。

· 短跑选手应更多注重发展速度耐力，以便最大限度降低最后阶段所出现的疲劳。

· 这些运动员训练计划的一个主要区别在于，短跑运动员注重的是每一次跑的质量，而篮球和橄榄球选手则主要关注的是保持比赛中常见的高强度运动的能力。

· 无氧训练的练习方法采用不同间隔时间的剧烈运动和休息的方式。间隔时间应当由运动员的训练水平和在比赛中观察到的练习–休息比来决定。

第七章

耐力训练

Joel T. Cramer，Abbie E. Smith

有氧耐力练习和比赛非常普及，并且几乎适用于所有人。通常认为，训练时间越长和越努力，成绩就越好。然而，事实并非总是如此。训练固然很重要，但竞技表现却并不仅仅是由训练量和训练强度决定的。要在有氧耐力项目中达到预定的竞技目标需要了解多种因素，包括耐力训练的基本生理机能、运动的高效性、有氧耐力训练的原则、运动心理学以及整体的生活方式。本章在重点论述有氧耐力训练计划的设计的同时，还探讨了与训练计划设计的基本变量有关的其他因素。

只有了解有氧耐力练习和预期的训练适应有关的基本生理学知识，才能理解计划设计的重要性。以下是一些与耐力训练有关的生理过程和指标：

· 有氧代谢是指在有氧状态下分解碳水化合物和脂肪，从而产生能量的过程。有氧代谢可以产生足够的能量，但它却比无氧代谢产生能量的速度慢得多。

· 无氧代谢是指在无氧状态下分解碳水化合物和脂肪，从而产生能量的过程。虽然无氧代谢比有氧代谢产生能量的速度更快，但其效率却比较低，相对于所使用的碳水化合物而言，它产生的能量比较少，并且还会造成氢离子和乳酸的堆积。

· 心血管耐力是指心脏和血管对有氧耐力训练的反应。随着生理机能的提高，心输出量增大，使得心脏每搏输出量增大。此外，在练习过程中，肌肉活动中会出现血管舒张。这两个因素会使得流向肌肉的血液量增加。有氧耐力训练促使毛细血管密度增大，从而使得输送给肌肉的血液流量和供氧量增加。

· 最大摄氧量与心肺功能相关，它是指肌肉细胞分子所能利用的最大氧气量。摄氧能力主要取决于心脏和循环系统输送氧气的能力以及运动时肌肉使用氧气的能力。因此，心血管耐力的增强会提高心肺能力和最大摄氧量。

· 乳酸阈值是一项疲劳阈值，表示运动强度达到某一负荷时，乳酸浓度急剧升高的那一点（乳酸拐点）。乳酸阈值通常被作为无氧阈的一项指标，因为它代表对无氧机制的依赖性增强。

无氧耐力训练期间能量供给的主要供能系统是氧化能系统。但是，负荷超过乳酸阈并主要依赖无氧代谢供能的训练能提高乳酸阈。这样就会促使有氧代谢能力提高。换言之，运动员能完成更高的强度，主要还是依赖于氧化能系统。

■ 1 影响有氧能力的因素

很多因素都有助于提高有氧竞技能力，包括练习的高效性、以科学的训练原则为前提的训练方案、运动员的心理状态及合理的生活习惯等。在制定耐力训练内容的过程中，要对这些因素之间的相互作用加以考虑。以下内容将对有氧耐力训练的这些因素进行更为详细的论述。

1.1 练习的高效性

练习的高效性是指亚极量练习的代谢需求。运动技能的提高使运动员在跑步、骑自行车或游泳等运动中越来越有效率，耐力表现也会随之提高。有很多方法可以提高练习的高效性，但是练习形式的专项性应是训练的重点。比如，如果训练的目的是为了提高跑步成绩，那么针对该项目进行的训练就应当以跑步作为主要的训练内容。其目的是要在生理机能允许的情况下提高跑步的效率（以最少能耗跑完特定的距离）。这样就会使整个跑动过程中有更多的能量，延缓疲劳过程。

除了体能训练可以提高专项运动的高效性外，其他一些因素也能影响跑步的高效性，如步幅、体重和空气阻力。舒适而自然的步幅对大多数跑步者而言似乎才是最高效的。但是，如果存在步幅过大的问题，那么短跑运动员可能需要通过调整步幅来提高动作的高效性。根据运动员的体型和身体成分，在维持健康水平的前提下应保持比较轻的体重。例如，肌肉过于发达可能不利于在有氧训练中实现最佳效率。最后，虽然空气阻力控制起来略微困难一点，但运动员可以通过穿风阻更小的紧身运动服和紧跟在其他选手身后来提高其高效性，在比赛或计时赛当中这一点尤为重要。

1.2 有氧耐力训练的训练原则

有氧耐力项目中合理的竞技能力的前提是能够在一定的距离内完成最大强度的运动。因此，可以预料，最佳训练的内容应当包括尽可能长距离的高强度练习。但是，精心设计的有氧耐力训练更为复杂。合理使用不同的训练方法制订一套系统的训练方案才能创造最佳成绩。一份有氧耐力训练计划应当包括各种强度和持续时间的训练内容，每个训练内容对整体的耐力能力都具有特定的益处。如前所述，训练形式的针对性是非常重要的。例如，如果运动员的主项目是径赛，那么该运动员应当主要进行跑的练习内容。如果运动员的专项是自行车比赛，那么骑自行车就应当作为主要的训练形式。此外，辅助训练，如抗阻训练和营养搭配等对于达到预定的竞技状态也非常重要。

1.3 运动心理学

心理学在有氧耐力竞技能力中起着重要作用。运动员在生理上可能处于最佳状态，但是如果在心理上准备不充分，则其竞技能力就很有可能受到影响。赛前的焦虑往往十分常见。虽然有些人可能认为焦虑有害，但实际上适度的焦虑可能对竞技能力的提升有益。过度缓解赛前焦虑的练习可能对竞技能力有害无益。但是，过度焦虑又可能会对运动员的竞技能力产生负面影响。因此，运动员应当在心理上对比赛当中可能出现的焦虑做好准备，以便其情绪不会对其竞技能力产生消极影响。

竞赛中的心理状态也是一个重要因素。耐力竞赛中经常采用的两条策略是“关联”（association）与“分解”（dissociation）。关联法是指清楚地意识到对疲劳的生理感觉，如肌肉疼痛、肌肉疲劳、补水、体温和呼吸等。此种方法似乎能够优化效率和步速。分解法则相反，主要是使用相关方法来帮助运动员转移对比赛中身体疼痛的感觉。这种方法会增加受伤风险和无法正常发挥的现象出现。因此，不管运动员多么的不愉快，能够意识到耐力竞技比赛的生理感觉似乎更有好处。

1.4 生活方式

有氧耐力比赛中的最佳竞技表现需要运动员专注于训练以及能够使其从训练疲劳中彻底恢复的整体生活方式。恢复是有氧耐力训练当中非常重要的一部分。事实上，有氧能力水平高的运动员要比有氧能力较低的人恢复得更快。这些研究结果说明，打好有氧能力基础非常重要，不仅对竞技能力很重要，对恢复也很重要。充足的睡眠和优质营养素的充分摄取是恢复的关键因素。由于训练的目标是从每个训练课中获益，因此运动员必须每天都要得到好的恢复，为下一个训练课做好准备。

■ 2 影响有氧耐力训练的要素

训练的专项性已成为所有运动项目当中遵守的原则。一份有氧耐力训练方案应当包含训练强度、训练持续时间、训练量和训练模式的具体专项细节。此外，长期将这些因素结合在一起训练，才能提高与有氧耐力有关的生理适应。

2.1 强 度

训练强度是反映某一节训练课中努力程度和量的评价指标。训练强度的衡量指标因运动项目和训练模式的不同而有所区别。例如，赛跑选手的训练强度可以用速度来确定（mi/h），而自行车选手的训练强度则可以用负荷（W）来划分。尽管分类方法各不相同，但所有运动员的训练强度都可以采用相同的原则来加以规定。提高有氧能力的最小训练强度阈值对所有运动项目是相同的，大约为最大摄氧量（VO_2max）的40%～50%，或者为最高心率（HRmax）的55%～65%。此外，生理适应也与训练强度有关。

可以通过实施高强度训练来提高心肺能力和氧利用率。一般来说，可以通过心率值和步速训练来获得训练强度的定量指标。在有氧训练中，通常采用心率作为评价训练强度的有限指标。从生理学角度来看，心率与心肺能力有着直接的关系。因此，可以用它来将训练强度的水平表示为某个运动员的最大能力水平的百分比。评估心肺能力最准确的方法是在实验室环境下进行评估。但是，用下面列出的年龄预测公式来预测一个运动员的最大心率（HRmax）是在训练环境下的有效方法。

预计最大心率=220-年龄

训练中也可以用速度来衡量训练强度。这种方法是采用以往比赛的结果（如以“min/mi”为单位的平均速度）来制定训练强度。例如，在采用比赛距离更长的距离进行训练时，训练强度应当低于比赛的目标速度。同样，在完成节奏更短的运动时，跑的速度比竞赛中的速度更快。这适用于全部有氧耐力的运动，如自行车、赛跑和游泳。

例如，如果一名赛跑选手的目标是在22min内完成5km（3.1mi），那么他必须以7.1min/mi的速度来跑。如果目标是在20min内跑完该赛程，那他必须以6.5min/mi的速度来跑。为了设定合适的目标，在训练当中应该使用秒表（可能的话还可以使用心率表）来评估运动员的表现。如果运动员在训练过程中始终都能够以7.1min/mi的速度来跑，那么22min内跑完5km的目标就很容易实现了。同样，如果在以该速度进行训练的过程中心率处于以年龄预测的HRmax的55%～65%之间（或者甚至高达75%），那么运动员就应当能够在22min内跑完5km。

自我感知劳累的分级（Ratings of perceived exertion，以下简称RPE）是另外一种监控训练强度的有效工具。它采用15点伯格量表进行评估，研究结果证明它与血液乳酸浓度、心率和 VO_2max 密切相关。RPE 已被认定为心率的一种关联系数，一旦为运动员确认了这种关联，就可以用RPE来替代心率，从而作为另一种监控训练强度的非实验室方法。

2.2 持续时间与训练量

运动持续时间与训练量经常被混用。虽然这两个词语有关联，但“运动持续时间”指的是每节训练课的时间长短。

它受训练强度的影响。相比之下，“训练量”包括训练强度和训练课的持续时间。例如，在抗阻训练中，经常用练习的组数来乘以每组重复的练习次数再乘以所举重量来计算训练量。这一方法也经常用来计算有氧耐力训练量，即用运动时间来乘以练习距离和运动强度（训练过程中的平均步速或心率）。

无论采用什么指标来表示有氧耐力训练的训练量，跟踪训练量是训练过程监控中的重要指标。对有氧耐力运动员训练的一般观点是，生理适应的产生和竞技能力的提高依赖于大强度、长时间的训练。然而，近年来的研究表明，当所进行的训练超过了最低强度阈值时，训练总量会对有氧能力的提高起到重要的作用。本质上而言，当研究人员将有氧耐力运动员长时间、低强度的训练与短时间、大强度的训练进行比较后，发现有氧能力的提高量大致相当。如同其他训练目标一样，训练强度以及训练量的增加也应当基于运动员个体特征和具体的运动项目。有氧耐力运动员面临着状态不佳和训练过度的风险。控制和改变训练量可以避免运动损伤和过度训练。

■ 3　有氧耐力训练的策略

任何训练计划结构都必须有助于运动员的比赛成功、预防损伤和增加自信。任何运动项目都可以借助各种训练方法来促进最大生理适应。但是，训练计划的设计必须要结合专项、赛季和运动员的个人需要。制定有氧耐力训练计划需要深思熟虑，富有创意，因为耐力训练内容和手段非常丰富。要创造性地使用有氧耐力训练计划的设计原则，重点降低训练过度的风险和提高有氧耐力的能力。

最新实验室和场地研究结果显示，通过综合性力量、速度和耐力训练可以发展多个生理系统，长距离慢跑已不是唯一的有氧耐力训练方法。这些研究表明，将传统的长时间与中等强度训练或者短时间和高强度的训练相结合，可以产生相同的效果。虽然这三种主要的训练策略对于一套均衡的训练计划而言都很重要，但专项性和多样性才是获得理想体验和成功结果的关键。

3.1　长时间中等强度的训练

有氧耐力运动项目最常用的训练类型是指长距离慢速训练（long slow distance， LSD），其特点是在长时间内保持中等强度（相当于VO_2max或HRmax的60%～70%）。通常，其训练距离比比赛距离要多出至少 30min。中等强度的训练（长距离中慢速）通常占有氧耐力运动员训练量的绝大部分。该训练模式有时也被称为“基础训练”。它使得运动员们能够参与相对较大的训练量而不会对肌肉骨骼系统产生很大的压力。此外，基础训练还有助于提高有氧耐力练习所预期产生的心肺系统和心血管系统适应。这些适应对于在训练过程中随着比赛日期的临近而逐步提高训练强度、训练时长与训练量而言是必不可少的。培养基础有氧能力还可以提高在训练课之间的恢复能力。研究显示，长时间的运动可以促进肌糖原的消耗并极大地提高脂肪代谢的速度，同时还可长期促进心搏量、线粒体密度的增加及氧化能力的提升。此外，一些有氧耐力运动员还建议，等于或大于比赛距离的长时间持续运动可能会在心理上给运动员带来更多好处。

3.2 中等时间高强度训练

这种训练方法通常采用的强度高于比赛强度，对应的是略高于乳酸阈值的强度。运动员的乳酸阈值是乳酸开始积累时的运动强度，此时有氧供能不能满足更高水平的能量需求。这最终会产生疲劳。此强度训练可以采用恒定不变的步速来完成，因此通常被称为“速度/节奏训练”（pace/tempo training）。速度/节奏训练的强度接近于乳酸阈值，它可持续20～30min，既能产生有氧生理适应，也能产生无氧生理适应。

运动员可以用这种强度进行间歇训练。有氧/无氧间歇性训练——通常被称为“法特莱克训练法”（Fartlek training）——主要用来培养速度感，提高乳酸阈值，并提高身体保持更高强度和更长时间运动的能力。具体来说，法特莱克训练法间插短暂高强度（VO_2max 或 HRmax 的 85%～90%）短距离跑或上坡跑和中等强度训练（VO_2max 的 70%）。

由于法特莱克训练法可以结合慢速长跑训练和中等时间的速度/节奏训练，因此它适用于所有运动项目。例如，自行车运动员可以快速骑行一个街区，再减速慢行一个街区，如此循环往复。

3.3 短时间高强度训练

间歇性训练是有氧耐力运动员普遍采用的一种有效的训练方法。间歇性训练的强度等于或高于 VO_2max，通常持续时间从 30 s到 5 min不等。

对于有氧耐力运动员而言，间隔休息时间通常等于或少于运动的时间，从而使练习-休息比保持在 1∶1 或 2∶1 之间。可以在赛季的各个不同阶段采用各种练习-休息比，也可以在较短时间里进行大量高强度的训练。

很多研究致力于间歇训练的短期和慢性效应。与传统的有氧耐力训练相似，间歇性训练可以提高心肺能力和心血管能力、血流量、乳酸阈值和肌肉缓冲能力。这些因素对于提高竞技能力是必不可少的，并且与慢速长跑训练中所产生的适应很相似。因此，如果采用20min的间歇性训练能够达到与45～60min的慢速长跑训练所达到的有氧耐力能力相似的适应，那么间歇性训练显然更加高效。此外，它能减少身体的压力。

3.4 抗阻力量训练

有研究已证实，在有氧耐力训练计划中实施抗阻力量训练，可有效预防损伤，提高力量、爆发力（如赛跑终点前的冲刺）和耐力水平。同其他训练计划一样，设计抗阻训练计划的目的应当是提高专项运动能力。运动员和体能教练通常会用力量训练改变身体成分，促进损伤康复和提高肌肉平衡、速度以及局部肌肉耐力。有氧耐力运动员的传统抗阻力量训练主要采用低强度的练习（小于 67% 1RM）、重复次数多（大于 12 次）、休息时间短（30～60s）、2～3组。这些训练可以每周进行一天或几天，具体取决于训练周期。虽然这种练习方式可以提高肌肉耐力，但最新的证据表明，爆发力训练更能有效地提高跑步的高效性和运动员的竞技能力（例如5km或10km跑）。

通过控制调整抗阻力量训练的各个方面，如专项练习的选择、训练课的结构、所采用的阻力、训练量（重复次数和组数）、组间的休息时间以及训练频率等，使运动员力量训练计划与目标一致。例如，将深蹲练习安排到有氧耐力运动员的训练之中，可以降低耐力运动员下肢损伤的风险，还可以提高运动员比赛最后阶段冲刺跑所需的力量和爆发力。

■ 4 有氧耐力训练的周期安排

训练计划的设计目的是使运动员在大运动量训练阶段到竞赛前获得最佳竞技能力，减少疲劳和过度训练。通过系统地改变训练量和训练强度，将训练划分成若干阶段，使运动员在最重要的赛事中达到最佳状态。训练分期的内容将在第十一章详细说明，但通常情况下是将训练周期划分成一个单循环来设计，包括准备期（赛前）、比赛期（赛中）、过渡期（赛后或积极休整）和非赛季。

4.1 训练阶段

传统上，训练课组成了不同的周期（小周期、中周期和大周期）。小周期是指一个训练课或一组训练课。中周期由几个小周期组成。大周期是年度或半年阶段中规划的一系列中周期。

准备阶段或赛前的中周期，重点是增加训练强度并维持中高等运动量。比赛阶段或赛季中周期训练包含了大赛和重要的比赛日，需要制订一份让运动员在最佳竞技状态阶段养精蓄锐的训练计划。赛后的过渡期则通过降低训练强度和训练量来进行主动恢复，消除任何的不佳状态或损伤。虽然非赛季在今天的有氧耐力运动员当中不像过去那样普遍（因为大多数运动员一年到头都有比赛），但它仍然是训练计划的一项重要内容。非赛季阶段是为心肺能力打基础，随着运动员体能的提高再慢慢增加训练强度和训练时间。

要了解为有氧耐力运动员制订年度训练计划时的实际考虑因素，请参阅第十二章。

值得注意的是，应当遵循逐渐延长训练时间（每周延长 5%～10%）的原则，以防运动员受伤和训练过度。

4.2 赛前减量训练法

赛前减量训练法的理念是让有氧耐力运动员减少训练量并在最关键的时候达到最佳竞技状态。赛前减量训练法涉及训练频率、训练时间和训练强度的改变以及整个减量训练阶段的持续时间。近来，训练强度已经成为有效减量训练法中的重要内容。使用中等强度减量训练（小于 VO_2max 的 70%）会导致运动员竞技状态下降。相反，缩短训练时间但保持高强度（大于 VO_2max 的 90%）的训练对提高竞技状态很有效。对于有氧耐力运动员来说，赛前减量训练通常应当持续 7～16 天。

4.3 恢 复

有氧耐力训练最容易被忽视的地方可能就是恢复。由于有氧耐力训练的大运动量和高强度，耐力运动员面临着训练过度的巨大风险。训练过度是压力过大的结果，这种压力包括生理上和心理上的以及没有得到充分的休息。“训练过度”被定义为在经过一段时间的训练或比赛后所出现的长时间疲劳和竞技状态不佳。它至少会持续两周，主要表现为竞技状态下降。除了竞技状态下降外，训练过度的症状还包括易受细菌感染、体重下降、睡眠发生变化、嗜睡、易怒、食欲不振、抑郁、焦虑、思想不集中，以及休息、恢复和起床后的心率高。

训练过度也是一种短期性过度训练。但过度训练的症状可以通过有计划地安排休息时间来调整。当运动员通过加大训练强度或训练量获得最佳的训练效应和竞技表现时可能出现训练过度。在这之后，通常需要安排一段相应的休整期或减量来实现超量恢复。那些进入过渡阶段的运动员会面临训练过度的风险。因此，他们必须仔细监控任何可能的症状出现。从训练过度恢复到正常状态可能需要5周的时间休息调整。由于在这段时间的停训（早期训练效果消失），可能需要3个月的时间才能进行全面的正式训练。因此，显而易见，训练计划中必须认真规划恢复措施，尤其是在训练过渡阶段，避免训练量长期下降。

一种有助于避免新手运动员训练过度的简单办法就是渐进式地提高体能水平（提高有氧能力）。在慢速长跑训练过程中，如果训练强度保持在 HRmax 的 55%～65% 的范围内，那么就会很有帮助。 在此期间，生理适应，比如体重下降、腿和臀部力量增强以及动作效率的提高等，将有助于提高运动员的竞技状态和降低训练过度的风险。有氧能力水平较高的运动员会比体能水平较低的运动员恢复得更快。因此，建立高水平的有氧能力对长期保持运动能力和快速恢复有着决定性的作用。

此外，对初学者和经验丰富的运动员来说，合理的饮食方案对肌糖原补充和肌肉的恢复也非常关键。最近的一项研究表明，含蛋白质和碳水化合物的饮食对补充肌肉中损失的肌糖原非常重要，同时对肌肉修复和重建也很重要。营养补充的时机也非常重要，应当在训练之后尽快得到补充，如果可能的话，最好是在训练过程就补充以便维持相应的训练强度。

要了解马拉松比赛、铁人三项比赛、5km越野以及游泳和赛艇项目的有氧耐力训练计划的样本，请参阅第十二章。

小 结

· 有氧耐力运动员们的主要训练模式应当是他们比赛的模式（如赛跑、骑自行车、游泳等）。训练的专项性对于提高训练的高效性和整体竞技状态很重要。

· 有氧耐力运动员训练量的计算应当综合考虑训练强度、训练时间和训练距离。

· 可以通过心率或以参考比赛速度来对训练强度进行监控。

· 最新研究表明，将传统的长时间训练与中等时间和强度的训练方法以及速度/节奏训练法、法特莱克训练法和间歇性训练法等短时间训练方法相结合，可以达到相同甚至更好的竞技状态。抗阻训练也可以作为有氧耐力运动员的一种有效的训练。

· 减量训练法是赛前减少训练量，从而提高竞技能力。减量训练时间通常要持续7～16天。

· 很多耐力训练计划中的量和强度会让耐力运动员面临训练过度的巨大风险。

第八章

灵敏素质训练

Lee E. Brown，Andy V. Khamoui

灵敏素质（Agility）是指快速改变身体方向和速度或仅指改变方向的能力。任何一个体育赛事，观众都能指出灵敏素质对竞技成绩的重要性。大多数场地运动比赛项目（即使不是全部）都有对运动员灵敏素质的要求。例如，网球运动中的左右快速移动、足球比赛中的频繁断球以及橄榄球和篮球比赛，都清楚地表现出运动员灵敏素质对比赛发挥的重要作用。

在运动场上，运动员在受到某种刺激后通常会做出快速变向动作。例如，当一位橄榄球队员注意到对手正迎面而来时，他会立刻变向以免遭到攻击。网球比赛中之所以能形成长时间对打局面，主要是因为比赛双方都具备了对方向的迅速调节和改变能力，从而可以应付全场。这里提出灵敏素质的两种模型：视觉的决策要素和身体要素。本章的重点是身体要素部分。因此，本章主要探讨与身体变向能力发展密切相关的运动训练过程，而非视觉的决策过程，如反应时等。

■1　影响灵敏素质的因素

在设计灵敏素质训练任务时，首先必须了解身体在进行变向时是如何做出反应的。我们可将变向行为描述为急停—起动动作，此种动作需要运动员身体急停（制动力）后，在最短时间内重新起动（推动力）。因此，灵敏素质训练必须针对提高身体的急停—起动能力而设。

此外，因为灵敏素质要求运动员在赛场上迅速改变身体的位置，所以，运动员的体重会影响其变向能力。根据牛顿第一运动定律，物体在静止或运动时会保持其原有的运动状态，除非作用在它上面的外力迫使它改变这种运动状态。牛顿第一运动定律也被称为惯性定律，惯性是物体发生变化的阻力。这种阻力与物体的质量直接相关，质量越大的物体惯性也越大。基于日常生活中的经验，我们清楚地知道这一点。例如，抬起一整箱书可能要比抬起一整箱纸巾需要更大的挑战，因为书本的重量更重，相应地，移动它们受到的阻力也就更大。

惯性定律（law of inertia）与变向能力直接相关，因为体重越重的运动员，惯性就越大。所以，运动时突然停下对他们来说更为困难。为了成功地做到急停—起动，这些运动员需要一些身体部位来帮助他们克服伴随其庞大体重带来的惯性阻力。请注意，体重越重，运动员动员的肌肉数量也越多，这有助于运动员克服惯性阻力。

除了上述的概念外，还必须了解发生在身体内部为运动提供动力的生化过程。这些过程包括磷酸原（ATP–CP）、酵解能和氧化能系统。它们提供动力的贡献大小取决于运动的强度和持续时间。高强度、持续时间短的项目主要使用了磷酸原能量系统，如100m短跑。有氧供能过程为低强度、持续时间长的项目提供燃动力，如长跑。同时，酵解能系统主要在那些中等强度、持续时间为2～3min的运动中做出贡献，如400m赛跑。总之，每种能量系统的贡献大小取决于运动项目本身的特性。在运动和测试中运动变向可持续不足5s、超过10s和介于两者之间，这表明磷酸原和酵解能系统在为变向动作提供主要能量。专项性部分会进一步介绍能量系统在训练中的作用。

本章的其他部分降主要探讨灵敏素质的评价方法和训练方法，如训练的专项性、训练的转换、灵敏素质练习和灵敏素质训练计划设计。

■ 2　灵敏素质的测试

在实施灵敏素质训练计划前，必须进行变向能力的基线测试，以便在一定时间内追踪运动员取得的进步。灵敏素质测试方法很多，区别在于测试时间长短、转身次数、动作发力方向（侧向、从前往后）上。在理想状态下，测试应该具有代表性，即要考虑到在一场典型比赛中可能出现的运动模式。下面几种测试方法已被用来诊断运动员的变向能力：

T测试　T测试（T test）要求运动员进行T形移动。它要求运动员完成侧向和前后移动，通常用于篮球运动员和橄榄球运动员的训练和测试中。具体标准可参见表8.1。

5-10-5往返跑测试　5–10–5往返跑（5–10–5 shuttle）测试要求运动员在线性平面上进行快速方向改变。它通常用于橄榄球、篮球、足球和其他大部分场地运动项目中。此项测试也被称为专项灵敏素质测试（pro–agility test）。它是美国全国橄榄球联盟（National Football League，简称NFL）新秀选拔赛的测试项目之一。5–10–5往返跑测试组织起来也非常简单，因为只需要把3个锥桶每隔5yd放置在一条直线上即可。具体标准可参见表8.1。

伊利诺斯测试　伊利诺斯测试（Illinois test）持续的时间长于前两种，需要更多空间且包括更多变向动作。它要求运动员进行不同方向的变向和不同角度的奔跑。本质上，此项测试内容主要包括直线快跑和围绕障碍物迂回前进。具体标准可参见表8.2。

表8.1 不同运动项目、运动员和性别T测试和5-10-5往返跑的标准

运动项目	运动员	性别	T测试成绩（s）	5-10-5往返跑成绩（s）
业余的	大学	男	10.49 ± 0.89	—
		女	12.52 ± 0.90	—
棒球	全国大学校际体育协会（NAIA）	男	10.11 ± 0.64	—
篮球	全国大学校际体育协会赛区1	男	8.95 ± 0.53	—
	后卫		8.74 ± 0.41	—
	前锋		8.94 ± 0.38	—
	中锋		9.28 ± 0.81	—
橄榄球	中学（14～18岁）	男	—	5.02 ± 0.24
	全国大学校际体育协会赛区1		—	4.53 ± 0.22
	进攻和防守边锋		—	4.35 ± 0.11
	外接手，后卫		—	4.35 ± 0.12
	跑卫、近段锋、中后卫		—	4.6 ± 0.2
	全国大学校际体育协会赛区3		—	4.6 ± 0.2
	进攻边锋		—	4.8 ± 0.2
	防守边锋		—	4.8 ± 0.2
	进攻技能手位置		—	4.5 ± 0.2
	后卫		—	4.6 ± 0.2
	NFL选秀新秀		—	—
	1～2轮		—	4.38 ± 0.29
	6～7轮		—	4.45 ± 0.29
足球	少年精英组	男	—	—
	14岁以下		11.6 ± 0.1	—
	15岁以下		11.0 ± 0.2	—
	16岁以下		11.7 ± 0.1	—
	全国大学体育协会（NCAA）赛区3	男	—	4.43 ± 0.17
		女	—	4.88 ± 0.18
排球	全国大学体育协会（NCAA）赛区1	女	11.16 ± 0.38	—
	全国大学体育协会（NCAA）赛区3		—	4.75 ± 0.19

表8.2 伊利诺斯测试具体标准

类别标准	男（s）	女（s）
优秀	<15.2	<17.0
良好	15.2～16.1	17.0～17.9
中等	16.2～18.1	18.0～21.7
合格	18.2～18.3	21.8～23.0
不合格	>18.3	>23.0

■ 3 灵敏素质的训练

经过灵敏素质测试后，运动员开始进行变向能力训练计划。下面主要探讨灵敏素质训练的几个重要方面，如专项性、练习手段，以及对设计训练计划的要素的控制以达到最佳效果。以下内容将阐述专项性概念，因为它与灵敏素质训练密切相关。

3.1 专项性

专项性（Specificity）是指与运动项目密切的训练。因此，运动员要充分利用训练来获得专项能力。训练的专项性可被应用于供能系统、肌肉群和动作模式方面。例如，一位橄榄球前锋可以把发展上肢、下肢力量和爆发力的抗阻训练与短距离结合起来训练，因为这些都是此位置运动员必须具备的素质。

发展灵敏素质的专项训练应考虑运动时的空间因素。换句话说，在一个运动项目中，灵敏素质测试应根据运动空间的大小来制定。一位篮球运动员仅可在球场范围内活动，同样地，一位足球运动员也仅能在球场的空间限制内跑动。因此，如果超出运动场限制范围或典型的有限空间，灵敏素质训练将失去专项性。专项性在训练中的重要性也不能被夸大。一位进攻型足球运动员可能被要求进行控球时的反复变向练习，因此，训练的专项性要求此种训练必须包括运球和控球。同样，一位篮球运动员在运球时必须灵活地向前场篮下前进，避免遭遇对方拦截。在篮球的灵敏性训练中，运动员必须把运球能力和变向能力训练结合起来。

变向动作是在运动过程中断续发生的，所以，在灵敏性训练中，对既定运动项目的能量要求进行考虑也是非常重要的。尤其是灵敏素质动作往往在非最佳状态下发生，这是因为运动过程中其他动作也需要消耗能量（如跳跃、拦截、直线跑）。因此，把灵敏素质练习贯穿于整个训练阶段，通过在接近专项运动的环境中进行变向训练可能是一种有效的方式。

运动员训练时的场地情况应被纳入考虑范围。研究表明，运动员在不同类型场地进行测试或比赛时会产生不同的生理反应，比赛环境会对比赛成绩造成影响。例如，研究表明，让足球运动员在三种不同类型场地上（跑步机、天然草坪和人工草皮）完成相同的跑步测试，对运动员的血乳酸水平、心率和跑速进行了测量。运动员在人工草皮上测试时的血乳酸水平高于其他两种。此外，心率也高于其他两种，但跑速却较慢，这表明在人工草皮上跑动时的运动强度最大。另一项比较研究发现，网球运动员在黏土地面上比赛时的血乳酸和心率高于在硬质地面上比赛。

总之，这些研究结果强调了体育比赛中不同场地对身体的影响。训练中的场地表面应与运动员比赛时接近。场地运动员在天然草坪还是人工草皮上进行灵敏素质训练，取决于他们在比赛中将采用的场地。同样，球场项目运动员应在其比赛时使用的场地上进行灵敏素质训练，如篮球赛的实木地板或网球赛的不同的场地表面。

3.2 训练的转换

教练或运动员最终想要知道使用何种训练类型来发展灵敏素质。已有一些研究正努力寻找发展灵敏素质的最佳方法。这些研究通常致力于传统下肢力量练习（如挺举、后蹲、硬拉、大步走或跳跃练习）、直线跑或专项变向练习的训练对灵敏素质的影响。

很少有研究表明，传统的下肢力量练习（挺举、深蹲、硬拉）能提高灵敏素质成绩。事实上，如果运动员只进行下肢力量练习，大部分人的灵敏素质都不会有显著的提高。但是，有研究发现，把力量训练与灵敏训练结合起来会产生积极的效果。在一项研究中，受试者完成30%1RM和80%1RM蹲跳训练后（后背负重杠铃非蹲跳起练习），两组T测试成绩均有提高，但80%组的成绩好于30%组。这类训练产生了积极作用可能是因为存在快速改变方向的动作。如前所述，灵敏素质以急停—起动动作为特征，包括制动力和起动力。以超出运动员平时适应力的运动强度，对他们进行负重深蹲训练，会促使运动员在快速变向时做出更有利的调节。

另一项旨在通过跳跃发展灵敏素质的研究，要求受试者进行不同形式的跳跃训练，包括水平面上向前跳、单腿侧跳和双腿侧跳。一段时间后，运动员完成T测试和伊利诺斯测试的跑动时间缩短了。这种跳跃训练之所以可能会提高变向能力，是因为在跳跃中和灵敏素质测试中应用了相似的动作模式和体质特征。在T测试和伊利诺斯测试中，进行侧向和前向移动时对身体的要求与向前跳、侧跳训练中的要求是一样的。因此，在灵敏速度训练中，要把这些跳跃练习加入训练计划中。

一些研究还探讨了直线跑训练对灵敏素质的影响。在关于这些研究的文献资料中，有的调查观察到能提高灵敏素质，而另一些却没有发现运动员变向能力的提高。基于这些研究结果，可以说直线跑训练对灵敏素质的积极效果尚未确立。有的研究表明，灵敏性练习手段能有效提高变向能力。具体来说，这些研究把一般灵敏素质训练（变向跑）或灵敏性练习与橄榄球、排球和足球运动员的实际训练结合在一起。因此，专项性训练的概念看来是正确的，在经过专门的变向训练后，运动员的灵敏素质显著提高。也就是说，为了提高灵敏素质，运动员需要进行有灵敏素质练习的训练。

3.3 灵敏素质的练习手段

本节中提到的各种灵敏素质练习手段都标注了距离（线）、锥桶或拱形物，以及专门化器材如绳梯等。这些练习在距离、时间、变向数量和运动模式方面都存在不同。这些要求改变了每种练习的复杂度，因此在为特定人群选择练习形式时需考虑这些因素。

和其他练习一样，该项目练习也必须使用正确的运动技巧。在整个灵敏素质练习中，运动员应保持头部姿态自然、眼睛直视前方。运动员经常因为疲劳或习惯而过度伸展颈部或收拢下颌，必须纠正这些行为，以提高运动员运动能力的发挥，降低损伤风险。任何变向练习应自上而下开始，即头部先变向目标方向，然后才是身体的其他部分。另一种方法则是运动员的眼睛先变向目标或转动方向，身体随后。在发生变向的实际过程中（制动阶段），降低身体重心将会使运动员以更快的速度进行急停和起动。

最后，手臂动作有利于运动员发挥身体的变向能力，因为手臂可以为身体提供平衡并帮助身体进行旋转，从而使得身体发生变向。例如，假设一位运动员在5yd往返跑中进行单一身体变向，在他从落地脚（制动阶段）起跳后，他的手臂（与落地脚同侧的手臂）外侧将与躯干交叉，从而能够旋转身体并使之朝新方向移动。在此过程中，运动员应尽量保持手臂接近身体以实现转体阻力（挥动手臂远离身体造成的阻力）最小化。换句话说，身体重心越接近旋转中心（躯干中心），转体动作就越轻松。这需要保持手臂始终接近身体。以上提示有利于运动员更加有效地完成灵敏性动作。

转髋（Carioca）

目　的

发展平衡、髋部灵活性、脚步和侧向速度。

步　骤

运动员应按照以下动作步骤进行练习：

· 两脚呈开立姿势。

· 右脚跨过左腿迈步（a）。

· 左脚从右腿后移到左侧（b）。

· 右脚移到左腿后侧迈步（c）。

双腿侧向跳（Double-Leg Lateral Hopping）

目　的

发展爆发力和侧向变向能力。

步　骤

在1yd宽的标志区内，运动员应按照以下动作步骤进行练习：

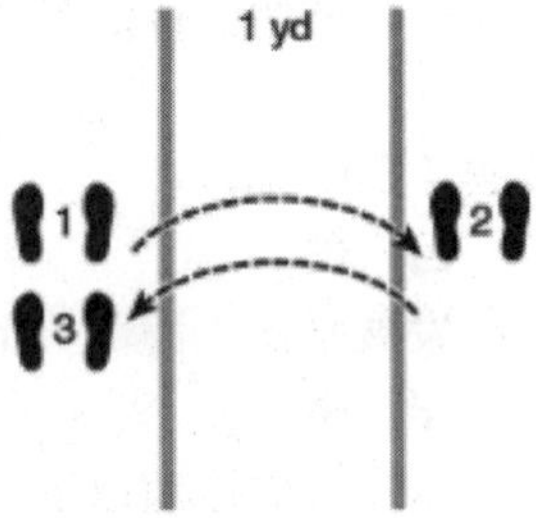

- 站在标志区的左侧准备开始。
- 双腿蹬伸跳向标志区的另一侧，确保跳过标志区。
- 着地后快速跳回原来位置。
- 连续快速练习5～10次（跨越和返回算一次）。

变换方法

在10yd长、1yd宽的标志区内，运动员应按照以下动作步骤进行练习：

- 从一侧开始，以之字形（对角）单足跳过标志区的长度，两边交替进行。
- 仅用单腿进行跳跃。

六边形（Hexagon）

目　的

发展灵敏素质。

步　骤

标出边长为2ft的六边形（边长可变），运动员应按照以下动作步骤进行练习：

- 站在六边形的中心，面对指定方向。
- 面对指定方向时，双脚跳出六边形的每边。

· 既要顺时针跳跃也要逆时针跳跃并进行计时。

变换方法

· 单足跳

· 改变六边形边长

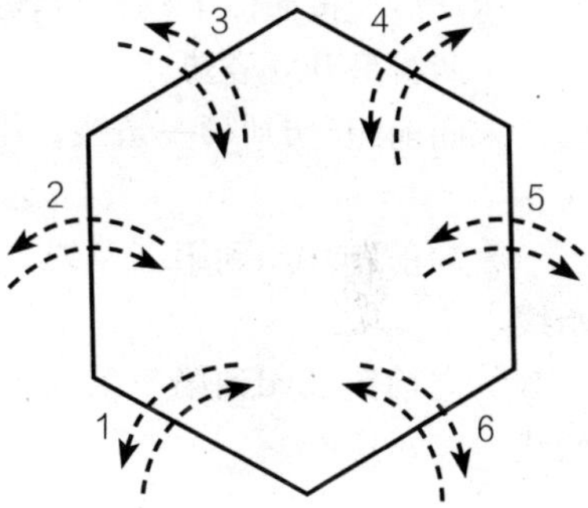

20yd往返跑（20-Yard Shuttle）

目　的

发展变向、脚步和反应时能力。

步　骤

运动员应按照以下动作步骤进行练习：

· 两脚呈开立姿势，跨过起始线。

· 向右转身、快跑并用右手触摸5yd线的边缘。

· 转回左边、跑过10yd距离并用左手触摸远边线。

· 转回右边、跑过5yd距离，穿过起始线完成练习。

变换方法

20yd组合灵敏素质练习。运动员可以单腿分别完成不同的练习（如快速跳、转髋、跨步跳等）。

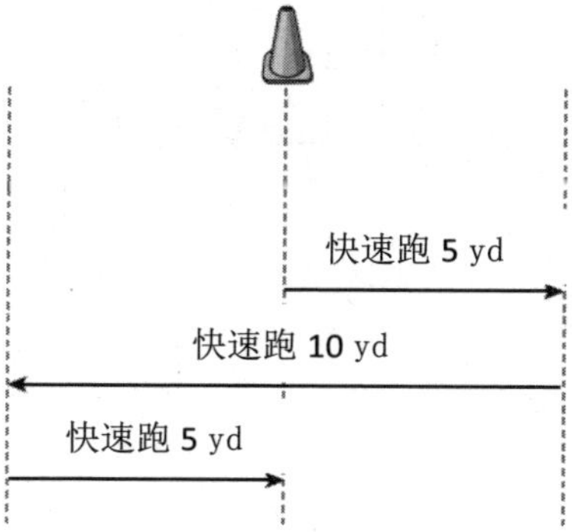

60yd往返跑（60-Yard Shuttle Sprint）

目　的

提高灵敏素质和体能。

步　骤

运动员应按照以下动作步骤进行练习：

· 两脚呈开立姿势。

· 向前跑5yd到第一条线，用一只手（左右均可）触摸这条线，然后转身回到起始线。

· 向前跑10yd到第二条线，用一只手（左右均可）触摸这条线，然后转身回到起始线。

· 向前跑15yd到第三条线，用一只手（左右均可）触摸这条线，然后转身回到起始线。

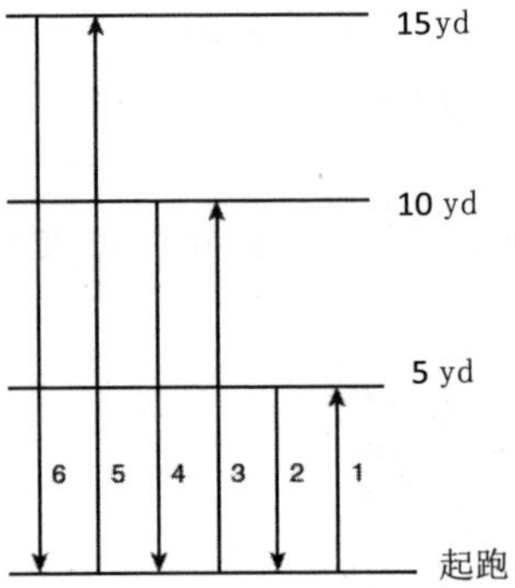

100yd往返跑（100-Yard Shuttle Sprint）

目　的

提高变向能力、步法和反应速度。

步　骤

运动员应按照以下动作步骤进行练习：

· 在起始线上，两脚呈开立姿势。

· 向前跑5yd到第一条线，用右手触摸这条线，然后转身回到起始线，并用左手触摸起始线。

· 向前跑10yd到第二条线，用右手触摸这条线，然后转身回到起始线，并用左手触摸起始线。

· 向前跑15yd到第三条线，用右手触摸这条线，然后转身回到起始线，并用左手触摸起始线。

· 向前跑20yd到第四条线，用右手触摸这条线，然后转身回到起始线，并用左手触摸起始线。

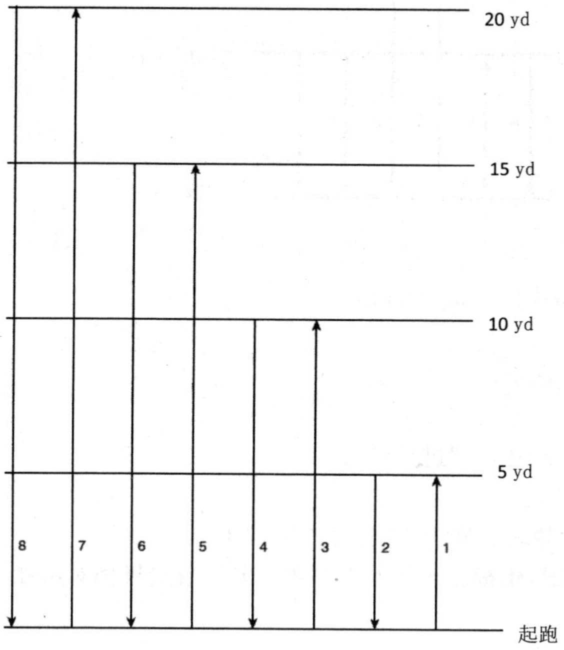

40yd侧向交叉跑（40-Yard Lateral Shuffle）

目 的

提高灵敏性、髋关节外展和内收的灵活性，发展力量素质。

步 骤

运动员应按照以下动作步骤进行练习：

· 两脚呈开立姿势，跨过起始线。

· 侧向跑过5yd到第一条线，用右手触摸这条线，然后转身跑回起始线，用左手触摸起始线。

· 侧向跑过10yd到第二条线，用右手触摸这条线，然后转身跑回起始线，用左手触摸起始线。

· 侧向跑过5yd到第一条线，用右手触摸这条线，然后转身跑回起始线。

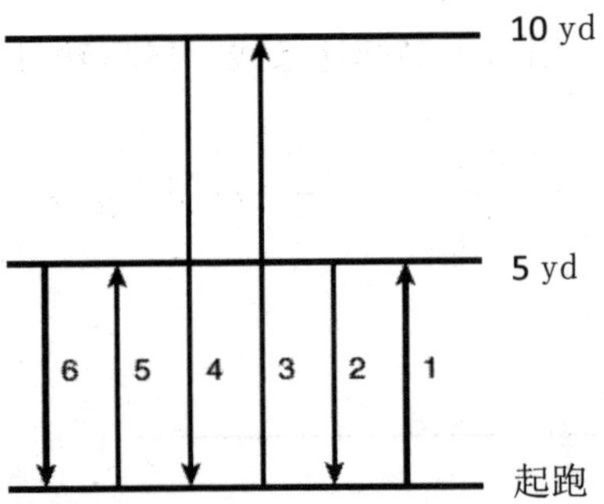

15yd转身练习（15-Yard Turning Drill）

目 的

提高变向能力、髋部灵活性和步法。

步 骤

运动员应按照以下动作步骤进行练习：

· 两脚呈开立姿势。

· 向前跑5yd到1号锥桶，然后围绕1号锥桶做向右急转弯。

· 跑到2号锥桶（2号锥桶置于起始点右侧5yd处、1号锥桶对角处），然后围绕2号锥桶做向左急转弯。

· 跑5yd的距离，穿过终点线。

变换方法

运动员应按照以下动作步骤进行练习：

· 转弯时手心触地。

· 改变锥桶之间的距离。

· 由围绕锥桶转弯变为听命令转弯。

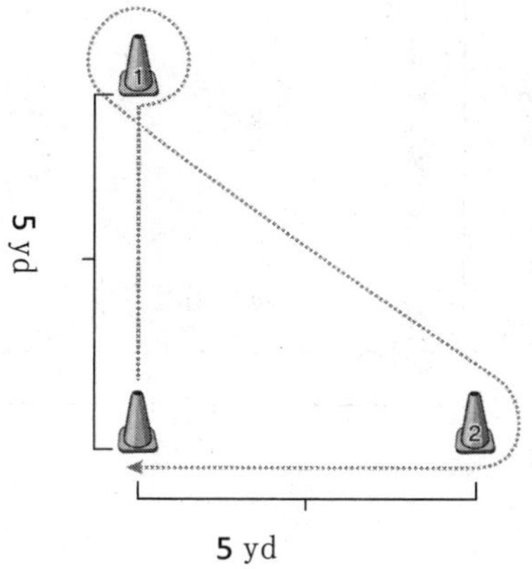

20yd方形跑（20-Yard Square）

目　的

提高变向、移动速度、练习间转换和切入能力。

步　骤

运动员应按照以下动作步骤进行练习：

· 两脚呈开立姿势。

· 向前跑5yd到2号锥桶，然后快速右切。

· 向右跑5yd的距离，在3号锥桶位置变向。

· 后退5yd到4号锥桶，然后快速左切。

· 向左跑回1号锥桶。

变换方法

运动员应按照以下动作步骤进行练习：

· 使用不同的准备姿势（例如，躺下、蹲踞等）。

· 改变锥桶之间的距离以满足运动项目的需求。

· 使用不同的腿部技巧以满足具体要求。

· 用腿内侧或外侧切入。

· 从锥桶外侧切入。
· 转弯时用手心触地。

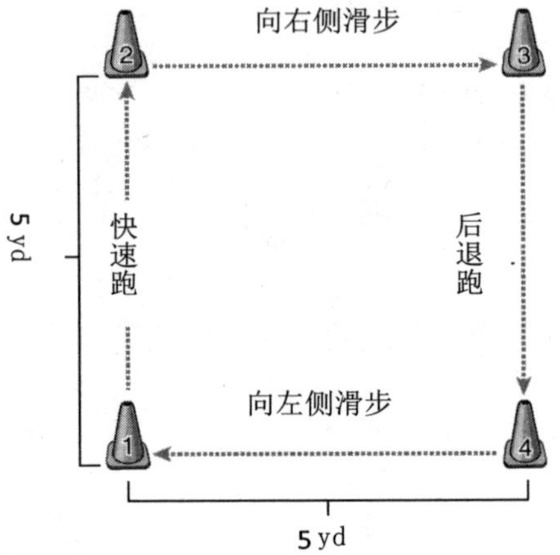

8字形跑（Figure Eights）

目　的

提高身体的变向能力和反应能力。

步　骤

运动员应按照以下动作步骤进行练习：

· 放置两个间距为5～10yd的锥桶。
· 两脚呈开立姿势准备。
· 在两锥桶间做8字形跑，转弯时用手心碰触每个锥桶。

变换方法

运动员应按照以下动作步骤进行练习：

· 改变锥桶之间的距离。
· 改变转弯时的半径。
· 使用不同的准备姿势（例如，躺下、坐式、蹲踞等等）。

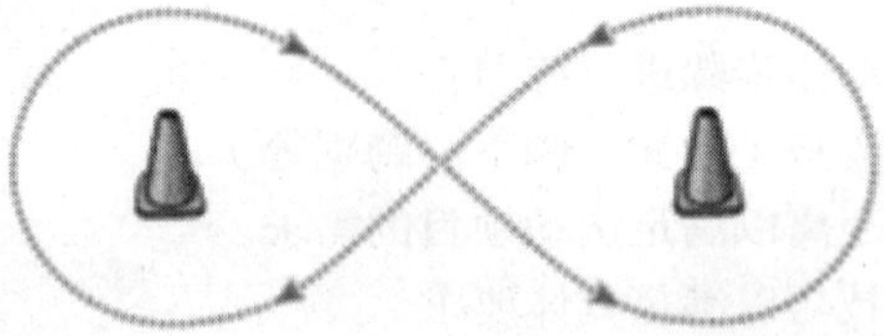

Z字形跑（Z-Pattern Run）

目 的

提高移动能力和变向能力。

步 骤

运动员应按照以下动作步骤进行练习：

· 在两条线上，分别放置3个间距为5yd的锥桶。即在第一条线上的3个锥桶分别置于0yd、10yd和20yd的位置；在第二条线上的3个锥桶分别置于5yd、15yd和25yd的位置。

· 两脚呈开立姿势准备。

· 向对角处跑5yd到最近的锥桶，从外侧绕此锥桶跑一圈。

· 继续向对角方向跑过每个锥桶，做绕圈跑。

变换方法

运动员应按照以下动作步骤进行练习：

· 使用不同的准备姿势（例如，躺下、蹲踞等）。

· 改变锥桶之间的距离以满足运动项目的需求。

· 使用不同的腿部技巧以满足具体要求。

· 用腿内侧或外侧切入。

· 转弯时用手心触地。

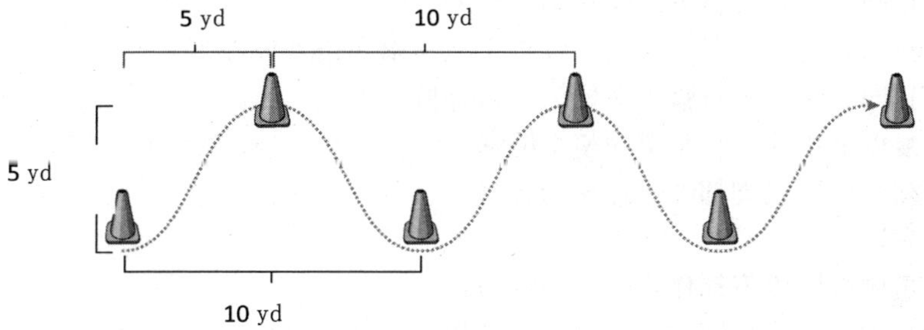

伊奇脚步移动（Ickey Shuffle）

目 的

提高协调性和发展下肢快速动作能力。

步 骤

· 运动员应按照以下动作步骤进行练习：

· 从绳梯左侧开始。

· 右脚侧向迈步，并置右脚于绳梯第一格内，左脚亦然。

· 右脚侧向迈步，并置右脚于绳梯的右侧，然后置左脚于绳梯第二格内。
· 置右脚于同一格内。
· 左脚侧向迈步，并置左脚于绳梯的左侧，然后置右脚于绳梯第三格内。
· 重复以上步骤。

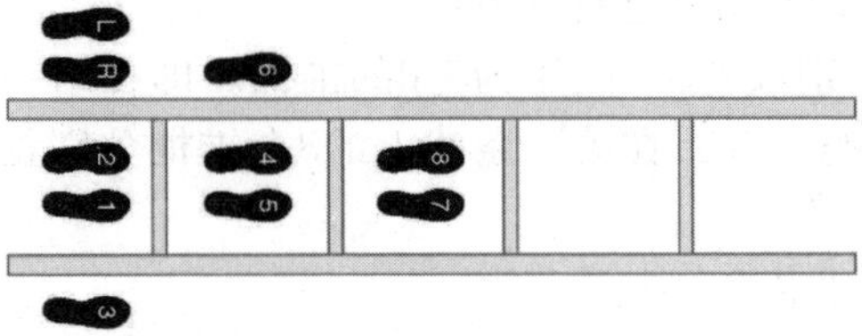

进—出脚步移动（In-Out Shuffle）

目　的

提高灵敏性、平衡性、协调性和快捷性。

步　骤

运动员应按照以下动作步骤进行练习：
· 两脚呈开立姿势准备。
· 站在绳梯侧面，面对绳梯。
· 左脚向前迈步，置左脚于绳梯第一格内。
· 以相同方法，置右脚于绳梯第一格内。
· 左脚向对角处后退，直至左脚置于绳梯第二格外偏左处。
· 以相同方法，置右脚于绳梯第二格外偏右处。
· 重复以上步骤，直至走完整个绳梯。
· 必须确保每只脚都经过绳梯的方格。

变换方法

运动员应按照以下动作步骤进行练习：
· 双脚重复以上步骤，但每只脚必须放在不同的方格内。
· 只使用相隔的方格，增加侧向迈步的距离。
· 向后迈步完成此项练习（从背向绳梯开始练习）。

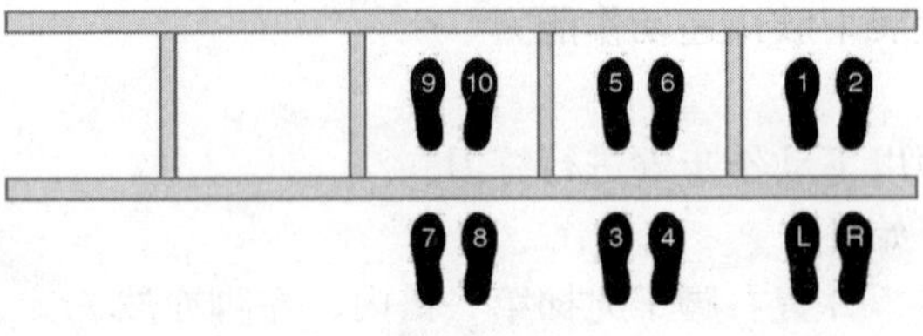

侧面右进（Side Right-In）

目　的

提高灵敏性、平衡性、协调性和快捷性。

步　骤

运动员应按照以下动作步骤进行练习：

· 两脚呈开立姿势准备。
· 站在绳梯侧面，面对绳梯。
· 右脚向前迈步进入绳梯第一格内。
· 左脚向前迈步，跨过绳梯第一格，置于绳梯另一侧。
· 右脚侧向迈步进入绳梯第二格内。
· 左脚向后迈步，置于绳梯第二格前面。
· 右脚侧向迈步进入绳梯第三格内。
· 重复以上步骤，直至走完整个绳梯。

变换方法

· 侧面左进。运动员须从左脚迈步开始，并使用侧面右进中的相反脚进行练习。

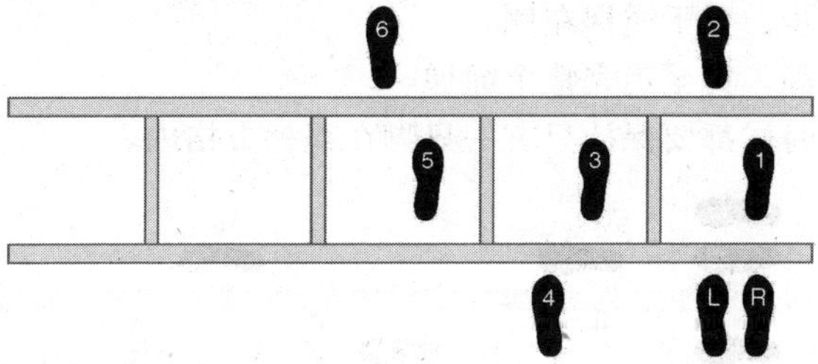

蛇形跳（Snake Jump）

目　的

提高灵敏性、平衡性、协调性、髋部灵活性和敏捷性。

步　骤

运动员应按照以下动作步骤进行练习：

· 两脚呈开立姿势准备。
· 进行一系列的直角转弯跳，并保持两脚一起。
· 跳跃前进方向如图所示：正前方、右方、正前方、左方、正前方等。
· 跳起时必须转髋。

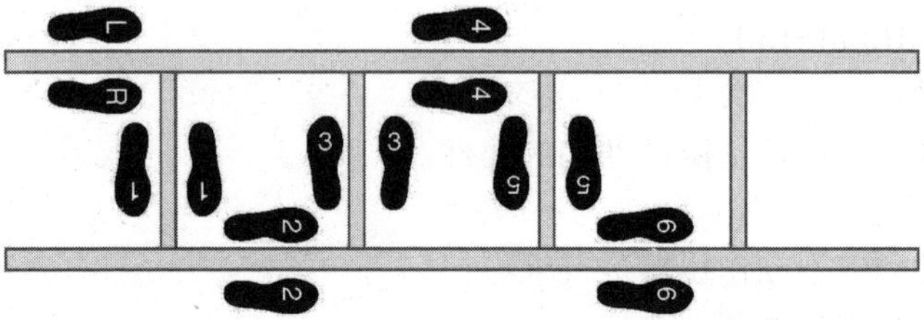

交叉脚步移动（Crossover Shuffle）

目 的

发展髋部的灵活性和力量，提高变向能力。

步 骤

运动员应按照以下动作步骤进行练习：

- 站在绳梯左侧。
- 左脚交叉，越过右脚，跨进绳梯第一格内。
- 右脚侧向迈步，置于绳梯右侧。
- 右脚交叉跨进绳梯第二格内。
- 左脚侧向迈步，置于绳梯左侧。
- 重复以上步骤，直至走完整个绳梯。
- 提示：任何时候都要保持只有一只脚在绳梯方格内。

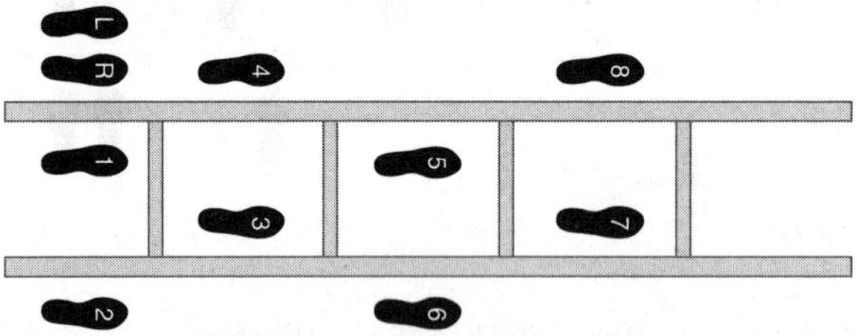

上述练习中除双腿侧向单足跳外，其他练习均引自Brown LE, Ferrigno, VA. *Training for Speed, Agility, and Quickness*. Champaign, IL: Human Kinetics; 2005.

■ 4 灵敏素质训练计划设计

对变向能力做过初始诊断后，运动员就可以开始进行发展变向能力的训练。无论训练计划的目的是提升力量、速度还是有氧耐力，都需要短期和长期规划以使训练效益最大化，使运动疲劳和损伤最小化。这需要对运动员的训练计划进行科学化设计。这些变量包括在一定阶段内的练习手段的选择、练习顺序、频次、强度、训练量和休息时间（表8.3）。可能的话，可以参考那些已在实践中取得效果的控制因素。当然，是以这些研究结果的有效性为前提。

以运动员实际训练计划为背景，如何把灵敏素质训练和其他形式训练结合在一起，请参见第十二章。

表8.3 灵敏素质训练计划设计中考虑的因素

训练计划中的因素	实施指南
练习手段的选择	考虑因素 · 动作模式 · 比赛的距离
练习顺序	新手运动员 · 由简单至复杂 高水平运动员 · 由简单至复杂 · 从低强度的复杂练习开始
频次	每周2～3次 根据运动员的状态适当增加或减少
强度	最大强度或接近最大强度
训练量	5次（根据运动员个体准备程度） 新手运动员 · 每次练习5～10组 高水平运动员 · 每次练习5～25组
休息时间	练习和休息的时间比为1：4至1：20 根据运动员的练习状态和练习的复杂程度进行相应调整

4.1　练习手段的选择

选择练习手段应根据运动员可能遇到的比赛情况来决定。例如，足球运动员比赛时主要是在宽阔的场地上活动。一般来说，场地运动员的动作模式主要包括长跑和变向，这样，他可以灵活跑位，让队友找到机会进行射门。因此，40yd、60yd、100yd往返跑，40yd侧向往返跑和55yd后退跑都将是合适的练习手段。进行长距离往返跑（如

40yd侧向往返跑）的运动员不用选择40yd直线跑的练习，但可以进行8组5yd变向跑练习。这些练习手段不仅包括变向练习内容，而且考虑到了足球运动员在场上的跑动距离。同样的练习手段也可能适用于橄榄球比赛中的外接手和跑卫队员。因此，灵敏素质练习手段的选择既要考虑运动项目本身的特点，还要考虑比赛中不同位置的要求。

选择练习手段时还应考虑运动员的初始练习水平。在接受复杂训练前，一位新手运动员或低水平运动员可能需要一系列初始的基本练习以适应训练计划的要求。

4.2 练习顺序

在一个训练期内，灵敏素质训练的练习顺序主要取决于运动员的训练水平。总的来说，新手运动员可由简单的练习（较短的练习时间、较少的变向次数）过渡到复杂的练习（较长的练习时间、较多的变向次数）。这样，他就可以逐渐熟悉变向训练任务所要求的动作模式和身体特点。高水平运动员可以使用与新手运动员相同的练习顺序，把低复杂性的练习作为热身，为后面过渡到高复杂性练习做好准备。高水平运动员也可以在一开始就直接进入复杂练习训练，但是需要先完成低强度的重复训练，再过渡到强度重复训练。

4.3 频 次

频次（Frequency）是指在单位时间内练习的次数。每周2次变向能力训练，练习4周就能产生训练效果。在成功的训练研究案例中，最常见的训练频次为每周2～3次。这些训练计划的持续时间6～14周不等，其中以8～10周最为普遍。无论如何，为了提高变向能力，一个灵敏素质训练计划的频次必须保持每周2～3次，并持续数周。第十二章将会讨论在年度训练计划中如何安排灵敏素质训练的问题。

4.4 强 度

强度（intensity）是指在练习中身体所付出的努力程度，在其他训练中通常把强度规定为训练参数最大值的百分比。例如，力量练习强度通常被量化为一次最大重复次数重量（one-repetition maximum,1RM）的百分比。在有氧练习中则被量化为最大心率百分比或最大摄氧量百分比。此外，灵敏素质训练并不使用在力量训练和有氧训练中的参数来定义其强度。在灵敏素质训练中，运动员则以最大或接近最大的努力和速度进行练习来发展自己的变向能力，这是因为从定义上来说这种急停—起动动作通常在瞬间发生，且两个动作之间的停顿时间很短。

4.5 练习量

因为灵敏素质练习中的强度不发生改变，所以练习量必须是可以操控的变量，从而便于调节训练计划的难度。练习量代表一个训练课内练习的总量，可以通过累加每个练习的量来计算练习量。一个重复次数就算完成一个练习。如果运动员重复做5组绳梯练习和5组锥桶练习，他的练习量就是10次练习或序列。为了增加练习量，运动员可以在一个训练课中增加每个练习的重复次数，或增加练习的次数。

目前，科学文献中没有找到关于达到最佳训练效果的最佳练习量的研究成果。一般认为，5个练习完成5～25次就算达到训练量了，当然也要根据运动员的体能水平和练习的性质（复杂程度、难度）来做适当调整。例如，100yd往返跑，可总共练习3～5次，而20yd往返跑可总共练习20次（分2组进行，每组10次）。当新手刚开始进行灵敏素质训练时，根据练习的难度，每个练习可进行5～10次。此外，训练的次数也可根据个人准备情况来调整。每个练习不必进行相同数量的重复次数，应更多重视薄弱方面的训练。

4.6　休　息

在每组练习和每项练习之间都应有休息时间，从而保证运动员保持正确的技术动作。1：4到1：6的练习和休息时间比（work-to-rest ratio）是适宜的恢复时间。例如，一次持续15s的练习可以提供1～2min的休息时间。根据运动员的现有体能水平和灵敏素质的复杂性，可以对休息时间进行调整。体能差的运动员可能需要更长的恢复时间。同样，那些接受高难度或大挑战性练习的运动员也可能需要更长的休息时间。事实上，最大可至1：20的练习和休息时间比并不常见，因为运动员在完成每次练习时都要付出最大努力。

4.7　训练计划的结构

个普通的灵敏素质训练计划的结构与其他训练计划模式相似，包括意向几个方面内容：一般热身、专项热身、主要训练课和放松活动。一般热身包括大肌肉群参与的低强度练习（慢跑），增加身体核心区域温度，为训练做准备。专项热身也是准备练习，但更接近于专项化训练目标。在此阶段，可先进行一些低强度的灵敏素质练习，（走）为主要训练课中的变向练习任务做好准备。低负荷练习的放松活动可以被视为反向的热身活动，其目的是逐渐让身体恢复到训练前的状态。

小　结

· 大多数场地比赛项目中的频繁变向动作对运动员的灵敏素质的要求很高。灵敏素质包括身体运动方向和速度的快速改变。因此，它依赖于身体的快速急停能力（制动力）和重新起动能力（推动力）。

· 和大多数其他竞技能力要素一样，通过精心设计的训练计划和专项训练，可有效地提高灵敏素质。

· 熟练的变向能力需要通过专项性灵敏素质训练。因此，运动员的训练中应包括灵敏素质训练。

· 灵敏素质训练手段的选择应根据比赛中运动员跑的距离，以及速度和方向变化的类型。

· 为了提高变向能力，灵敏素质训练至少需要持续若干周，每周进行2～3次。

· 只有高强度的灵敏素质练习才能取得好的效果。灵敏训练课的难度可通过完成练习的次数和间歇时间来调控。

第九章

速度训练

Jay R. Hoffman,John F. Graham

速度可以界定为在单位时间内跑完特定距离的能力。速度是体育比赛中成功的一个重要因素。大量的研究表明，速度在集体运动项目中往往是区分队员是否成熟的决定性因素。影响运动员速度的关键因素是基因组成。四肢较长和快肌纤维比例较高的运动员比四肢较短和快肌纤维比例较低的运动员在速度方面具有生理和生物力学上的优势。然而，运动速度同样也取决于运动技能和方法。这两方面如果存在不足，可以通过训练来提高。因此，如果运动员能够提高运动技术与力量和爆发力，则有利于提高运动速度。许多体能专家也支持这种观点。

对于速度在比赛成绩中起重要作用的运动项目而言，速度训练是运动员训练过程中一个完整的组成部分（如橄榄球、棒球、篮球、曲棍球、足球）。速度训练促使运动员在专项速度运动和模式中使用最大力量。这会影响并有益于肌肉和肌群，将向心收缩和离心收缩或拉长-缩短周期（stretch-shortening cycle，SSC）衔接起来。当肌肉或肌肉群被拉伸后立即缩短（正如一个橡皮筋）时会产生拉长-缩短周期。

拉长-缩短收缩模式取决于两个事件：运动神经元的电压与脉冲和肌肉-肌腱的活动。短时拉长-缩短周期模式有利于提高肌肉性能、速度、加速和弹性势能的爆发力，而长时模式的适应性能减少肌肉僵硬，提高神经肌肉的激活程度。拉长-缩短周期中爆发力和速度的结合，可以提高运动员多项运动素质。第五章具体介绍了拉长-缩短周期的作用。

■ 1　影响速度素质的因素

运动员在起跑后的加速跑能力方面相差较大。在100m跑比赛中，一些具有奥运水平的短跑运动员能持续加速到70m处。虽然加速能力很重要，但加速速率更为重要。运动员的目标是尽快达到最大速度峰值（其中包括最大限度地加速）。由于运动速度受到耐力和力量的影响，因此运动员如果设定目标要提高速度，就应该参加抗阻训练（见第四章）和有针对性的速度训练。

只要运动员仍然能够加速，其速度就能提高。只有在他们开始减速时，速度才降低。为了保持短跑速度，运动员应该着重提高其速度耐力。速度耐力并非短距离冲刺的构成因素（如40m冲刺），运动员应该在整个赛跑过程不断加速。然而，这与100m或更长距离的冲刺非常相关。因此，速度耐力成为决定短跑成败的一个因素。

1.1 步频和步幅

速度是步频和步幅的相互作用。步幅包括2个单步或脚落地点，即两脚着地点之间的距离（图9.1）。步频是在跑动距离内单腿迈出的单步数量。如果短跑运动员在100m内右腿有25个落地点，左腿有24个落地点，两者相加就等于49个单步。如果该运动员100m的跑动时间为11s，其步频就是每秒4.45步。优秀短跑运动员的步频约为每秒5步。

图9.1 跑动中的步幅是指两脚之间的距离

引自 J. Puleo and P. Milroy，2010，*Running anatomy.* Champaign，IL：Human Kinetics，20.

随着步频的提高，双脚停留在地面的时间（称为支撑阶段）就会减少，而停留在空中的时间则相应增加。如果步频提高，而步幅保持不变，则速度会提高。同理，如果步频保持不变，步幅增加，速度同样也会提高。

在快速跑过程中，如果步频和步幅同时增加，则速度也会相应提高。比赛或训练时运动员在起跑之后，速度的最初变化是步幅增加的结果。运动员采用短小的碎步来克服最初静止的惯性。当运动员加速时，步幅也开始增加。随着速度进一步提升，步幅和步频的增加会产生更快的速度。而步幅会使速度增加至8m/s。随着速度的进一步提高，步幅会略有下降，而步频会不断提高。步频和步幅对短跑速度的贡献会因不同速度而异，但步频对运动员所能达到的最大速度似乎比步幅更为重要。

步频快慢和步幅大小往往因运动员而异。步幅主要取决于运动员的身高和腿长。身高、腿长的运动员通常有更大的步幅。对于是否接受过训练的运动员而言，步频也存在着极大的差异。训练有素的短跑运动员比未经训练的运动员可以实现更大的步频，他们比未经训练的运动员达到最高速度的时间也要早得多。提高爆发力可以减少每次落地与地面的接触时间，并在每次蹬离地面时增加前冲力，从而提高运动员的加速能力。

1.2　肌纤维的类型

如本章前面所述，肌纤维类型在决定跑速方面起着至关重要的作用。肌肉由两种类型的纤维构成。Ⅰ型纤维，也被称为慢肌或氧化型肌纤维，产生的肌力小，速度慢。Ⅰ型纤维不易疲劳，因而有助于运动员参加有氧耐力项目。Ⅱ型纤维，也被称为快肌或糖酵解型肌纤维，具有较高的速度输出和较快的收缩速度，但容易疲劳。Ⅱ型纤维有利于运动员参加需要速度和爆发力的爆发性运动项目。

每一种肌纤维又可分为多种亚型。肌纤维亚类具有其所属肌纤维类型（慢缩或快缩）的基本特征，但可以因训练刺激或缺乏刺激而加以改变。换句话说，肌纤维可能会因为训练项目的不同而变得更加氧化或糖酵解，但运动员无法改变肌纤维组成的类型。因此，虽然Ⅰ型纤维可能通过短跑或间歇训练变得更加厌氧或糖酵解，但其无法获得Ⅱ型纤维的许多基本特征。大多数人具有同等数量的Ⅰ型和Ⅱ型纤维。虽然训练有助于运动员实现其最大潜能，但不同肌纤维类型的分布情况会影响其所擅长的运动项目。这就是为什么通常说优秀运动员不单是通过训练成才的，往往是因为他们具备先天的条件。

肌肉结构同样在速度素质中扮演着重要角色。肌肉厚度、肌束长度及其所产生的羽状角都会影响速度。羽状角大的肌纤维可以产生更大的力量，而羽状角较小的肌纤维具有收缩更快的特性，因而有助于运动员提高速度。

■ 2　短跑的运动生物力学和运动技术分析

从技术训练角度而言，短跑可分为五个部分：起跑、加速、后蹬、摆动和减速。

2.1　起　跑

运动员可以以多种姿势起跑，包括静止性或移动性姿势。棒球和垒球运动员通常以一种静止性的两点姿势起跑，而另外一些运动项目（如曲棍球、足球、篮球和长曲棍球）可能同样以两点姿势起跑，但动作更为积极（慢跑、滑步或后退跑）。美式足球包括多种起跑姿势，其中包括前锋和全卫的三点或四点静止性姿势，四分卫、外接卫和跑卫的两点静止性姿势，中后卫和后卫的两点静止性或移动性姿势，以及特别组球员的两点移动性或静止性姿势。

一只手放在前腿靠近臀部的一侧，另一只手放在面部旁边，这种起跑姿势让运动员感觉较为舒适。运动员的重心应置于前脚，前腿成近90° 弯曲。在起跑之前，2/3～3/4的重心应转移到前腿。起跑时应双脚同时蹬地并大力向前冲，后脚先离开地面，并快速向前摆动，同时后臂也大力向前摆动。运动员在三点或四点静止性起跑姿势时应该处于舒适的位置，重心应均匀分布于手、脚和膝盖，双臂应构成与肩同宽的一条直线，同时头部和背部也应构成一条直线。在起跑之前，运动员应将重心置于前腿，并将前腿弯曲近90° ，而后腿弯曲至125° 左右，臀部略高于肩，伸直双臂，并将其放置在比双手略微靠前的位置。起跑时应双脚用力蹬地，后腿首先向前摆动。与此同时，相对一侧的手臂也应用力摆动。

在散步或慢跑时，运动员只需轻微前倾即可起步。在起跑时，运动员应双脚蹬地并用力向前，后脚离开地面时快速向前摆动，同时位于后部的手臂也用力向前摆动。

2.2 加 速

在加速阶段，身体逐渐伸直，步幅不断加大。在脚掌触地时，脚部应成背屈姿势。运动员应双目下视，躯干保持前倾。加速与最高速度（后蹬和摆动阶段）在以下方面不同：在加速阶段，步幅会加大，身体前侧部位受力（例如身体前侧的腿部动作）。

2.3 后蹬和摆动阶段

每一步的后蹬阶段从摆动腿的前脚掌着地积极用力蹬伸开始到离开地面结束。运动员的重心应该位于摆动腿最先接触地面稍微靠后的位置。摆动腿脚掌的蹬伸会因髋、膝、踝的伸展而减弱。蹬地动作一直持续到运动员的重心转移至摆动腿之前。当摆动腿的前脚掌离开地面时，后蹬阶段也就完成。

每一步的摆动阶段从摆动腿脚掌离地一直到脚掌再次接触地面。要保持脚部的背屈姿势，运动员应该弯曲膝盖，并且迅速向臀部提踵。由于摆动腿与髋关节的旋转轴心更加接近，因此，摆动腿可以借助机械优势摆动得更快。运动员应该在脚跟提到最大高度时向前推动，其目的是让背屈脚通过相对一侧的膝盖。在开始伸腿准备触地时，运动员应该继续将脚部保持背屈姿势，并借助髋关节和膝关节的大力伸展用力蹬地。

在经历后蹬和摆动阶段时，运动员应该注意以下几个方面。头部与躯干应保持正直，躯干和肩膀应保持稳定，避免扭动。身体弯曲角度应该保持在80°～85° 之间，头部、颈部、肩膀和上肢的肌肉应处于放松状态。前臂应首先摆动，并弯曲至70°（与后腿相对），同侧的手应在脸颊旁边。同时，后臂应弯曲至130° （与前腿相对），并略微超过同侧髋关节。保持合理姿势，跑动时运动员躯干正直、头部平稳、高重心。

2.4 减　速

体育运动的顺利减速或停止可以使运动员根据动作任务来完成在加速或最大速度阶段改变方向。减速和改变方向而不完全停止的关键在于脚部触地时脚踝、髋部、膝盖的弯曲。这样可以延缓身体消耗和转移力的时间，从而使得运动员降低速度、改变方向或完全停止。

■ 3　速度训练计划设计

有关更多实施速度训练计划以及在运动员年度训练计划中将速度训练与其他类型的运动项目结合的详细信息，请参见第十二章。

本节介绍如何设计短跑训练计划，该计划应该始终纳入运动员的年度训练计划之中。本节着重于专项训练计划设计及相关练习示例。

3.1 场地和鞋

在训练计划开始之前，应该先确定要使用的场地（室内球场、草地球场或跑道）以及要穿的鞋子类型。运动员应该在与比赛场地接近的训练场地展开训练。例如，篮球运动员应该在篮球场上训练短跑，冰球运动员应该在冰场上训练短跑。运动员同样也应该选择适用于速度训练和比赛的鞋。对于在室外场地活动的运动员，天然草地是首选。但与草地类似减震功能的新型合成场地也可以提供等效的功能。胶钉鞋只适用于草地和与草地类似的合成场地。场地表面应该平整，没有障碍（体育器材、不可移动的自然物件或场地管理设备）。除了场地和鞋类之外，运动员必须确保鞋子的舒适、合脚及贴合，避免因为不必要的动作而导致的受伤。

3.2 速度训练的练习

基础速度练习有助于在速度训练中发展正确的动作模式和运动技术，从而提高加速、最大速度和速度耐力。基础速度练习提供了一个将速度技术分解为更小环节并在速度降低时加以完善的平台，从而将其转化为最大加速、速度和速度耐力训练。在将速度练习融入训练计划之前，体能专家应该理解每种练习的目的，并且采取合理的正确的动作手段。此外，还应该在练习过程中监督运动员完成动作的形式和技术。在理想情况下，速度练习手段应该在运动员充分休息后或其他训练之前进行练习。表9.1给出了一个短跑训练计划的例子，该训练计划所采用的练习将在下面章节详细叙述。

表9.1 短跑训练计划案例

练习	次数	距离或时间
手臂摆动练习	2～4	10s
起跑（俯式起跑）	2	11步25yd
	2	3步5yd
	2	5步10yd
	2	7步15yd
下坡超速跑	4～6	30yd
上坡跑	4～6	20～30yd

后踢腿跑（Heel-Ups）

目 的

发展脚的移动速度。

活动方式

标注一条20yd的跑道，运动员用前脚掌沿跑道跑到终点，每一步都向后上方抬起脚跟，触到臀部，休息30～45s，运动员重复动作，并跑回跑道的起始位置，同时运动员应该做到如下几点：

· 腿部弯曲时膝向前抬高。
· 保持头部与躯干正直 。
· 保持躯干和肩膀稳定，同时避免晃动。
· 保持身体的角度在80°～85° 之间 。
· 头部、颈部、肩部和上肢的肌肉放松。
· 前臂弯曲至70° ，并将同侧的手放至脸颊旁边（与后腿相对），开始摆臂 。
· 后臂弯曲至130° ，并将同侧的手略微摆过臀部（与前腿相对），然后结束摆臂。

手臂动作（坐姿）（Arm Action ， Seated）

目 的

发展正确的摆臂动作。

活动方式

运动员应该做到如下几点：

· 伸直双腿坐在地上，双膝保持不动 。
· 一臂在胸前弯曲，另一臂在背后弯曲（a） 。
· 从肩膀的位置开始摆动手臂 。
· 以锤击动作向下向后摆动手臂，在指关节快要触地时停止（b）。

· 始终有一只手放在面部前侧 。

· 另一臂以敲锤动作向下，向后摆动。

如果臀部弹离地面，就说明此项练习方式正确无误，出现这种情况是手臂活动造成的结果。

手臂动作（站姿）（Arm Action，Standing Exchange）

目　的

发展正确的挥臂动作。

活动方式

运动员应该做到如下几点：

· 开始时将一只手臂在身体前方弯曲，并保持拇指向上 。

· 另外一只手臂肘关节在身体后方弯曲，并保持拇指向下 。

· 以空手道斩波动作交换双臂的位置。

· 以锤击动作用力向下、向后摆动手臂 。

· 暂停并交替活动双臂。

前倾倒接跑（Lean and Fall Run）

目　的

发展第一步动作速度和姿势。

活动方式

运动员应该做到如下几点：

· 双脚与髋同宽分开站直（宽度不超过肩宽） 。

· 将身体重心置于双脚之间 。

· 腰部以上前倾（a）。

· 上身保持静止。

· 重心向前倒 。

· 自然迈出一步，并落在臀部下方（b） 。

· 第一步步幅要小 。

· 继续前行约10～20yd（c） 。

在开始短跑之后，后蹬地面，逐渐加长步幅。

前倒接跑（Drop and Go）

目　的

发展第一步动作速度和姿势。

活动方式

本项练习需要同伴，运动员应该做到如下几点：

· 倾斜身体并做摔倒动作，让同伴推挡（a） 。

· 保持这个姿势片刻，然后让同伴退至一侧并松手 。

· 借助前倾动作加速起跑（b） 。

· 保持动作姿势 。

· 双脚迅速用力推地 。

双脚跳接跑（Jump and Go）

目　的

发展第一步动作速度和姿势。

活动方式

运动员应该做到如下几点：

- 双脚与肩同宽。
- 双臂后摆，然后双臂向上、向前摆 。
- 双脚离地跳起。
- 单足落地。
- 落地腿后蹬，向前跑。

跨步跳接跑（Bound Into Run）

目　的

发展第一步动作速度和姿势。

活动方式

运动员应该做到如下几点：

- 双脚跳起（a）。
- 一条腿用力蹬地向前，直到摆动腿触地（b）。
- 着地时，支撑腿的异侧臂和腿向上、向前摆（c）。
- 充分摆动后蹬腿、着地。
- 完成4步后接短跑 。

爬接跑（Scramble Out）

目　的

发展第一步动作速度和姿势。

活动方式

运动员应该做到如下几点：

· 面朝下俯卧，双手撑地（a）。

· 撑起，要求踝、膝、髋关节呈一条直线（b）。

· 手臂用力撑地。

两次双脚跳接跑（Two Jumps and Go）

目 的

发展第一步动作速度和姿势。

活动方式

运动员应该做到如下几点：

· 双脚与肩同宽 。
· 通过弯曲脚踝、膝盖和臀部迅速进行反向运动 。
· 在起跳时双臂后摆，然后双臂向上、向前摆 。
· 利用此项技术使双脚离地跳起并确保双脚同时落地 。
· 双脚再次离地跳起并单脚落地 。
· 落地腿蹬地，并跑完剩余距离。

俯卧撑起跑（Push-Up Starts）

目 的

发展第一步动作速度和姿势。

活动方式

运动员应该做到如下几点：

· 以俯卧姿势就位（a）。
· 听到口令后，变为4点起跑姿势准备（b）。
· 起跑。

3.3 抗阻速度训练

抗阻速度训练（Resisted speed training）是指运动员拖拉所能提供阻力的另一个队员或器械。抗阻速度练习可以促进运动员肌纤维数量的增加，从而增强神经激活效果。在通过增加步幅和力量输出消除阻力后，这种反应提升可以帮助运动员提高速度。所施加的阻力对运动员的标准速度的降低不应超过10%。实际上，阻力过大会影响跑步技术，从而抵消抗阻训练可能产生的好处。

抗阻速度练习的建议：

· 推荐距离：10～40yd。

· 组数及重复次数：3～4组，每组重复4～8次 。

· 恢复时间：90～120s 。

拉轻雪橇（Light Sled Pulls）

目　的

提高速度力量和爆发力，增大步幅。

活动方式

运动员应该做到如下几点：

· 将可调节的安全带或腰带系上一个轻量级的雪橇 。

· 利用适当的速度形式和技术手段（如本章速度技术部分所述） 。

· 完成10～40yd冲刺（a）。

运动员参加本项练习时，应由一名体能专家来观察其在完成该练习距离时的形式、技术手段及速度。如果专家认为该运动员的形式或技术手段存在错误，或者跑完该距离的时间超出了标准时间的10%，那么阻力可能过大，应当酌情减少。

系有绳索的轮胎、包袋或同伴（b）均可用作抗阻训练器械。近来，一些非机动跑步机也可提供可控阻力。阻力水平应该处在可以使运动员维持正常跑动形式的范围。

上坡跑（Hill Running）

目　的

通过提供有效的超量负荷来提高爆发力和跑动速度。

活动方式

运动员按照特定距离跑上一个不超过100yd的缓坡，并应做到如下几点：

· 通过膝关节和肘部的最大摆动来实现良好的跑动形式 。

· 从短距离开始，并逐渐加长距离 。

· 缓坡的坡度应介于6°～10° 之间（任何超过这个范围的坡度都会导致步幅减小，使训练效果打折）。

· 每次练习均应全力以赴。

3.4 辅助速度训练

辅助速度训练利用工具（弹力绳）或对照物可以帮助运动员比正常情况下跑得更快。通过辅助速度训练，运动员可以超出常规地提高步频和步幅。如果把辅助跑动包含在速度训练计划之中，应注意采取措施，确保运动员不超过其最高跑动速度的110%。如不采取措施，步幅可能会过度扩大，从而导致减速或步频降低。

3人弹力带加速跑练习（Three-Person Tubing Acceleration Drill）

目　的

提高被拖运动员在最初几步的步频、步幅及腿部快速恢复能力，提高两名受阻运动员的起跑力量和步幅。

活动方式

体能专家应该做到如下几点：

· 3名运动员采用相同或接近相同的速度（3名运动员的速度越接近，则练习效果越明显）。

· 用3条可调腰带和两根8ft弹性阻力绳将3名运动员系在一起。

· 将2名受阻运动员安排在被拖运动员前方4yd和左右4yd的位置，从而构成一个V形。

· 在3名运动员排队开始练习时，用弹力绳将每名受阻运动员与被拖运动员相连。

· 为确保运动员每次排在相同的位置，在场地两端以V形放置圆顶锥桶（靠前的锥桶应间隔25yd）。

· 每一端的锥桶应直线放置，从而确保运动员能够沿直线跑动。

· 在开始练习之前，要确保3位运动员的站位准确，并已做好准备。

· 通过口令或哨声发出两次连续命令，练习开始。

· 在发出第一次命令时，两名负责拖拽的运动员（受阻运动员）开始全速沿直线向其前方25yd处的锥桶跑动。（为了确保3名运动员都最大化获益，两名受阻运动员必须保持既定距离，并沿直线跑动。因为被拖运动员有片刻保持不动，两名受阻运动员在起跑时属于抗阻冲刺。）

· 在发出第二次命令时（紧随第一次命令之后），让被拖运动员（辅助）开始全速沿直线向前面的锥桶跑动。（由于被拖运动员受到受阻运动员的拉动，因此将会体验到超速效应。）

运动员应该做到如下几点：

· 通过两名拖拽运动员（辅助运动员的作用），保持弹力绳在整个练习过程中处于紧张状态并与地面保持平行。

· 到达练习的另外一端靠前的锥桶时减速。
· 每名运动员将处于3个位置逐一练习2～4次。总共重复6～12次。

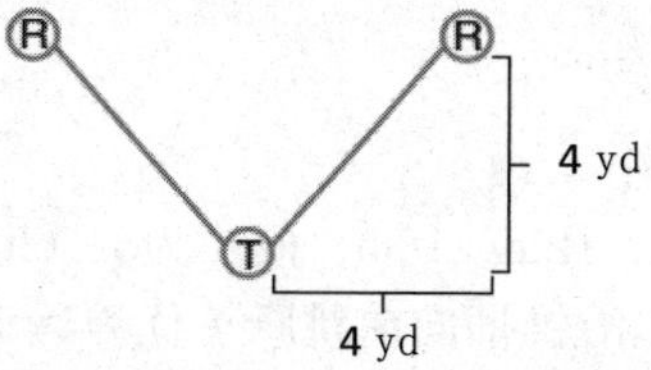

a.开始位置

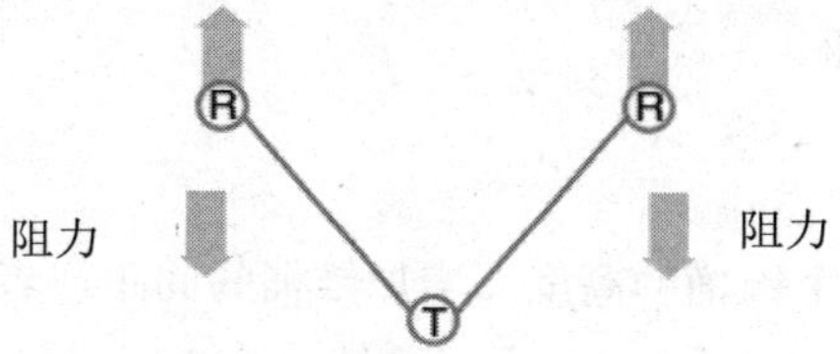

b.受阻运动员开始跑

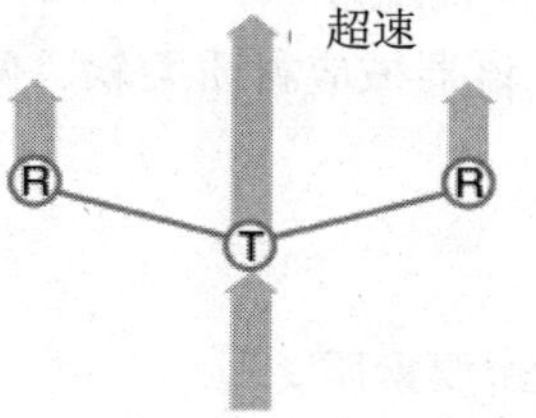

c.被拖的运动员开始跑并体验超速的效果

下坡跑（Downhill Running）

目　的

通过超速训练来提高加速能力。

活动方式

运动员应从与上坡跑训练时类似的山坡（6°～10°　的坡度）跑下。

锥桶跳接跑（Cone Jumps and Sprint）

目 的

发展爆发力和加速能力。

活动方式

运动员应该做到如下几点：

· 面向一组6个高度为6in、12in或18in，间距为3～6ft的连续锥桶站立。

· 在发出口令或吹哨时，沿锥桶向前跳跃（优秀运动员可以向前跳过两个锥桶、向后跳过一个锥桶，直至跳完6个锥桶。）

· 在跳过第6个锥桶时，朝着正前方的锥桶跑15～20yd。

· 绕过或用手触摸该锥桶 。

· 跑回第6个锥桶处 。

体能教练应该做到如下几点：

· 通过增加个别或全部6个锥桶的高度、增加锥桶的间距或者增加跑动距离来提高练习强度。

· 通过再次重复本项练习来加大训练量 。

· 使用沙袋或其他器械增重。该器械应材质柔软、便于传接，避免在踩踏时产生不必要的伤害。

小 结

· 速度是竞技能力训练中的的重要素质。

· 速度训练应重点关注跑动技术、加速到最大速度的能力和速度耐力。

· 应特别关注相对合理的动作模式和技术。

· 运动员在掌握基础的速度练习之后才能学习高级速度练习手段。

第十章

平衡与稳定性训练

Nejc Sarabon

从实现专项运动技能出色表现和减少运动损伤发生率的角度来看，应当采用相应的训练手段和预防措施。在此背景下，感知运动训练（sensorimotor training）就成为有效的训练方法，也被称为本体感觉训练（proprioceptive training）、功能性关节稳定性训练（functional joint-stability training）和平衡能力训练（balance training）。它可以促进功能性动作中的关节稳定性、静态与动态平衡以及动作意识或肌肉运动知觉（kinesthesia）。损伤预防措施有利于运动员承受赛前准备阶段的大负荷训练。此外，运动知觉能力的提高有利于培养自我意识，提高动作精确性，以最少的消耗获得最佳的运动效果。

感知运动训练（Sensorimotor training）起初是为了对运动系统、中枢神经系统疾病和损伤进行康复训练。从一开始，其主要目的就是根据自动（反射）纠正反应来恢复神经肌肉功能，提高功能性关节稳定性和平衡能力。

除了中枢神经系统和意志力所密切控制的反射外，其他因素也会影响关节的稳定性和平衡能力。这些因素主要包括影响关节运动范围的解剖学结构、外界负荷、软组织结构（韧带和关节囊）。在关节及其周围软组织结构受损时，上述因素应当被考虑。所有这些因素决定了与运动环境相对应的具体情况下的关节的坚固性和稳定性。在面临巨大的运动损伤风险（尤其是在体育运动中）的情况下，应当采取所有的措施来增强关节的稳定性。

平衡能力与关节稳定性训练（Balance and joint-stability training）已被公认为对康复和竞技体育运动中的运动感觉功能有着积极的作用。其积极作用主要在于损伤后重建运动系统功能，提高运动技术，减少损伤。这方面的训练工作由体能教练和医生负责实施。尽管如此，还是要提倡有创造性地安排训练手段，使训练有趣味性，获得良好的效果，即使运动员不熟悉这类训练手段或训练方式。

■1 训练计划的制订与分期

在制订平衡能力或功能性关节稳定性的训练计划时，应当根据运动员的目标来提供具体的指导。这些指导包括损伤预防、竞技能力提高和康复等。在为某运动项目选择一种训练方案时，应当考虑不同身体部位的暴露情况和损伤风险。

要了解有关在需求评估过程中考虑受伤风险的更多内容，请参阅第一章。

平衡能力和功能性关节稳定性的训练通常是严格的运动训练或康复方案当中必不可少的组成部分。但是，这些训练提高弹跳力、力量或耐力的作用是有限的。大多数针对平衡力与稳定性训练的有效研究都是对未接受训练的对象进行的实验论证。在这些研究当中，短期（3～6周）训练计划看不到任何优势。在对竞技运动员进行训练时，传统的抗阻训练或超等长训练方式应当作为训练力量和爆发力的主要考虑手段。在竞技运动中，平衡能力与关节稳定性训练在预防运动损伤方面更有意义，尤其是在赛季后半段。在赛季后半段，运动员承受的压力和损伤都会增大。这些训练方式也能够在赛季的前半段得到应用，它们对任何训练期间的损伤预防都具有积极的影响。

有关平衡能力与功能性关节稳定性训练的文献资料主要关注的是它们对感知运动系统所产生的急性效应和慢性效应。最初对平衡能力与关节稳定性训练的适应会很快出现。与其他训练模式相似，取得成效的速度会随着训练的进程而降低。因此，平衡能力与关节稳定性训练应贯穿整个赛季，使神经肌肉功能保持很高水平。以下推荐是提高运动员运动神经系统功能的措施：

· 平衡能力训练计划应当至少持续4周。

· 运动员应当在整个赛季都要持续进行训练，以保持取得的成效。

· 为了保持已取得的神经肌肉功能，每周至少应当进行3次练习。

· 每种练习至少一组，这样会产生快速的适应。这些练习需要额外的训练课来巩固成效。

· 建议运动员进行一组以上的练习，但现有资料中未提到练习组数的上限。

· 要获得长期适应效应，每组至少需要重复进行4次练习。

· 每个练习应当至少持续20s。

虽然这些围绕取得明显适应的基本方针、原则可能是从研究文献中摘录的，但它们在实践当中的应用还远远不够。尽管从现有文献中总结出了这些训练原则和建议，但是，具体训练手段和训练量是根据运动员的疲劳程度、身体准备程度、练习的复杂程度或强度、以往的经验以及受伤状况（康复中）等因素决定的。运动员、体能教练、理疗师共同确定合适的训练量，以确保积极的适应，避免出现压力过度及可能的消极影响，尤其在康复过程中。

■ 2 平衡能力练习的安全进度

进行平衡与关节稳定性训练的主要目的是避免潜在的危险动作发生，这些危险动作取决于运动员或病人的准备情况以及受损组织的愈合情况。对于关节稳定性差或受伤可能性比较大的关节，练习的幅度和范围应当逐渐增加。对大多数关节而言，最大活动范围的练习通常很容易导致受伤，因为肌肉力量和神经肌肉控制能力都减弱了。例如，在双臂向外伸展的同时肩部向外旋转，或踝关节过度外翻等动作当中，肩关节和踝关节都处于相对不稳定状态，很容易受伤。在康复训练的早期，应避免这些关节活动范围的练习。还有一个例子就是在膝关节疼痛的综合症状中，避免膝关节在30°～60° 角度范围内进行屈膝练习，防止膝关节髌骨接合面过度受力。此时，髌骨软组织承受压力最大。在极限位置应当慢慢地承受冲击力。身体健康但未接受训练的运动员也应当遵循同样的原则，以避免受伤。

运动的速度应当逐渐增大，以便很好地控制关节的稳定性。如果对一个动作还不熟悉，过早、过大用力会导致对动作失去控制。例如，当以近乎静止和直立的姿势坐在健身球上做躯干稳定性练习时，如果体能教练所施加的额外动作太快，则有可能发生危险。这会导致腹肌无效的反射性稳定和不安全的运动幅度。

在预防运动损伤的训练计划中，动作的速度应当逐渐地向专项运动速度推进，从而在该项目所特有的快速运动过程中保持关节的稳定性。例如，投掷项目运动员的肩关节稳定性练习应当逐渐地提高保持爆发性用力姿势的能力，使神经肌肉组织产生适应，从而在以直立姿势投掷的过程中和完成投掷时使关节相应地保持稳定。除了逐步提高动作的速度外，运动员还应当针对离心收缩肌力和爆发力进行训练，让关节的软组织和肌肉韧带部位能够承受更大的压力。

可以在训练中采用更大的力，但必须等到运动员掌握了实现平衡或功能性关节稳定性的要领之后才行。如果所施加的负荷不太大，采用适宜的运动方法就会更有效。这一点尤其适用于康复训练计划。

对于未受伤的运动员而言，平衡能力与功能性关节稳定性训练应始终具有挑战性。运动员及其神经肌肉组织的积极参与使训练成为可能。如果一项练习不需要矫正性动作，训练就没有效果，因为神经肌肉组织不需要对干扰动作做出反应和适应，也难以重新建立关节稳定性和身体平衡能力。建议训练动作应当由易到难，循序渐进。比如，从单轴平衡板开始练习，再逐渐转向多轴平衡板。使用训练器械的支撑面也应当从最初较大的开始，再向较小的发展，同时在日常练习中应穿插较长时间的运动间隔、外加刺激和高频率振动刺激负荷。当运动员掌握一个动作后，体能教练应当加大动作的难度或引入一个未练习过的新动作。神经肌肉组织的适应是通过增加动作练习的要求来实现的，这是一条基本的训练原则。

■ 3 关节系统的稳定性训练

在制订平衡能力与功能性关节稳定性训练时，遵照本节所提供的训练原则，就可以选择合适的练习项目和训练量。由于各个关节系统在训练当中通常都会承受压力，因此应当考虑一些具体的细节。后文对这些细节进行了更详细的说明。

3.1 躯干与核心部位

人体躯干由脊椎、骨盆、髋部、腹部和胸腔组成。躯干是人体最重要的系统之一，能够维持人们的日常生活，完成体育运动中的规定动作。

因此，它是上下肢运动的基础，能把腿部能量传送到手臂。例如，掷标枪的最后阶段，要求腿部和躯干同步运动，以便将下肢蹬伸产生的力传递到肩部和手臂，并最终到达标枪。另一方面，强壮和稳定的躯干还能使人体提起重物，做旋转动作，防止可能损害脊椎的动作和压力。躯干是功能性运动力学链的中心，能帮助实现身体和各个身体部位的运动。腰腹周围的肌肉形成了一个类似紧身衣的结构，使上半身尤其是脊椎保持稳定。

在具有影响力的文献资料中，躯干的稳定性还被称为“核心稳定性”，这凸显出了它在人体运动中的核心作用。在康复训练中，应当采用躯干稳定性练习。脊柱的稳定涉及腹部肌肉，尤其是腹横肌、部分腹内斜肌、横隔膜以及盆底肌。这些肌肉的收缩会导致腹内压力增大，对胸腔和骨盆起到支撑作用。同时，还能减少压力和扭力，尤其是腰部脊椎所承受的压力和旋转力。

对患者（包括运动员）的研究表明，协调对脊柱起稳定作用的各个肌肉有利于提高腰部损伤治疗效果。力量与平衡能力相结合的训练旨在恢复适当的躯干力量和稳定性。对背部损伤的患者而言，躯干肌群的主要问题有以下几点：

· 躯干的位置感和重新定位感下降。

· 稳定肌肉的反应变慢。

· 躯干肌群在快速支撑运动中的预先激活减弱或消失，导致腰背疼痛。

· 在快速和爆发性运动中躯干肌群难以参与。

· 身体摇摆加剧。

3.2　训练方法指导

在进行躯干的功能性关节稳定性与平衡能力训练时，应采用需要躯干肌肉反射性稳定的肢体运动。这些运动可以是预先设计的，也可以是自发的。在进行预定动作时，反射性预备反应会得到训练。这一点在日常运动以及具体运动项目的特定动作技能当中尤为重要。另一方面，难以预料的动作对躯干的非预备性反射性稳定提出了要求，这有助于防止运动员在外力的意外作用过程中受伤。

可以通过两种方法来施加干扰动作。一种是站立在不稳定的平台上，使动作能够传递到骨盆和躯干，并需要做出补偿性动作以便有效地维持身体的平衡。练习中下肢可以采用站姿或跪姿。另一种是通过伸展的上肢将干扰动作传递给躯干。手臂基本上应当完全伸展，以避免屈肘动作抵消动作的幅度。

在安排下一阶段的训练时，可以将这两种方法相结合，使下肢和上肢分别做出非预见性动作。应当根据运动员的需要，选择采用手部或是腿部运动。运动员在做克服重力的运动时要保持躯干稳定。如同其他运动项目一样，干扰动作可以通过上肢来传递，给躯干稳定性造成压力。在乒乓球、英式橄榄球和摔跤运动中要采用这种练习方式。

通过伸展手臂或腿来施加干扰动作练习的主要原理就是通过骨盆和脊柱运动的补偿产生力。所施加动作的频率和幅度的增加量取决于运动员的准备情况。如果干扰动作超出了运动员的能力，身体其他部位就会进行补偿，缓解躯干和脊椎肌肉系统，这样就达不到训练的目的。

如前所述，髋部的能量转移过程需要躯干的稳定功能和发力能力。要实现转移，可以使用平衡板和健身球进行训练。由于臀部肌群非常重要而且会因缺乏训练或损伤而受到影响，因此可以通过改变站立宽度和落脚点的对称性来施加额外的压力。两脚站立距离变窄，可以略微增加臀肌的活动。要激活一侧臀部肌群，在平衡板上可采用非对称性站立，增大靠近轴线那条腿一侧臀部肌群的压力，也可以采用单腿站立的姿势来激活臀部肌群。这对于患有髂胫束综合征、髌韧带疼痛或臀部侧面有牵扯感的短跑选手而言可能很重要，因为潜在的生物力学问题可能是由于臀部肌群协调不好造成的。

受伤运动员进行训练时，要在躯干稳定性训练过程中穿插一些力量练习。可以采用某些运动项目所特有的动作来提高躯干稳定性。一些研究表明，运动员训练中所采用的练习手段能提高躯干稳定性。例如，高水平的高尔夫球选手在挥杆的动作过程中能提高躯干稳定性。

3.3　练　习

在躯干稳定性练习中，必须特别注意躯干肌群的参与。它会提高上半身的稳定性和肌肉的应激能力。实际上，躯干稳定性练习的三个基本理念是：①从腿到躯干；②从手到躯干；③腿和手的组合。

腿到躯干练习：跪在瑞士球上

（Legs-to-Torso Apprroach：Kneeling on an Exercise Ball）

运动员背部保持挺直，髋向前，眼直视前方。变换姿势，双手叉腰（手放在髋部，肘部向外）或向外伸展，根据运动员的能力保持平衡。在进行平衡板和直膝站立练习时遵循同样的原则。

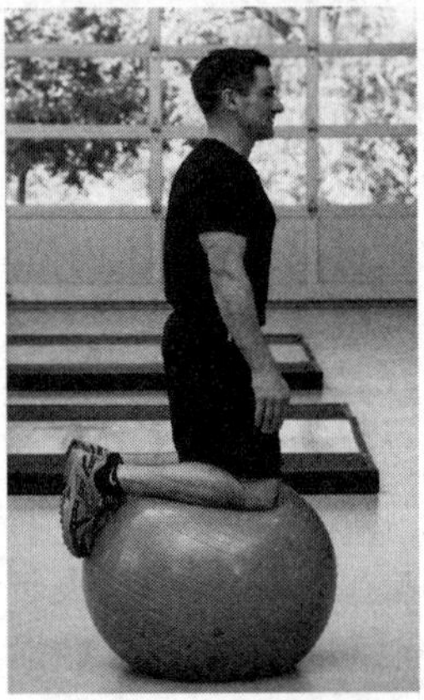

手到躯干练习：瑞士球侧推

（Hands-to-Torso Approach：Pushing Sideways With an Exercise Ball）

运动员双脚分开站立，与髋同宽，自然站立，膝关节放松，保持稳定的姿势，转动躯干将球顶住墙壁（a）。当球接触墙壁后，双肘保持静止，使作用力传递到躯干。运动员尽力等速旋转肘部（b）。

手和腿的组合式练习（Combined Approach）

运动员双腿站立在一只平衡盘上，双膝微屈，双手握住重物，手臂伸直。腿和手臂伸直，将外力传递到躯干。

3.4 膝关节

膝关节是比较简单的屈戌关节。膝关节的主要运动是绕双腿的冠状轴做旋转，从而产生屈伸动作。在这些运动过程中，股骨内外髁绕冠状轴对半月板和胫骨髁做运动。如果这种前后移的动作超出了其功能范围（如起跳后落地），该动作就会对膝关节的被动稳定结构产生压力。在某些情况下，这会造成韧带松弛，甚至韧带部分或全部断裂。这在韧带受伤后的康复过程中尤其值得注意，因为这类冲击性作用力能够损伤正在恢复当中的韧带，尤其是交叉韧带。因此，在康复过程中，多选择一些封闭式运动力学链的练习手段。

如果采用开放式运动力学链的练习手段，练习过程中应当小心谨慎，避免胫骨关节面产生过度的前后冲击性动作。在封闭式运动力学链练习中，外力是沿着与胫骨关节面垂直的角度施加的。在开放式运动力学链练习中，外力通常是平行于关节面施加的，因而会在前后方向上产生额外的压力。

但是，在受伤和未受伤运动员的膝关节功能性关节稳定性训练中，应当同时采用开放式和封闭式结合的运动力学链练习手段，因为下肢运动既会在开放式运动力学链条件下进行，也会在封闭式运动力学链条件下进行，比如环场自行车比赛的支撑与摆动阶段就是一个例子。

膝关节的功能稳定性训练计划应当从只对屈肌和伸肌动作产生稳定作用的简单

练习开始。膝关节前后平移的力量应当以最小幅度慢慢施加，以便对膝关节产生尽可能大的压力。这种前后平移力不应当对身体主要部位的反应和保持平衡的环节产生压力。在进行这些练习的过程中，应当避免过度的膝部外翻动作。在掌握这些动作之后，可以练习旋转动作。在练习这些动作的过程中，各种膝关节动作都会发生。这些动作在神经肌肉功能受损后的康复训练中尤其有帮助。

3.4.1 训练方法指导

为了进一步强调关节稳定性，可以采用几种训练手段。可以由双腿站立过渡到单腿站立，增加一侧膝关节的负荷。值得注意的是，可以根据运动项目的具体需要进行训练。有时，从功能性上而言，让运动员采用双腿站立的高强度练习比采用单腿站立的练习更合适。例如，在滑雪项目中，功能性关节稳定性和持续的平衡能力主要是通过双腿站立而建立的。在转体过程中，身体被施加了额外的负荷，产生了转体的作用力。非对称性下蹲有助于模拟转体过程中不对称的腿部姿势。在篮球比赛中，单腿落地的动作方式经常会导致膝关节受伤，这表明有必要进行提高膝关节稳定性的单腿练习。

练习的难度可以循序渐进，逐步加大，且同时从力量强化和平衡能力方面来提高难度，以实现膝关节的超强稳定性。这样可以起到以更高的运动速度或更高的干扰作用力从功能上改善动作的作用，比如在滑雪比赛中的较小曲线半径的运动过程中或是橄榄球被对手直接撞倒时出现的情形。

在训练中可采用各种平衡盘和泡沫垫。从生物力学角度来看，泡沫垫不是一个自然形成的表面，因为移位的速度会随着动作幅度的加大而下降。相比之下，在平衡盘上移位时速度则会提高。从功能上来讲，平衡盘可能更适合在体育运动中使用，而泡沫垫则更适用于早期的康复过程。

在膝关节的功能性关节稳定性训练和全面的平衡能力训练时，可以使用各种各样的平衡板。为了确保取得效果，应当使用只允许沿侧向轴线运动的平衡板。平衡盘的高度很重要，因为高度增加时，平移动作的幅度也会增加。由于平移动作要求身体产生很大的反应，因而对膝关节的稳定性所产生的实际影响是值得怀疑的。在康复过程的早期也可以使用平衡盘，通过使用直径较小的平衡盘来提高练习的强度。平衡盘的支撑面越小，破坏稳定性的动作幅度就会越大。如果只能使用一只平衡板的话，那么较柔软的板面可能会影响平衡板的机械特性，从而有利于取得训练效果。

如果练习动作与专项动作很相似，就会提高专项训练的适应性。从这一角度出发，练习应当模拟运动项目中常见的动作。在对双腿和膝关节进行训练时，可以采用不同的姿势来模拟比赛当中出现的动作。

3.4.2 练习

发展下肢综合稳定性有以下三类基本的练习形成，其压力主要集中在膝关节上：①脚部姿势固定的封闭式运动力学链练习；②通过从无支撑的脚步移动和跳跃练习过渡到封闭式运动力学链的稳定性训练；③与开放式运动力学链练习中的节律性稳定训练相结合。

T 形板上的平衡练习（Balancing on a T-Board）

通过非对称的脚部站位来对臀部肌肉组织施加额外的压力。站姿可以在正向站立（a）和侧向站立（b）之间加以变化。斜向站立（c）相比侧向站立而言，可以提升练习的强度，从而加大身体的摆动幅度。

a b c

在平衡板上单腿站立（Single-Leg Stance on a Balance Board）

练习时，可以改变平衡板的几何形状，沿不同的运动轴线和方向来施加压力。在不同的平衡板上可以进行各种站立练习，具体方法要取决于练习前所制定的目标。

在博速球上的下蹲练习（Squatting on a Bosu ball）

该练习把发展力量和平衡能力有机结合起来。下蹲的深度可以变化。采用类似的方法可以进行其他的力量与协调性练习（运球、传球等 ）。

平衡垫弓步练习（Balance Pad Lunge）

进行此项练习时，可采用增加负荷和不增加负荷两种方式。运动员应当保持背部直立，并在整个练习过程中目视前方（a）。当脚踏在平衡垫上时，运动员应当保持这一姿势以调整平衡，然后缓慢回到开始时的姿势。应当分别朝各个方向做弓步练习（b）。

在跳跃练习过程中，可以使用平衡垫或平衡板作为落地平台。后者对双腿落地动作尤其有帮助。在单腿或双腿跳跃练习的腾空过程中可以增加转体动作，以加大练习的强度。在落地时，运动员应当尽量保持稳定的站姿，这是跳跃练习的一个很重要的部分。跳跃是功能性关节稳定性和平衡能力训练的最终阶段，因而在此练习中必须给予重视，尤其是在康复训练中，应该更加重视这方面的训练。

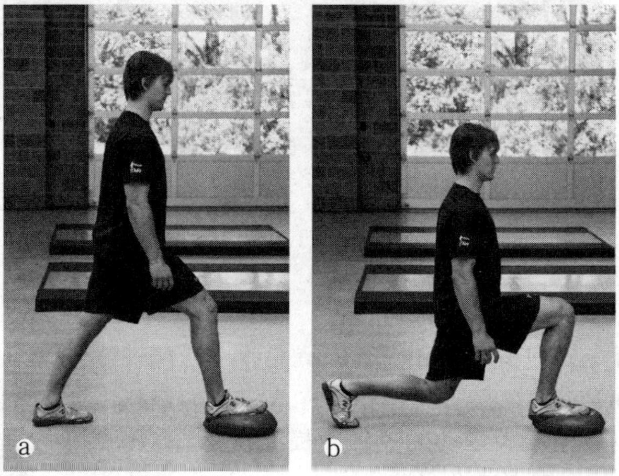

向前跳跃单腿落在平衡垫上
（Single-Leg Landing on a Balance Pad After a Forward Jump）

运动员开始时面向平衡垫（a），然后向前跳跃，单腿落在平衡垫上（b）。运动员可以向各个不同的方向跳跃，增加特定方向的关节或身体动作环节的负荷，也可以采用向后跳跃或斜向跳跃。在腾空过程中进行不同程度的转体，这是一种根据运动专项动作技术增加训练强度的有效办法。

在多个平衡垫上行走或跑步（Walk or Run Over a Polygon of Balance Pads）

练习时，可以逐渐增大运动的速度，提高跑动过程中脚部落地短时支撑中的稳定性。

节奏性稳定练习（Rhythmic Stabilization）

节奏性稳定练习是在行走或跑动过程中，一只脚后摆时用手（a）、绳索（b）或弹力带来增强稳定性的练习。在后摆的过程中，可以在腿部的不同位置以相同的方式来施加干扰动作。此外，运动员应当采用缓慢的动作并模拟行走或跑步过程中脚部后摆的动作，并由此逐渐发展为动态的腿部动作练习。

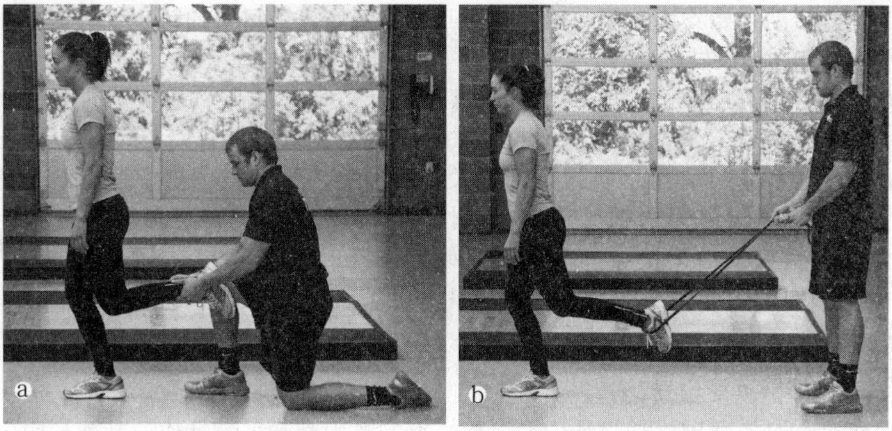

3.5 踝关节与脚

人体的脚部和踝关节是一套相互影响的复杂骨骼，它们连接成为一个多关节系统，并作为一个功能性单元而协同工作。脚和踝关节是垂直运动过程中首先与地面接触的部位，它们要承受几乎整个身体的重量，外加落地时产生的惯性。脚和踝关节功能的正常发挥可以减轻落地过程中的强大冲击力，并减少身体的其他韧带组织和关节所承受的负荷。踝关节和脚的旋转轴能够实现各种动作，因而可以让脚适应地面的形状。不同的关节系统有其特有的旋转轴，这些旋转轴在功能性关节稳定训练中起着重要的作用。由于具体的损伤往往关系到围绕特定的旋转轴来实现动作的各种组织或肌肉，因此平衡性练习通常采用单轴板。踝关节的基本动作有跖屈（图10.1 a）、背屈（图10.1 b）、内翻（图10.1 c）和外翻（图10.1 d）。

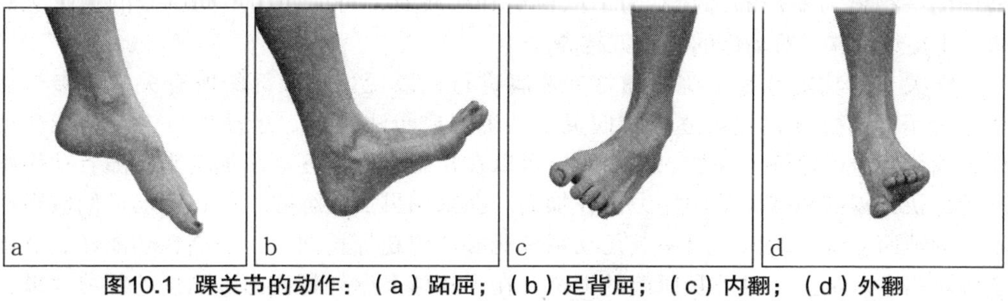

图10.1 踝关节的动作：（a）跖屈；（b）足背屈；（c）内翻；（d）外翻

如果脚和踝关节功能正常的话，脚部的形状会表现为特定的足弓类型，即内侧纵弓、外侧纵弓和横弓。它们是由特定的骨骼和关节结构以及肌肉系统和结缔组织来支撑的，会受到训练、疲劳、损伤或疾病的影响。它们的作用是充当触地时的缓冲器，尤其是在跑步的初始支撑阶段，以及像乒乓球、篮球等项目中的跨步或其他迫使脚和踝关节内翻和向内旋转的动作。

踝关节在体育运动中受伤的概率比其他任何关节都要高。最常见的踝关节损伤是踝关节外侧扭伤，有时会造成慢性踝关节不稳。因此，在体育运动中要进行专门的功能性关节稳定性训练。重视导致踝关节不稳的诸多因素也是一种有助于避免受伤的方法。有争议认为，踝关节的坚硬性和柔韧性的极端情况可能会容易导致受伤，尤其是当韧带结构被拉伸而使其坚硬性下降时。另一方面，现已证明外翻肌肉和内翻肌肉的力量能够提高踝关节的稳定性，而内翻肌肉的离心收缩力量是最重要的因素。

3.5.1 训练方法指导

单轴平衡盘通常用来加强特定的动作，尤其是内翻和外翻动作。动作的幅度不应当出现疼痛或超出柔韧性范围。运动的范围可以缓慢增加，但必须是在疼痛、肿胀和动作能力得到正常化之后（在伤后康复期间）。建议向多轴平衡板发展，逐渐增加踝关节动作难度。

在功能性关节稳定训练开始时，应当使用低平衡板，减少脚部和踝关节的平移动作和受压补偿动作。产生适应后，可以逐渐采用更高的平衡板。但是，体能教练应当记住，更高的平衡板对平衡脚部和踝关节肌肉组织的力量也提出了更高的要求。大部分练习应当采用封闭式运动力学链练习，尤其是在进行移动型训练时，因为关节的坚硬性增大了。

在康复期间，可以使用平衡垫。由于其机械特性的原因，动作应当相对比较平稳，因为移位的速度不会随着动作幅度的加大而提高。这使得平衡垫成为康复训练计划中的一种更为安全的选择。为了取得更好的成效，可以使用不同密度的泡沫平衡垫。平衡垫越软，对动作的要求就越高。

踝关节的功能性稳定练习通常要赤脚进行，以便让脚踝部的所有关节都参与动作。为了提高强度，建议逐渐转向灵活性练习或步法练习。运动项目中的功能性动作，像侧跨步运球练习和切入练习等，可以在控制条件下逐渐添加进来。随着动作速度的加快，脚部和踝关节的压力也在加大。在采用灵活性练习之前，运动员们应当在不平的地面上练习跳跃，以使其运动系统能够适应超等长训练。应当在功能性关节稳定练习当中特别注意对外翻肌肉的训练。在半软球上做外翻或内翻动作的练习效果会更好。

在运动员们掌握具体的练习之后，可以采用其他的负荷。在增大练习负荷强度，保持关节稳定性的前提下，应当逐渐地让关节受力。练习可以直接针对运动项目所特有的动作，模拟特殊的动作方法，如侧跨步运球练习、在不平地面上落地等。

3.5.2 练　习

下面是两种基本的踝关节稳定性练习。这些练习可以根据上述训练方法和原则进行修改或加大难度。

在平衡垫上单腿站立（Single-Leg Stance on a Balance Pad）

注意，可以通过改变平衡垫的硬度来增加难度。

在橡胶半球上单腿站立（Single-Leg Stance on a Rubber Hemisphere）

在保持平衡的过程中，可以采用外翻和内翻训练加强踝关节的内翻肌和外翻肌力量。

3.6 肩　部

上肢带关节是一个复杂的多关节系统，其基本结构可实现高度的灵活性，从而对关节的稳定性形成挑战。该系统中最接近躯干中央的关节是胸锁关节，它是上肢带关节运动的支点，并以此形成其他手部运动的基础。肩胛骨位于胸廓外侧上部，可实现在冠状面内向上、下平行移动，还可在冠状面内绕垂直轴肩胛骨下角向外上方转动和内下方转动做上下回旋动作。此外，肩胛骨还可以绕其纵轴转动。运动上肢带的肌肉依肩胛骨的运动形式，分为使肩胛骨前伸、后缩、上提、下降等多个肌群。使肩胛骨上提的工作肌有斜方肌上部肌束、菱形肌和肩胛提肌；使肩胛骨下降的工作肌有斜方肌、下部肌束、前锯肌下部肌束、胸小肌和锁骨下肌；使肩胛骨前伸的工作肌有前锯肌和胸小肌；使肩胛骨后缩的工作肌有斜方肌中部肌束和大、小菱形肌。

肩关节是一个球窝关节，可以实现任何方向的动作。形状酷似三分之一球体的肱骨位于关节窝内，可实现旋转动作。

但是，由于关节盂浅凹面积小，关节头与关节窝的面积差大，容易导致关节稳固性较差。使肩关节外展的工作肌是三角肌、冈上肌；使肩关节旋外的工作肌是三角肌后部肌束、冈下肌和小圆肌；使肩关节旋内的工作肌是三角肌前部肌束、胸大肌、背阔肌、大圆肌，肩胛下肌；使肩关节内收的工作肌是胸大肌、背阔肌、冈下肌、小圆肌、大圆肌和肩胛下肌。三块重要的肌肉（冈下肌、冈上肌和小圆肌）止于大结节肱骨的上部，通常被称为“旋转肌”。该肌群可能会对肩峰、喙肩韧带或喙突等结构产生影响，尤其是在颈部以上的动作当中。

在肩关节的伤后康复期间和损伤预防中最基本的关注点应当是肩胛动作的正常化，在与盂肱动作相结合时也被称为“肩肱节律”。如果肩胛动作不合理，肩关节内就会出现过度运动，因为补偿性动作可能会导致碰撞或其他损伤。

肩关节稳定性的神经肌肉控制机制会影响功能性关节稳定性的质量和效能。如前所述，胸锁关节和肩关节肌肉的稳定结构必须协调运作。

3.6.1 训练方法指导

肩关节稳定性练习可以采用开放链或闭合链中的练习手段。通常两者都需要，应根据运动项目特点采用具体的手段。下面为运动员、体能教练和医生制订和实施功能性关节稳定性训练计划提出几点指导性意见。

在康复早期，先进行中等范围的肩部运动练习，再逐渐向有问题或不稳定关节的最大运动范围发展。为了影响和改善某些姿势，也应当遵循以上原则。中等范围的肌肉感受为首要考虑因素。为了实现肩胛及胸廓的良好稳定性，应当采用有益于肩胛部肌肉协同收缩的练习，如冲拳、俯卧撑和大重量推举。

如前所述，肩关节结构复杂，它的稳健可以通过各个要素来实现，这些要素可以通过不同的外部因素（外界力的方向、施力大小和重复次数等）被调动。

这些外界因素应当接近运动员在专项运动中所承受的刺激。例如，在投掷由离心收缩到向心收缩的变化过程中，可在出手的最后用力阶段采用振动干扰的方式来使其得到刺激，进一步主动增加肩部稳定性。

在大负荷冲击性运动中，要尽量减少上臂的内旋。如有可能，应当进行主动式内旋，可以采用在上臂与躯干之间夹一条毛巾的方式来练习。在肩部稳定性受损的情况下，应当采用在肩胛平面内进行的练习，因为主动式稳定结构在确保关节坚硬性方面是最有效的。在节律性稳定化练习中，应当多采用准备性和反应性肌肉活动练习手段，以便更好地改善关节功能性的稳定性，这一点非常重要。

在肌肉伸缩练习中应采取循序渐进的方式，因为伸缩练习有助于神经肌肉系统在投掷或击打过程中更好地应对压力。因此，伸缩复合练习可以训练肌肉的离心收缩，从而提高离心收缩的控制能力。伸缩复合练习还能提高出手最后用力阶段的关节位置感，出手动作通常是在最大幅度的关节侧向旋转的情况下进行的，它能增加肌肉弹性，改善对弹性能量的使用，抵消各种干扰。在康复阶段后期的预防受伤训练计划中，练习应当模拟运动项目所特有的动作，包括这些动作的姿态（在头上方最大限度侧向旋转、增大球拍在击球瞬间的冲击力）和功能。超等长收缩或额外负荷等这些增大力量的训练手段，应在运动员已经完成了完整的、无疼痛动作范围、力量和动态稳定性训练之后才能进行。

3.6.2 练　习

主要有两类不同的上肢稳定性练习：闭合链练习和开放链练习。在闭合链练习中，肩关节肌群的协同激活度很高，因而在动态练习中能实现良好的稳定性。

手部到手部之间的重量传递（Weight Transfer From Hand to Hand）

练习时，运动员可以支撑墙壁、长椅（a）或地面。运动员分别用一只手向内支撑身体（b），使重心从一只手臂转移到另一只手臂，如此反复。练习也可以采用站立姿势来进行。当运动员采用水平俯卧体位时，压力会增大。为了增加额外的压力，可以使用小练习球或者由一名同伴来施加破坏稳定的动作。

使用弹性管可以实现在二维空间内的动作。此类练习要求上半身和下肢具有良好的稳定性，能有效提高躯干的稳定性。在该练习中，应当遵循在躯干稳定性训练中所采用的原则，从而提高腹部肌肉的预激活作用。双肩还应当下沉和后收（肩胛骨下压和内收）。

肩部外展和内收的弹性管振动练习
（Elastic-Bar Oscillation in Abduction and Adduction）

振动过程中肘部应当稍微弯曲（a-b）。

肩部侧旋转的弹性管振动练习
（Elastic-Bar Oscillation in Mediolateral Shoulder Rotation）

在矢状平面内的屈曲或者是肩胛平面内的外展过程中做肩部旋转动作。逐渐增大每种练习的难度。在内收过程中，上臂与躯干之间可以夹一小块卷成筒状的毛巾，减少肩峰下的空间。

与同伴做节律性肩部稳定性练习
(Rhythmic Shoulder Stabilization With a Partner)

在进行此项练习时可以改变干扰的频度和幅度。

小　结

· 感觉运动训练的积极影响在康复训练和体育运动中已得到广泛认可。大量的文献资料和实践经验都强调了感觉运动训练对运动系统在体育比赛中受伤之后受损的神经肌肉功能的积极影响。

· 实践与研究还表明，在按照未受伤运动员的各种质量等级的标准训练方案系统化地进行感觉运动训练之后，由体育运动导致的受伤越来越少。因此，感觉运动训练是升级其他训练方式和促进运动员们在其运动生涯中创造体育佳绩的有效工具。

· 在设计运动训练或康复训练方案时，应当考虑诸多因素。为此，训练周期的划分为规划和决定应当采用什么样的训练或康复方式奠定了基础。

· 体能教练和医生应当了解其体育学科的特性、各个身体部位的参与及其面临的压力。根据这些基础指导思想，可以采取预防措施来防止疲劳，抵消由长期的高强度训练所带来的负面影响。

· 在评价平衡能力与稳定性训练时，要考虑的重要关节复合体有躯干（或核心部位）、膝关节、脚踝和肩部。

· 因为大多数运动员都需要核心部位的稳定性，因此核心部位的训练应当作为所有运动员的平衡能力训练的一部分，即使其核心部位不属于受伤部位或其他关节不稳定部位。

第十一章

训练整合与分期

G. Gregory Haff，Erin E. Haff

与训练计划制订和整合有关的一个基本概念就是“分期”（periodization）。虽然分期被广泛认为是训练过程的一项基本内容，但它还是经常被误解或误用。造成这种概念混淆的原因是对该领域的传统文献资料和划分个人训练计划内容的总体趋势的理解错误，未考虑其排序和整合方式。这些问题在有关抗阻训练的现代文献资料中有详细的论述，其中“分期”的概念被错误地定义为组数、重复次数或阻力负荷的安排。很少有人注意抗阻训练计划是如何受其他训练因素影响或与其他训练因素相互整合的，这些因素包括有氧耐力训练、速度与灵敏训练、超等长力量训练、技术和战术训练等。实际上，训练分期是一个理论和时间的构想，所有训练因素的负荷安排与恢复周期密切相关，它影响训练的适应性及竞技表现。

传统的文献资料清晰地论证了影响训练分期的多种因素，并认为要根据对多种训练因素的合理排序和整合来安排训练。例如，Nádori（内多里）和 Granek（格拉内克）认为，分期是训练和规划的理论和方法的基础。在此，预先确定的训练目标是为了在适当的时候产生特定的生理适应和能力适应，通过对各种训练因素进行合理的排序、整合和改变来实现的。

这一理念的核心就是，训练的各个阶段都是相互依存的。一个训练阶段的后期效果会对随后的训练阶段产生非常大的影响，并对指导培训过程实现预期结果的能力产生重大影响。因此，分期训练可以看作对训练因素（训练量、训练强度、训练密度、训练频率、训练重点和练习的选择）进行的合理的、综合性的安排和处理，以便在预定的时间点上获得最佳的训练成果。

最终，一份分期训练计划将包括以下目标：①在预定的时间点上达到最佳竞技表现或在特定的赛季保持良好的竞技状态；②构建科学合理的训练干预以发展专项生理学和竞技成绩指标；③合理安排训练负荷，避免过度训练；④促进运动员的长期发展。分期训练构建科学合理的训练干预以发展专项生理学和竞技成绩指标。计划实现这些特定目标的能力主要取决于有序的训练变化的多维应用。尽管训练因素的变化是一份设计合理的训练计划的核心内容，但应当避免随机或过多的变化，因为那样会妨碍竞技状态的提高。训练的变化必须以一种逻辑性、系统性的方式来进行，以便在适当的时候减少疲劳，在提高竞技状态的同时调整对训练的反应。

■ 1　训练分期的一般原则

传统的文献资料表明，分期是一种采用有序或分阶段改变小周期、中周期和年度训练计划的训练量、训练重点和训练任务的一种方法。这种方法取决于为指定的训练期所制定的目标。设计正确的分期训练计划能够提供一个井然有序的训练框架，以一种符合逻辑和分阶段的方式在各种层面上对训练任务、训练内容和训练量加以改变，确保在预先确定的时间点上产生特定的生理反应，提高竞技状态。

为了产生特定的生理反应，提高竞技状态，一份条理分明、井然有序的训练计划可以实现对恢复过程和适应过程的管理。

由于最佳竞技状态只能保持很短的时间（8～14 天），因此分期训练计划的实际有序结构是一项最基本的考虑因素。通常，训练计划所包含的各种因素的平均强度与保持竞技状态的平均时间和竞技状态最佳值的总体大小成反比关系。

例如，如果所有训练因素的平均强度很高，那么竞技状态就会迅速提高，但只会保持很短的时期。但是，如果对训练强度进行更加合理的有序调整，那么最佳竞技状态就会延长，竞技状态也可能有大幅度提高。有三种理论可以解释运动员分期训练与恢复和适应之间的关系：全身适应综合征、刺激–疲劳–恢复–适应理论和适应–疲劳理论。

1.1　全身适应综合征

全身适应综合征（General Adaptive Syndrome，GAS）理论是训练分期的基础性理论之一。这一理论最早由Hans Selye（汉斯・塞利）于 1956 年提出。全身适应综合征描述了人体对压力的特定反应，包括身体反应和心理反应，这些生理反应看上去在所有情况下都很相似，但是与产生压力的刺激源无关。尽管全身适应综合征没有解释对压力产生的所有反应，但它提供了一种潜在的模式来说明了对训练刺激的适应性反应（图11.1）。

在接受一种训练压力时，最初的反应，或叫“警觉期”（Alarm Phase），会因为疲劳积累、伤痛、肌肉僵硬和能量储存的下降而使运动能力退步。

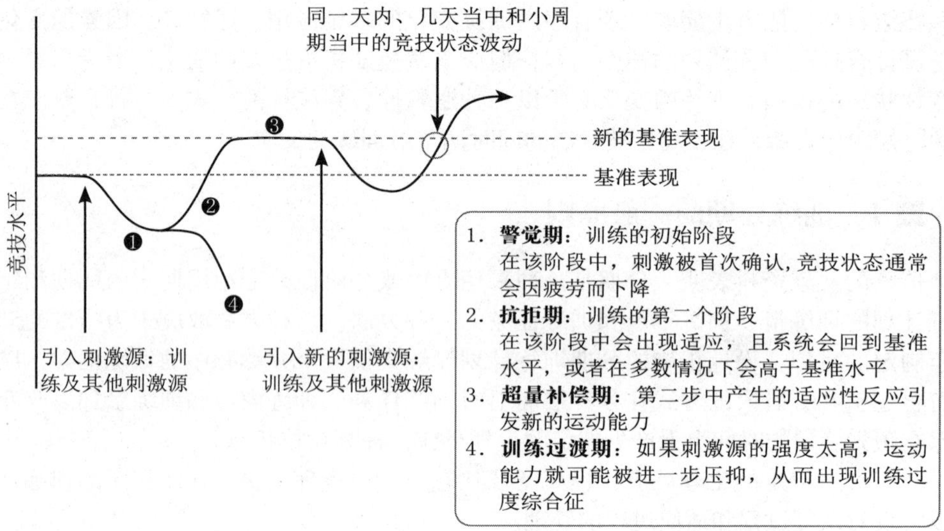

图11.1　全身适应综合征及其在训练分期中的应用

引自Fry et al.（36），Stone et al.（73），and Stone，Stone，and Sands（80）.

如果训练刺激源强度适中且规划得当，那么在“抗拒期”内就会出现适应性反应。竞技状态就会恢复到基准水平或提升到更高的水平上（超量补偿）。相反，如果训练负荷的强度过大，运动员就会因为无法适应这一训练负荷而使竞技状态下降，从而出现训练过度反应的情况。从训练反应的角度来看，必须认识到，所有的压力源都是额外刺激的，而且训练计划以外的各种因素（如人际关系、营养和职业的压力等）也会影响到运动员的适应能力。

1.2　刺激–疲劳–恢复–适应理论

无论什么时候施加训练刺激，都会产生一种综合反应，这种反应被称为“刺激–疲劳–恢复–适应理论”（stimulus–fatigue–recovery–adaptation theory）（图11.2）。对某一训练负荷最初的反应是疲劳的累积，它会同时导致身体应激状态与竞技状态的下降。疲劳的累积量、应激状态和竞技状态的相应下降量与所承受训练量的大小和时间长短成正比。随着疲劳的消退和恢复过程的开始，应激状态和竞技状态都会提升。如果在恢复与适应完成之后没有接受新的训练刺激，那么应激状态和运动表现能力最终会下降，这种情况通常被认为是一种退化状态。

在检查训练刺激所产生的综合反应时，刺激量的大小似乎对确定该过程中的恢复–适应的时间长短起着重要的作用。

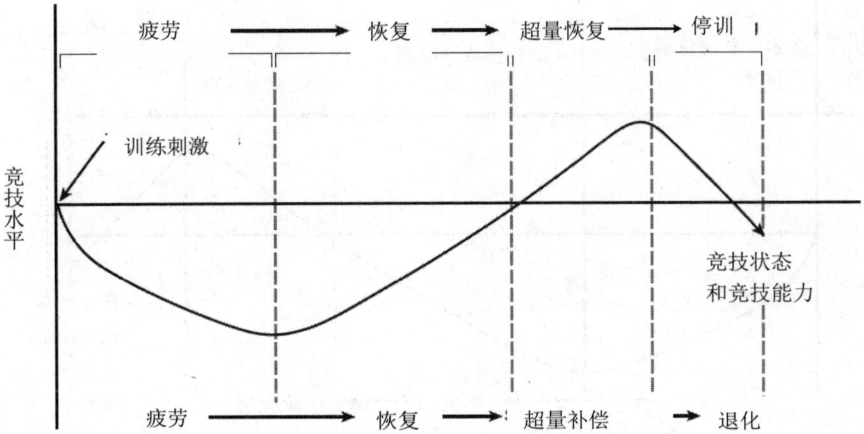

图11.2　刺激-疲劳-恢复-适应理论

引自Verkishansky（81），Rowbottom（66），Yakovlev（87），and Stone，Stone，and Sands（80）.

例如，如果训练强度很大，就会产生更严重的疲劳，从而增加恢复与适应所需的时间。相反，如果降低训练量，所累积的疲劳就会更少，相应的恢复与适应过程也就更短，这一现象通常被称为“延迟性训练效果”，在这种情况下，训练量的大小和持续时间决定了恢复与适应所需要的时间长短。训练分期的核心思想就是通过适当调整和安排训练量来调整恢复-适应过程的时间长短。

为了有效制订分期训练计划，必须认识到，训练刺激所产生的一般性反应可能是一次练习、一堂训练课、一个训练日、小周期、中周期或大周期的结果。需要注意的是，不一定等到完全恢复之后才施加下一次训练刺激。事实上，通过采用大重量或小重量训练日来调整训练强度或训练量，有利于恢复。从根本上说，对训练刺激的顺序进行适当安排的前提是对各种训练因素进行管理，充分地利用恢复-适应过程。事实上，这一过程是训练分期的相关文献中所介绍的几种有序训练模式的基础。

多位专家在其著作中介绍的以刺激-疲劳-恢复-适应理论为基础的有序模式主要是“集中负荷”或“组合式排序”模式。在这种情况下，可以在特定的时期采用集中训练负荷或累积负荷（图11.3）。

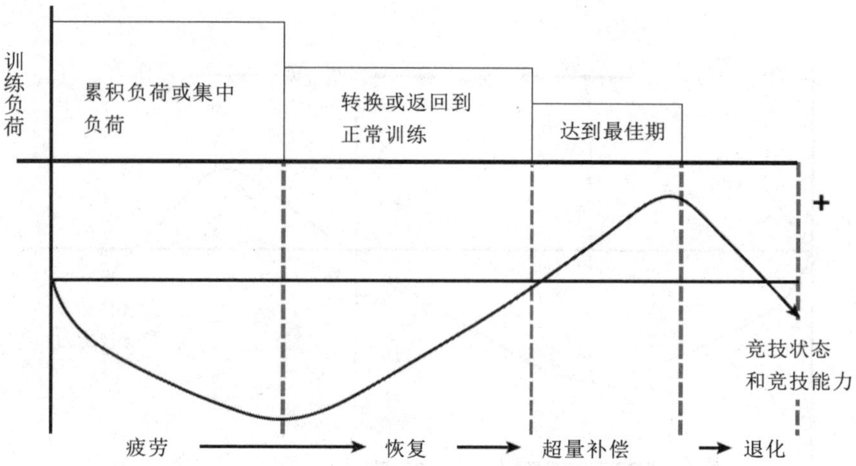

图11.3 刺激-疲劳-恢复-适应理论在有序训练中的应用

引自Verkishansky（81），Rowbottom（66），and Stone，Stone，and Sands（80）.

在采用这种有意识的高训练负荷之后，训练负荷会大大降低，而训练也会恢复到正常水平。这种情况通常被称为“变换期”，在此期间，应激状态和竞技状态都会提高。该负荷变化图的最后阶段会进一步减小训练负荷。这种情况有时被称为“最佳期”“塔式期”“实现期”。在这一阶段，应激状态和竞技状态通常会因训练负荷降低所带来的疲劳感的减轻而得到超量补偿。但是，如果该阶段被延长得太久（超过 14 天），应激状态和竞技状态就会消退或下降。

通过对各种训练变量进行调整，一份井然有序和分期合理的训练计划就能够实现对累积的疲劳过程与适应过程进行有效管理，并会产生预想的训练反应。如果对训练负荷进行随意安排和不恰当的排序，就会导致疲劳或恢复不好，进而难以实现竞技目标。

1.3 适应-疲劳理论

适应-疲劳图（The fitness-fatigue paradigm）部分说明了适应、疲劳与应激之间的关系。同时它还展示了对训练刺激产生的生理反应的全貌。在该变化图中，训练、疲劳和适应所产生的两种后续效果共同对运动员的应激状态产生了影响。适应-疲劳理论描述了将训练的累积效果表示为一条疲劳曲线和一条体能曲线（图11.4）。在现实当中，训练很可能会形成多种适应与疲劳的后续效果，这些后续效果相互依赖并产生累积性作用（图11.5）。

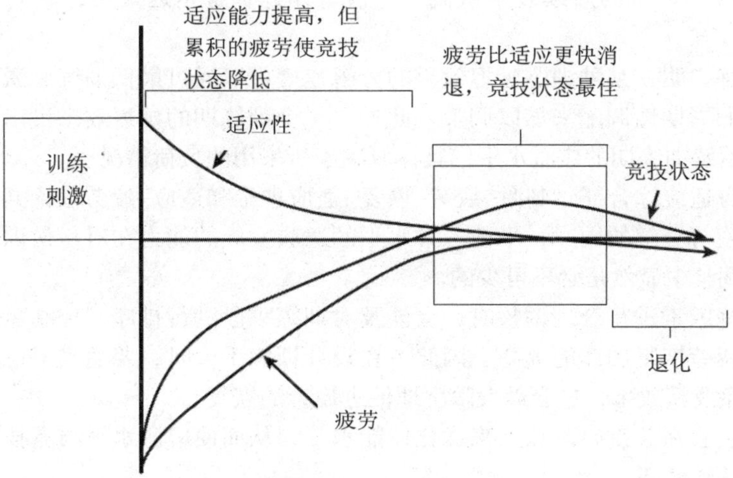

图11.4　适应-疲劳图

引自Stone，Stone，and Sands（80）and Zatsiorsky（88）.

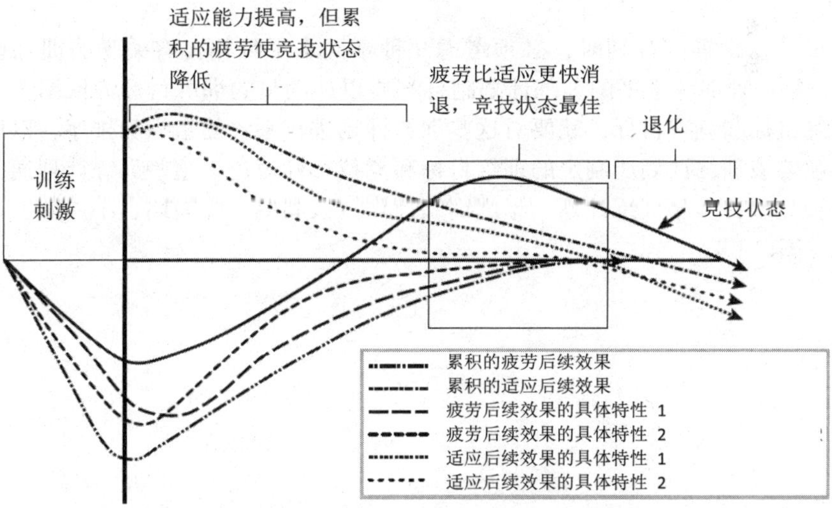

图11.5　修改后的描绘多种训练后续效果的适应-疲劳变化图

引自Stone，Stone，and Sands（80）and Chiu and Barnes（11）.

适应与疲劳的多种后续效果可以部分解释为什么个体对训练中的各种变量会产生不同的反应。训练的后续效果从概念上被看作是训练延迟效果，它们是有序训练的基础。

有序训练表明，某种训练延迟效果的分解速度可以通过最低训练刺激或通过指定的训练因素的周期性调配来加以调整。此外，一个训练期的延迟效果可以逐渐影响、强化或提高后续训练期的应激水平，具体取决于所采用的负荷情况。

当对全身适应综合征、刺激-疲劳-恢复-适应理论和适应-疲劳理论共同进行研究时，在促进疲劳分解的同时，平衡各种水平的适应发展的能力在对一份训练计划的适应性反应的调整中显然是必不可少的。

在对训练因素进行合理调整时，会涉及对训练手段进行排序，控制运动员的应激状况，促进疲劳恢复和体能提高。因此，在设计训练手段时，要适当考虑不同训练手段安排的顺序及其效果，这会最大限度地促进疲劳的恢复。

最终，它会在关键时刻点上来优化体能水平，从而使应激水平与竞技状态都能在恰当的时间得到提高。

■ 2　训练周期

在设计一份训练计划时，必须考虑几种不同水平且相互有关联的训练计划（表11.1）。每一种训练水平的训练计划制订都要以运动员的训练目标为依据。一旦制定好了训练目标和竞技目标，就要对这些训练计划进行系统的组织和排序，以便使运动员能够朝着该训练计划所制定的训练目标和竞技目标迈进。这些训练计划通常可以划分成各种类型：多年训练计划、年度训练计划、大周期、中周期、小周期、训练日和训练课（图11.6）。

表11.1　训练周期

训练期	持续时间	描述
多年训练计划	2~4 年	也被称为“四年计划”
年度训练计划	1 年	整个训练计划可以包含一个或多个大周期。它可以细分为训练准备期、比赛期和过渡期
大周期	几个月到一年	有些作者将其称为“年度计划”，它包括训练准备期、比赛期和过渡期
中周期	2~6 周	这一中型的训练周期有时被称为“大周期”或“单元训练”。它由相互连接的多个小周期组成
小周期	几天到两周	这一小型的训练周期在持续时间上可以从几天到两周不等。它由多个训练单元组成
训练日	1 天	一个训练日可以包含多个训练课。根据它所属的小周期的情况来设计
训练课	几小时	它通常由几小时的训练组成。如果训练课程的各个训练回合之间的休息时间超30min，就应当考虑让其包含几个训练单元

引自Bompa and Haff（6），Issurin（43，44），Siff（70），and Stone et al.（78）.

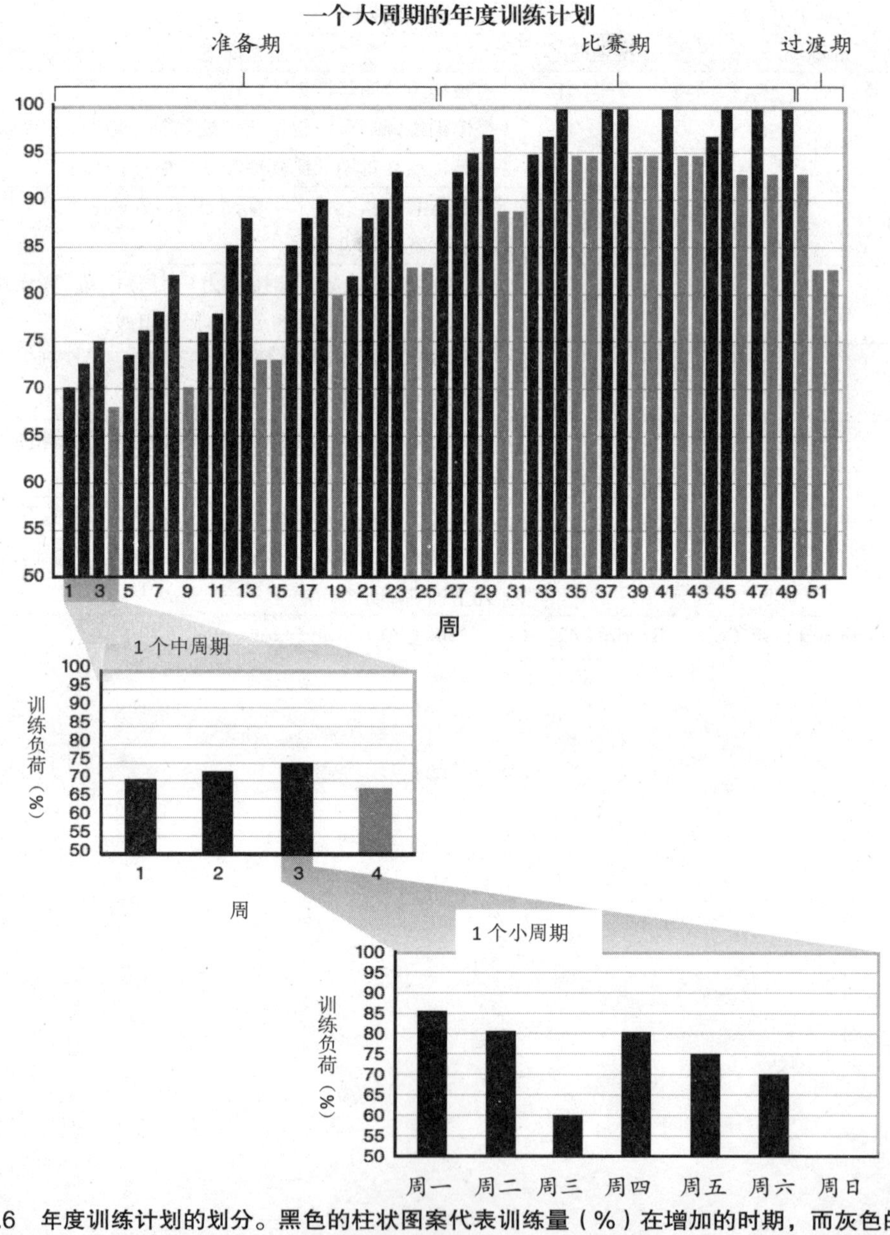

图11.6 年度训练计划的划分。黑色的柱状图案代表训练量（%）在增加的时期，而灰色的柱状图案则代表训练量显著减少的恢复小周期。从概念上讲，训练量（%）是每个训练期当中所有起作用的训练因素的复合体

引自Fry et al.（24）and Ná dori and Granek（57）.

2.1 多年训练计划

多年训练计划由一系列年度训练计划组成，这些年度训练计划彼此密切联系，共同将运动员的训练引向具体的训练目标和比赛目标。4年训练计划通常是体能教练为备战奥运会的运动员制订的训练计划。有人也建议将这种训练作为中学和大学运动员的训练计划。

总体来说，多年训练计划包括了基础性的训练任务、主要目标以及年度训练计划。多年训练计划的目标制定和实现，是通过实现具体的年度、周期、训练课的训练目标综合而成的。排序对成功运用多年度训练计划非常重要，因而在一份年度训练计划中所制定的训练目标可以作为下一年度训练计划的基础。如果多年训练计划中所包含的多份年度训练计划组织得当，排序合理，那么在相应的时间点上就会产生最佳的竞技表现。

2.2 年度训练计划

年度训练计划有时也被称为“大周期”（macrocycle）——描述了某一具体的年度训练中的总体训练结构。年度训练计划的实际结构主要取决于运动员的发展状态、多年训练计划所规定的训练目标以及运动员或团队的比赛日程。在传统的文献资料中，年度训练计划通常包含有一个大周期（图11.7）。但是，还有一种替代型训练方法就是将该训练年度分为2~3个大周期，以应对多个赛季或满足参加多个运动项目比赛的运动员的需求（图11.8）。

无论年度训练计划中的大周期的数量有多少，其基本负荷都是从更大的训练量向技术针对性更高的训练强度与更小训练量的方向发展。此外，随着整个年度训练计划中的训练负荷的改变，训练的重点也会发生变化。这些训练重点的变化能够很容易地体现在大周期中的准备期、比赛期和过渡期中。

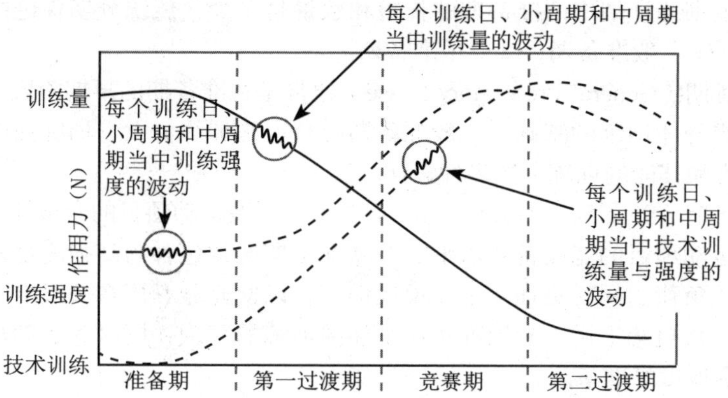

图11.7 马特维耶夫的年度训练计划的经典模式

引自Michael H. Stone and Harold S. O’ Bryant. *Weight Training: A Scientific Approach,* 2nd edition, 1987.Burgess International Publishing.

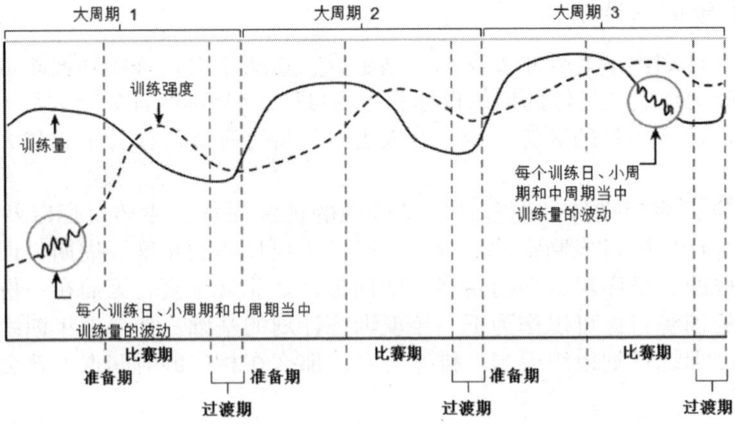

图11.8 包含三个大周期的年度训练计划的案例

引自V. Issurin，2008，*Block periodization：Breakthrough in sports training*，213.

2.2.1 准备期

年度训练计划的准备期所产生的生理、心理和技术适应可为比赛期奠定基础。根据运动员的发展水平和个人运动项目的要求，准备期所花的时间为3～6个月。从理论上来讲，年轻运动员或运动水平较低的运动员应当在一般准备期中花更多时间，高水平运动员由于已经打下了良好的训练基础，因而在该训练期中花较少的时间。在准备期中总共所花的时间要分散在年度训练计划所包含的各个大周期中。例如，在橄榄球中，其采用的年度训练计划通常包含两个大周期，在初春季节有3～4个月的准备期，在秋季前还有3个月的准备期。

无论年度训练计划中的准备期的长短和数量是多少，传统分期理论中都将准备期分为两大类：①一般准备期；②专项准备期。

一般准备期（General Preparatory Phase）通常是在准备期的早期阶段。它的设计目的是奠定常规身体训练的基础。一般准备期的特点是训练量大、训练强度低以及发展一般运动能力和技能的训练方法多种多样。

专项准备期（Specific Preparatory Phase）重点发展运动项目的专项性运动能力和技能，提高该运动项目的竞技备战水平。专项准备期通常包含与高强度爆发力训练相结合的更高训练负荷。同时更加注重专项性训练，以便充分利用在一般准备期中所奠定的训练基础。从概念上讲，专项准备期是加强训练的基础，同时为运动员进入年度训练计划的比赛期做好准备。

尽管传统理论通过对这两种细分准备期进行排序而改变了训练重点，但另一种训练模式则表明，这两种细分期应当以不同的侧重水平同时进行（图11.9）。这种使一般准备期与专项准备期同时进行的备选型排序模式是基于这样一种理念——准备期的长短是由获得项目能力形式所需要的时间来决定的，而不是由包含1～3个大周期的年度训练计划的紧凑结构来决定的。

<table>
<tr><td colspan="2"></td><td colspan="12">年度训练计划</td></tr>
<tr><td colspan="2">月</td><td>10</td><td>11</td><td>12</td><td>1</td><td>2</td><td>3</td><td>4</td><td>5</td><td>6</td><td>7</td><td>8</td><td>9</td></tr>
<tr><td>模型</td><td>多样</td><td colspan="12"></td></tr>
<tr><td rowspan="10">经典的</td><td rowspan="2">1</td><td colspan="4">准备期</td><td rowspan="2">竞赛期</td><td colspan="4">准备期</td><td colspan="3" rowspan="2">竞赛期</td></tr>
<tr><td colspan="2">一般准备期</td><td colspan="2">专项准备期</td><td colspan="2">一般准备期</td><td colspan="2">专项准备期</td></tr>
<tr><td rowspan="2">2</td><td colspan="4">准备期</td><td colspan="4">准备期</td><td colspan="3" rowspan="2">竞赛期</td><td rowspan="2">过渡期</td></tr>
<tr><td colspan="2">一般准备期</td><td colspan="2">专项准备期</td><td colspan="2">一般准备期</td><td colspan="2">专项准备期</td></tr>
<tr><td rowspan="2">5</td><td colspan="4">准备期</td><td rowspan="2">竞赛期</td><td colspan="4">准备期</td><td colspan="2" rowspan="2">竞赛期</td><td rowspan="2">过渡期</td></tr>
<tr><td colspan="2">一般准备期</td><td colspan="2">专项准备期</td><td colspan="2">一般准备期</td><td colspan="2">专项准备期</td></tr>
<tr><td rowspan="2">8</td><td rowspan="2">过渡期</td><td colspan="6">准备期</td><td colspan="5" rowspan="2">竞赛期</td></tr>
<tr><td colspan="2">一般准备期</td><td colspan="4">专项准备期</td></tr>
<tr><td rowspan="2">12</td><td rowspan="2">过渡期</td><td colspan="8">准备期</td><td colspan="3" rowspan="2">竞赛期</td></tr>
<tr><td colspan="3">一般准备期</td><td colspan="5">专项准备期</td></tr>
<tr><td rowspan="14">变化的</td><td>3</td><td>过渡期</td><td colspan="2">准备期</td><td>过渡期</td><td colspan="2">准备期</td><td colspan="6">竞赛期</td></tr>
<tr><td>4</td><td>过渡期</td><td colspan="2">准备期</td><td colspan="4">准备期</td><td colspan="5">竞赛期</td></tr>
<tr><td>6</td><td>过渡期</td><td colspan="2">准备期</td><td>竞赛期</td><td>过渡期</td><td colspan="2">准备期</td><td colspan="5">竞赛期</td></tr>
<tr><td>7</td><td>过渡期</td><td colspan="2">准备期</td><td colspan="2">竞赛期</td><td colspan="4">准备期</td><td colspan="3">竞赛期</td></tr>
<tr><td>9</td><td>过渡期</td><td colspan="3">准备期</td><td>过渡期</td><td colspan="3">准备期</td><td colspan="4">竞赛期</td></tr>
<tr><td>10</td><td>过渡期</td><td colspan="3">准备期</td><td colspan="5">准备期</td><td colspan="3">竞赛期</td></tr>
<tr><td>11</td><td>过渡期</td><td colspan="3">准备期</td><td>过渡期</td><td colspan="4">准备期</td><td colspan="3">竞赛期</td></tr>
<tr><td>13</td><td colspan="5">准备期</td><td colspan="6">准备期</td><td>竞赛期</td></tr>
<tr><td>14</td><td colspan="4">准备期</td><td>过渡期</td><td colspan="4">准备期</td><td colspan="2">竞赛期</td><td>过渡期</td></tr>
<tr><td>15</td><td>过渡期</td><td colspan="5">准备期</td><td colspan="6">竞赛期</td></tr>
<tr><td>16</td><td>过渡期</td><td colspan="6">准备期</td><td colspan="5">竞赛期</td></tr>
<tr><td>17</td><td>过渡期</td><td colspan="7">准备期</td><td colspan="4">竞赛期</td></tr>
<tr><td>18</td><td>过渡期</td><td colspan="8">准备期</td><td colspan="3">竞赛期</td></tr>
</table>

图11.9 基于传统模式与变化模式的年度训练计划案例

摘自 A. Bondarchuk，1986，*Periodization of sports training*，Legkaya Atletika 12：8-9.

2.2.2 比赛期

比赛期的主要目标是保持或略微提高在准备期中获得的生理适应与专项运动技能，同时在合适的时间点提高备战状态和竞技水平。这些目标主要通过专项练习来实现，比如技能练习手段的训练，较少关注常规的身体准备活动。技能训练手段可以发展竞技取胜必需的技能水平和运动智能。

通常，在整个比赛期内会减少训练量，而训练强度则会加大。在遵循这一基本负荷模式时，必须认识到，由于比赛日程的原因，训练量与训练强度在整个比赛期当中都会发生波动。阐述训练分期的传统著作经常建议将比赛期划分成比赛前期与主要比赛期。

比赛前期（Precompetitive Subphase）应当被看作是准备期与主要比赛期之间的环节。该阶段的主要内容是安排非正式比赛的日程，比如表演赛。必须注意的是，该阶段的主要目标不是达到最高水平的竞技状态，而是仅仅把比赛作为一种训练工具或准备手段。从概念上讲，这些比赛所起的作用是测试运动员针对其主要比赛目标所取得的进展。

主要比赛期（Main Competitive Subphase）的重点是最大限度提高运动员的备战水平，使其达到最佳的竞技状态。决定主要比赛期时间长短的主要因素是实际的比赛日程。这经常是由体育项目主管部门来决定的，如全美大学生体育协会。随着运动员进入这一阶段，必须对训练刺激进行调整，以便保持或不断提高专项运动的体能状态和在前一阶段获得的技能。通常，主要比赛是在该阶段的最后（联盟杯赛的田径运动会）。在主要比赛到来之前要进行 8 ~ 14 天有组织的塔式训练。

2.2.3 过渡期

过渡期（transitional phase）应当被看作是两份年度训练计划或大周期之间的重要桥梁。通常，过渡期内应当大幅降低训练负荷，并重点进行常规性训练活动以保持良好的体能水平。此外，还应当进行最低限度的专项运动技能训练，以保持技术熟练度。这一年度训练计划的重要阶段通常持续2 ~ 4周，但如果年度训练计划的压力特别大，则可以延长至6周。

在某些情况下，在过渡期的某一阶段可能会完全中止训练（如果运动员正在从损伤中恢复）。但是，如果训练停止很长一段时间，那么运动员的体能将大幅下降，从而导致严重的规划问题。在这种情况下，就需要在下一准备期内重点恢复在前一年度训练计划中达到的基本体能水平，而不是按正常情况下所预计的那样去提高运动员的体能。

通常，过渡期内，在允许运动员进行极大地降低负荷的练习的同时，还应当使运动员的身体状态与精神状态焕然一新。

2.3 大周期

大周期（macrocycle）传统上被看作是一个季度的训练计划或年度训练计划。但是，对许多运动项目来说，年度训练计划中很可能包含了几个季度（比如长跑选手经常进行越野赛、室内跑道赛和室外跑道赛），而且可能需要几个大周期（2 ~3 个）来指导训练活动。例如，在跨越室内和室外赛季的跑道赛和越野赛中经常可以看到几个大周期的情况，另外，这种情况在含有春季赛和秋季赛的大学生橄榄球赛中也能看到。虽然春季赛中不会达到比赛的最佳，但由于重点在于实践，因此一些体能教练在对其球队结构做出决定时会把重点放在这一时期的比赛上。理论上讲，大周期应当被看作一份针对专项训练和比赛目标的训练计划，且比赛目标应当与年度训练计划规定的总体目标相吻合。这些目标是通过同时在中周期和小周期层面上控制专项训练活动来实现的。

大周期由于也包括准备期、比赛期和过渡期，因此在总体结构上与年度训练计划非常相似。如同年度训练计划那样，每个大周期的总体进展模式也是从低强度大训练量向强度更高和训练量更小的专项训练推进。每个大周期与随后的过渡期相衔接（图11.8）。必须注意的是，对于各个连续的大周期，其训练强度和对技战术训练与专项训练的重视程度都会提升。总体上说，每个大周期都会根据年度训练计划的总体目标和目的来组织。通常，年度训练计划的最后一个大周期将针对该训练计划中所包含的最重要的比赛。

2.4　中周期

在传统意义上，中周期（mesocycle）被看作是中期训练计划。它通常包括2～6个相互关联的小周期。中周期通常还会被看作是多个训练单元或多个小周期的组合。在查阅有关中周期结构的传统资料和现代资料时发现，中周期通常持续4周左右。

在大约4周的专项中周期后，会出现渐近式训练效果（对训练刺激的适应性反应下降）。

这些效果有可能与一种退步状态有关，在该状态下，体能或竞技表现上的收效会停滞不前或开始下降。似乎在第4周的时候改变训练刺激，就可以避免体能或竞技表现上的这种下降，并且可以朝着既定的目标不断迈进。从结构性的立场来看，4周的中周期训练可以让延迟的各种训练效果相互叠加，从而充分利用累积的训练效果。

可以按照中周期所针对的目标将其分为8～10类（表11.2）。通过对一系列特定的中周期进行排序和衔接，就可以制订出基本的训练计划。单元化中周期的支持者们提出了一种简化的中周期分类体系，该体系中设计了三种基本的单元：积累型、转换型和实现型（表11.3）。

表11.2 传统的中周期种类

类型	平均持续时间（周）	特点
基本专项	6	其设计目的是提高针对专项技术中的竞技表现的专项运动适应
训练	3	采用更为普通的训练与练习方式来强化基本技能或适应； 它可以在进行一段时间的专项训练和高负荷训练后使用
比赛	2~6	具体针对一项比赛的中周期，在此期间，年度训练计划的比赛期内会使用中周期
竞技性训练	3	在长时间的竞赛阶段出现的增大训练负载以恢复基本技能或适应的时期
一般	任何时长	这一基本或常规的教育与培训目的是发展基本适应； 它通常出现在年度训练计划的准备期
临场准备	2	该训练期出现在比赛前，目的是达到最佳状态和恢复； 它可以被看作是一段塔式训练期且其后可能会有一段测试期
赛前	6	针对一项专门的赛事或一系列赛事而最大限度地提高备战水平和竞技表现，其训练具有明显的专项特点； 为最佳适应、竞技表现和备战而设计
准备期	6	为竞技表现奠定必要的基础而设计； 训练从宽松型向密集型发展； 锻炼适应并以此来发展技能
恢复	1~4	具有促进恢复的专门目的； 其后可以是一系列的赛事； 让运动员为随后的训练做准备
稳定性	4	用来完善技能，适应基础的训练；其目的是针对技术上的失误和适应上的不足，用来发展专项适应与技能的基础

摘自Harre（38）and Stone，Stone，and Sands（80）.

2.4.1 积累型中周期

积累型负荷（accumulation loading）或者集中式负荷（concentrated loading）中周期的主要重点是通过采用针对肌肉力量、无氧耐力或有氧耐力等基本运动能力的大运动负荷来发展运动员的整体调节能力。

积累型中周期（Accumulation Mesocycles）的持续时间通常为4~8周，具体取决于取得既定的训练效果所需的时间、退步（竞技表现的下降）速度和比赛日程。

从排序的角度来看，这类中周期的持续时间与训练效果的稳定性和训练延迟效果的消退时间成正比。积累型中周期越长，训练效果的残余时间就越长，训练效果的延迟也就越明显。如果正确组织的话，这种中周期可以为后面的中周期奠定基础。总体而言，这种中周期应当被看作是使运动员为包含更大强度训练和提升竞技表现的中周期做准备的基础训练期。

2.4.2　转换型中周期

在完成一个积累型中周期后，会开始转换型（transmutation mesocycle）或阶段强化型中周期。转换型中周期（transmutation mesocycles）的主要目标是通过强化积累型中周期当中所发展的能力来提高运动员的整体备战水平。这类中周期的目标可以通过专注于比赛活动和利用更大训练来产生深度疲劳的专项训练方法来实现。例如，如果运动员在积累期的目标是耐力，那么转换期的目标可能是在前一中周期当中所奠定的基础上最大限度地提高肌肉力量。从累积的中周期中获得的训练延迟效果的消退速度（衰减速度）、当前中周期中所产生的疲劳量以及渐近式训练效果出现的时间段，都是以转换中周期中通常所采用的这2～4周的训练期为基础。如果这一中周期的持续时间延长（超过 4 周），那么从累积阶段剩余的训练效果的消退速度就会达到最大。如果出现这一情况，在阶段或赛前的中周期必须实现的基本适应就不会存在，而竞技表现与备战水平也会被消减（表11.3）。

表11.3 简化的有序中周期结构

阶段	别称	持续时间	方法	特点
积累型	集中负荷	2～6 周	综合身体锻炼：综合耐力、肌肉力量和基本技能	容易取得最长的训练延迟效应 产生最大的疲劳量 最大限度地提高综合适应
转换型	正常训练	2～4 周	专项能力：无氧训练（混合）、肌肉耐力、从技战术上进行备战	缩短训练延迟效应 提高竞技能力 疲劳可能是一个问题
实现型	最大训练或减量训练	7～14 天	比赛模式：最大速度，积极恢复	降低训练负荷 提高竞技能力 恢复

摘自 Issurin（43、44）.

2.4.3　实现型中周期

实现型中周期（realization mesocycle）是重大赛事前的最后阶段，它可以最大限度提高运动员的备战水平。该中周期与传统著作中常见的赛前减量式训练期非常相似，目的相同，且持续时间也为 8～14 天。

与传统的塔式训练相似，这一中周期采用逐渐减少训练负荷的方法来最大限度提高备战水平和竞技表现，同时缓减疲劳。

最终，实现型中周期会产生这样一种局面——由积累型和转换型中周期所产生的训练延迟效果会发生汇聚，从而提升备战水平并最大限度提高专门训练的各种能力，同时还会产生最大限度提高竞技表现的局面。

这三个主要的结构型中周期共同构成了有序训练理念的基础。这些中周期应当被视为可以互换的规划结构，可以对其重复使用以便将运动员的训练引向既定的目标。这三个基本的中周期结构的基本排序模式如下：

积累型（Accumulation）→ 转换型（Transmutation）→ 实现型（Realization）

总体而言，这三个规划结构的实际排序与时段划分取决于大周期和年度训练计划所制定的目标。

2.5 小周期

小周期是最小和最基本的训练结构，包含了非常具体的训练目标。小周期的基本长度主要是由总体训练计划的阶段来决定的。它的持续时间从几天到两周不等。准备期所包含的小周期通常要持续7天，而比赛期所包含的小周期的持续时间则因实际的赛程而各不相同。例如，在一般准备期内，小周期的持续时间为7天。相比之下，在比赛期，一周可能会有两场比赛。这样可能需要安排两个小周期：一个为期3天，一个为期4天。小周期的实际结构主要取决于它在整个规划结构（中周期、大周期和年度训练计划）当中所处的位置、运动项目或运动员的具体要求、运动员对训练压力的承受能力以及为训练活动所安排的时间。

一般准备期和专项准备期是小周期的两个主要类别。

在准备期的前期，训练的目的是通过采用被称为一般准备小周期的准备期来发展综合适应。而在准备期的后期，将采用专项准备小周期来发展专项适应和技能。这两种小周期还可以进一步分为常规小周期、冲击小周期、赛前小周期、比赛小周期以及恢复小周期。

· 常规小周期（Ordinary microcycles）。这一小周期结构包括一系列亚极量强度的低训练负荷组成。在采用这种小周期时，训练负荷会随着一系列小周期的推进而逐渐且均匀地增加。

· 冲击小周期（Shock microcycles）。在冲击小周期中可以看到在保持大训练量的同时，训练负荷会突然增大，或者采用集中负荷。冲击小周期被已经具备坚实的训练基础的高水平运动员在准备期和比赛期中广泛采用。这使得他们能够适应安排的短时间内的大训练负荷。如果在中周期结构内正确地安排好顺序，冲击小周期可以成为极大促进生理适应与能力适应的强大工具。通常，在冲击小周期之后会采用常规或恢复小周期，这取决于运动员的训练状态和训练计划的总体目标。但是，在极少数情况下，一些优秀运动员可以采用两个连续的冲击小周期。这被称为“双冲击型小周期”。冲击型小周期在优秀运动员的训练计划中可谓司空见惯，但新手或初学者却应当避免。在考虑采用冲击小周期时，必须注意的是，冲击小周期的实施绝不应使运动员面临受伤的风险。冲击小周期应当始终采用合理且切合实际的负荷，其间应当监控运动员的整体健康状况。例如，对一名大学生橄榄球选手在冬季休赛期的过渡期之后和一般准备期开始时尚未建立相应的适应之前就采用冲击小周期是不合理的。这样会增加运动员受伤的风险和训练过度的可能性，并可能诱发创伤性不良反应，比如横纹肌溶解综合征。在这种情况下，最好先进行一段时间的基础训练，即采用较为适中的负荷方案，以便在采用冲击小周期之前提高其基础适应。

· 赛前小周期（Precompetitive microcycles）。赛前小周期，或者引导型小周期，是运动员为比赛小周期做的准备，可被视为赛前塔式训练期的早期阶段。它的特点是训练量减少，但同时注重提高竞技表现的专项训练活动。

· 比赛小周期（Competitive microcycle）。比赛小周期正好处于比赛之前，它可以最大限度地提高竞技表现和备战水平。该小周期应当被看作是赛前小周期的延伸。它包括了与比赛相衔接的塔式训练期的后半部分。通常，这一小周期包括临场训练准备、前往比赛地、场地准备、热身、实际比赛以及赛后恢复活动。

· 恢复小周期（Recovery microcycle）。该小周期是一个训练负荷有所下降的训练结构，其目的是让运动员能够休息、康复，并为即将到来的训练单元做准备，从而促进恢复。

这些基本的小周期结构可以被看作是一些可以相互变换位置的训练单元，通过这些单元就可以构建中周期训练计划。根据中周期的目标成果，就可以选择特定类型的小周期并进行排序。例如，如果运动员们处在实现型中周期内，他们就可以进行以下连续的小周期：

赛前小周期（7 天）→ 比赛小周期（7 天）

相比之下，积累型中周期则可以产生不同的预期效果。因此，它会包含另一组按顺序排列的小周期：

常规型（7 天）→ 常规型（7 天）→ 常规型（7 天）→ 恢复型（7 天）

作为一种选择，如果中周期结构需要在第一周采用集中负荷，则小周期可以按以下顺序排列：

冲击型（7 天）→ 常规型（7 天）→ 常规型（7 天）→ 恢复型（7 天）

最终，各种不同的小周期结构可以根据运动员的需要、训练阶段以及中周期、大周期和年度训练计划的各个目标来构建出各种各样的训练顺序。

2.6 训练日

训练日是分期训练计划中的最小训练单位之一。通常，一个训练日包含一个或多个相互衔接的训练课程，这些训练项目是根据小周期训练计划所制定的目标来构建的。一个训练日当中的训练课程的密度主要取决于运动员的发展水平、为训练所安排的时间以及训练的阶段。一般来说，很多文献的作者都建议将整个训练日当中的多节训练课程间隔安排。将较短的训练周期在整个训练日中加以编排，可以产生更大的生理适应，并最终在竞技表现上产生更大的收获。在科学文献中可以找到这种论点的依据，有研究表明，与一天一节训练课相比，一天两节训练课可以产生更大的神经肌肉适应和增值性适应，即便训练量保持不变。通过改变一个训练日当中的训练密度，就可以使训练计划更加富于变化。

2.7 训练课

训练课或练习项目是分期训练计划中最基本的结构单位。通常，一天要进行多节训练课，以便针对几种不同的训练因素。一天的训练组织当中可以包含定时间隔的多节训练课，也可以在各个训练课当中穿插短暂的休息时间（小于40min）。根据这些课程组织方法，一节训练课传统上可包含小于 40 min的任何休息时间。

■ 3 训练过程的排序与整合

将分期训练计划进行排序和整合的想法其实早就有过。事实上，在马特维耶夫的开创性著作中就可以看到这一理念，他认为，“训练过程存在一系列不同环节的确定序列”，“运动员训练的各个方面也存在一个相互作用的合理顺序”。尽管这些理念在其他有关分期训练的经典著作中也得到了论述，但似乎现在的很多教练，尤其是体能教练，并不了解对训练过程进行排序和整合的重要性。

在同时应对或强调很多或所有训练因素的训练计划中很难看到对训练进行排序和整合。这种做法带来的后果就是产生极度的疲劳，因而几乎不可能在恰当的时间获得最佳的竞技表现。这些深度疲劳很可能会增加训练过度的风险和受伤的可能性。一般来说，一份分期得当的训练计划可以通过以一种有序和统一的方式控制包括训练强度、训练密度、训练量、训练重点等在内的各种训练因素来将这两种风险降到最低。此外，将各种训练因素进行排序和整合可以充分利用专门的训练干预所产生的生理适应。在经过精心设计后，这些训练因素可以更好地对训练刺激源进行管理，并更加自如地将训练引向既定的竞技状态。

如前所述，全身适应综合征、刺激-疲劳-恢复-适应理论和适应-疲劳理论都为有序和统一的训练奠定了基础。从有序的角度来看，一个中周期所产生的残余（延迟）训练效果可以用来加强在随后的中周期中所产生的生理效果与竞技表现效果。由于通过训练干预所产生的各种各样的残余效果或生理适应与能力适应显示了持续时间不一的稳定性和不同的消退速度，因此在分期训练计划的每个阶段中不必对每一种训练因素进行训练。鉴于各种训练因素的消退速度各不相同，可以精心设计有序训练方法，其中在各个中周期内的特定时间点上可以重点关注补充性训练因素（表 11.4）。这样可以最大限度地获得特定的生理成果或竞技表现。

表11.4　兼容的训练因素（Compatible Training Factors）

主导性（主要）训练重点	兼容的训练因素
有氧耐力	力量性耐力训练
	最大力量训练
	无氧耐力训练
	技战术训练（如先做）
无氧耐力	力量性耐力训练
	有氧–无氧混合式耐力训练
	爆发性耐力训练
	快速跑（灵敏素质）训练
	爆发力训练/肌肉爆发力
	肌肉力量训练
	技战术训练（如先做）
快速跑	最大力量训练
	超等长训练
	爆发力训练/肌肉爆发力
	灵敏素质训练
	技战术训练（如先做）
最大力量	快速跑训练
	灵敏素质训练
	爆发力训练/肌肉爆发力
	无氧耐力训练
	技战术训练（如先做）
爆发力/肌肉爆发力	快速跑训练
	灵敏素质训练
	最大力量训练
	超等长训练
	技战术训练（如先做）
技术训练	只要是在其他训练因素之前进行，任何一项都可以作为训练重点
战术训练	只要是在其他训练因素之前进行，任何一项都可以作为训练重点

摘自 Issurin（43、44）.

有序训练计划要取得成功，就需要按照力学针对性、代谢针对性和训练延迟效果的稳定与消退时间的长短来安排各个中周期的前后顺序。此外，在对一项训练计划当中的中周期进行排序时，对实际训练因素及其兼容性的注重也是一大要点。从方法论的角度出发，在制订一项训练计划时可以利用无穷排序的可能性。三种常用的方法是：①传统或经典模式；②汇总式小周期模式；③组合式排序模式。

3.1 传统或经典模式

分期训练的传统或经典模式所采用的训练结构在训练方法和训练手段上的变化相对比较有限。这些变化在结构上形成了训练量的波浪形递增（图11.7），从而被排列成时间很长的多边训练期，这种训练期会使训练负荷均匀分布在整个预定的训练结构当中。

对这种传统模式进行仔细审查后发现，综合训练负荷被表示为训练量与训练强度的比率（图11.7）。在训练初期，主要是通过增加运动量来提高训练负荷，而同时只是少量增加训练强度。随着训练的进行，训练强度会慢慢增大，而训练量则会随之减少。

马特维耶夫对该传统模式的最初描述只是想对这一核心理念进行图形化说明（图11.7），并不是想要去严格实施。该模式所呈现出的运动负荷的波浪形递增的图形化描述被称为“线性分期模式”。但是，在对马特维耶夫关于该课题的开创性著作进行严密分析后发现，他提出的这一模式其实是非线性的。它在小周期、中周期和大周期层面上包含了几种不同程度的训练量、训练强度和训练模式。

这一传统模式的核心内容是一套平行发展各种身体能力的复杂系统。对该模式的早期研究表明，它可以同时发展多项体育运动所必需的多种生理功能。但是，在对该文献仔细考证后发现，它的数据是几十年前从运动员新手或初学者身上采集的。因此，它可能并不能使中级和高级运动员取得最佳的生理适应与能力适应。严格采用这一传统模式可能不太有利于高级运动员的原因有以下几点：

① 高级运动员已经具备了很高的专项体能备战水平。他们需要的是一种很强的训练刺激来重点产生相应的适应。总体上来说，这一传统模式所产生的能够通过有效的训练刺激来产生适应的时间窗非常小。其次就是各个阶段的单调训练不利于高级运动员的发展。相反，对于运动员新手或初学者，这种模式却可以使其技术技能和其他训练因素保持稳定。

② 这种传统模式无法达到高级运动员所需的高水平的专项体能备战状态，主要是因为它依靠的是要求同时发展好几种训练因素的多层面训练方法。从概念上讲，这种多层面的训练方法可以取得全面而均衡的发展，而不会使任何特定的训练因素达到最

佳状态，并有可能抑制训练适应，收不到明显的竞技成果。

③ 这种传统模式依靠的是针对特定运动项目的长期性基本备战。这对于运动员新手来说可能是有好处的，正因为其训练变化不足，所以不利于高级运动员的发展。但是，近年来的研究表明，在非赛季训练计划中将这一传统模式短时间（如 15 周）运用于橄榄球的大学生选手时，可能对接受训练的运动员有益。

④ 优秀选手的比赛要求具备高水平的技术能力。采用这种传统模式备战，优秀选手在达到专项体能备战状态的同时发展技术能力会积累大量的疲劳。深度疲劳通常会降低技术能力，从而阻碍优秀运动员的整体发展。

⑤ 现代运动员的赛程经常会包含很多项比赛，经典（传统）的分期训练模式无法应对。

基于这些要点，通常认为，这种传统的分期训练模式最适合于运动员新手或初学者。相比之下，复杂的有序训练模式，如汇总式小周期或组合式排序模式等，则更加适用于中级和高级运动员。

3.2　汇总式小周期模式

汇总式小周期模式通过一种综合有序的训练结构来增加训练变化。该模式通常用于中级到高级运动员之中，以一种循环的方式编排各种补充性训练因素，从而使得训练延迟效果的消退或衰减速度较低，幅度较小。

汇总式小周期的典型结构是基于一种为期四周的训练单元或中周期，从宽松型运动负荷向密集型负荷发展，紧接着是一小段恢复期。经常为期4周的基本结构是由于渐近式训练效果产生的时间点和训练后期效果开始出现的时间相吻合。

与传统的分期模式相比，汇总式小周期模式采用的是通过一个完整的训练单元或中周期来强调专项训练因素，而对其他补充性训练因素的重视程度较小。通过这种方式来安排训练，就可以使中周期之间产生的变化更大。同时，在各个训练阶段也可以更好地对训练重点进行排序和整合。如果设计得当，这种有序训练模式可以将训练过度的可能性降到最低，并且减慢训练后效应的消退速度，有利于多种训练后效应的转换，以便竞技能力和准备状态在适当的时间点上提高。

有效运用汇总式小周期模式的关键是中周期单元中四个相互衔接的小周期各自的负荷安排和训练因素的整合。另一个关键点是每个训练单元是如何相互联系和排序的。从负荷安排的角度出发，基本的汇总模式所采用的负荷结构是：前面三个小周期中的运动负荷由宽松型向密集型发展，随后安排一个恢复小周期（图11.10，单元1～3）。这种负荷结构通常被称为 3：1 负荷模式。在这里，前面的三个小周期的训练量、训练强度、密度是递增的，或者将每个因素相结合，随后是一个恢复性或无负荷小周期。需要注意的是，在第三个小周期结束时，由于已经产生了极度疲劳，竞技能力可能会急剧下降。因此，其中的恢复小周期（其间可通过控制训练量、训练强度或密度来降低整体的运动负荷）应当被看作是这一汇总式小周期模式当中极其重要的内容，因为它要消除疲劳，降低训练过度的可能性，提升备战状态，促进下一训练单元所需的生理适应。

经常与汇总式小周期模式结合使用的第二种负荷安排方法就是集中负荷型小周期，或称为计划性超量小周期。这种负荷安排经常在特意采用高负荷、随后再回到正常训练负荷的小周期中的训练单元中使用（图11.10，单元4～5）。在第一个小周期中，疲劳感会急剧增加，而备战状态和竞技表现的各项指标（肌肉力量、爆发力和耐力）会降低。最终，集中式负荷小周期所带来的备战状态和竞技表现的下降程度与负荷量就会成正比。但是，该阶段的负荷越大，则疲劳消退后所产生的竞技表现的提升潜力也可能越大。在该模式中，通过对中周期合理排序，从而在集中负荷小周期结束后，在随后的两个小周期中将训练负荷降到正常水平，以此来实现疲劳的消退。紧接着，在为期一周的恢复小周期中训练负荷会进一步降低。如果排序得当，那么在该单元结束时就会因为延迟性或训练延迟效果的汇集而产生超量补偿效果。

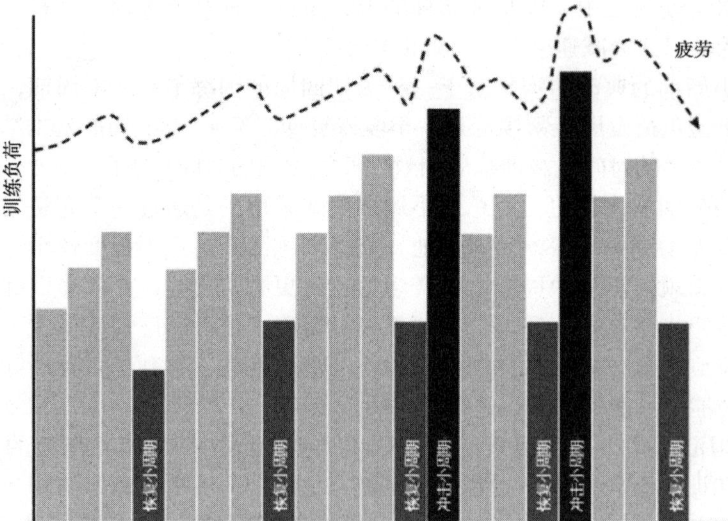

图11.10　两种汇总式小周期模式的负荷安排顺序的案例，每个单元为期四周，每根竖条代表一个小周期

Adapted from Stone, Stone and Sands (80) and Plisk and Stone (64).

汇总式小周期模式的效能可以通过适当改变各个小周期的策略来加强。例如，改变小周期的训练强度，根据小周期的目标来交替安排重负荷和轻负荷训练日。运动员可以在周一和周五进行抗阻训练，但周五的运动负荷应当比周一所采用的负荷低40%。亚极量（轻负荷）训练日可以在最大限度降低训练过度可能性的同时，对实现主动型适应的可能性产生重大影响。另外也可以采用另一种改变小周期的策略，如模拟比赛法、间歇法或重复法来提高汇总式小周期的效能。

总体而言，可以采用多种方法来使各个小周期相互作用，或者改变汇总式小周期模式中所采用的负荷安排方式。

3.3 组合式排序模式

组合式排序模式，最初也被称为“组合式连续系统”，是一套将各种训练因素进行排序和整合，且通常用于高水平运动员的系统。

该模式的关键是对积累型（集中负荷）、转换型和实现型或恢复中周期进行排序，以便充分利用残余（延迟）训练效果（图11.11）。

从理论上讲，可以通过对这三种基本的中周期结构进行排序并在年度计划的各个阶段（如准备期或比赛期）内设计训练干预来制订年度训练计划（图11.12）。

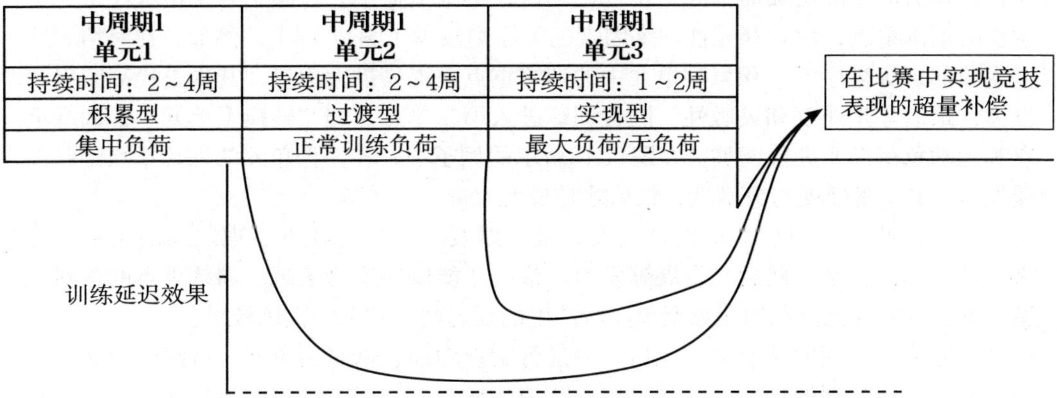

图11.11 基本的组合式排序结构

Adapted from Issurin（43，44）.

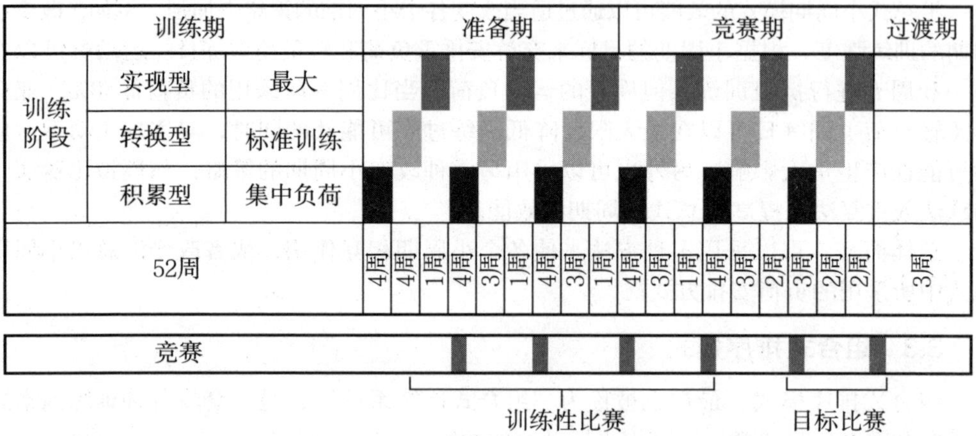

图11.12 年度训练计划案例，包括积累型、转换型和实现型中周期的训练周期
Adapted from Issurin（43，44）.

发挥组合式排序模式效能的关键是使用集中负荷单元，它被认为是积累型单元的主要内容。通常，积累型单元可持续2～4周，在此期间，竞技表现或备战状态会因为累积性疲劳的不断增加而下降。从理论上讲，集中负荷单元在整个系统中只注重一个主要的训练重点，而对补充性训练因素的关注则较少（图11.13）。例如，在对培养速度素质的训练排序时，积累型单元中的训练重点是提高最大力量，其次是提高肌肉爆发力，最后才是速度和灵敏性。随着训练进入第二单元，即“转换型单元”，训练重点和运动负荷都要进行调整。在图11.13所示的例子中，转换型单元的训练重点是肌肉爆发力，其次是速度与灵敏性，最后才是最大力量。

选择这些训练因素的依据是最大力量、爆发力发展与速度表现之间的关系。通常，首先提高力量，然后是发展爆发力，最后才能以速度为表现。训练重点的重新调整有助于恢复并充分利用积累型单元所产生的延迟性（残余）训练效果。

在完成2～4周的转换型单元后，将进行实现型或者恢复型单元，持续时间为1～2周。有序训练计划的实现型单元可以不断消除疲劳，并极大地提高备战状态和竞技表现，这些都是通过改变训练重点和减少训练负荷来实现的。例如，在图11.13 中，实现型单元主要的训练重点是速度与灵敏性，其次是肌肉爆发力，最后是最大力量，同时降低运动负荷以最大限度地提高准备水平和竞技表现。

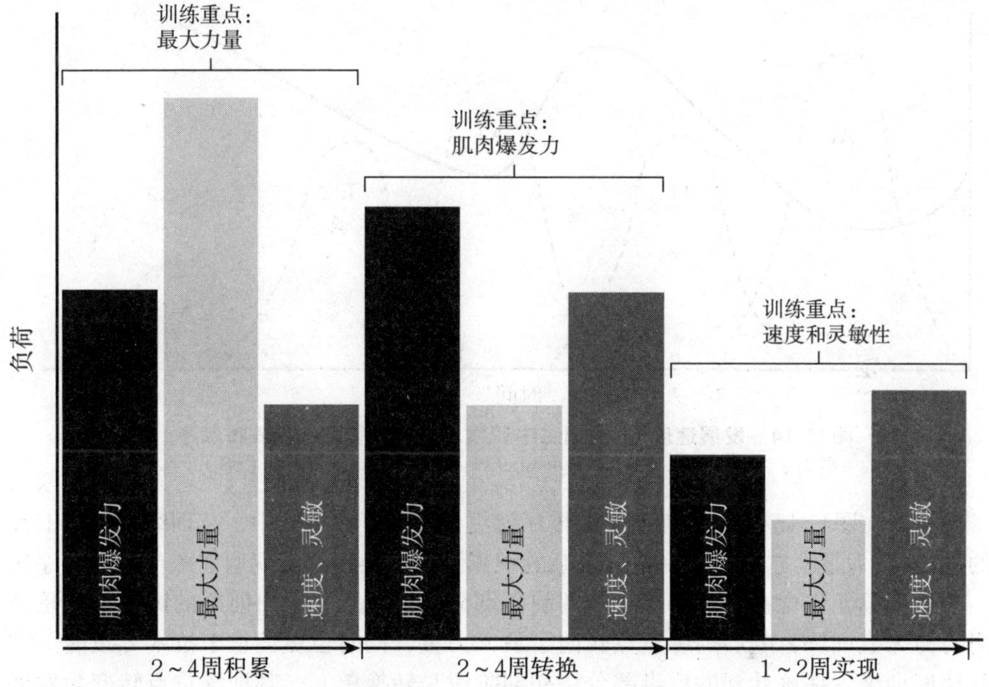

图11.13 发展速度的训练周期安排（积累型、转换型和实现型模块的顺序）

在制订训练计划时，可以将数个积累型、转换型和实现型单元衔接在一起，以便使训练实现特定的生理与竞技成果。如果排序得当，运动员的备战与竞技水平受实现型单元的影响，会在训练计划的各个有序衔接单元内不断提高（图11.14～图11.16）。图11.14 显示了组合式排序模式的一个例子，其中，通过将积累型、转换型和实现型单元进行系统化重叠来指导速度-力量训练，两个积累型单元（A1 和 A2）包含了高训练量、低强度的力量训练。在此期间，竞技表现可能会因为疲劳累积而下降。在转换单元（T1 和 T2）当中，训练的重点转向了与技术训练相结合的高强度速度训练。训练负荷的减少和训练重点的转变使得疲劳累积降低，并促使备战水平得到相应的提升。在第二个过渡型阶段（T2）之后，安排的是实现型单元（R1）。在该单元中，训练负荷将进一步减少，竞技表现会因为累积疲劳的进一步缓解而获得超量恢复。

图11.14 显示了一种基本的组合式排序模式，但也可以创建更加复杂的训练结构（图11.15 和 图11.16）。

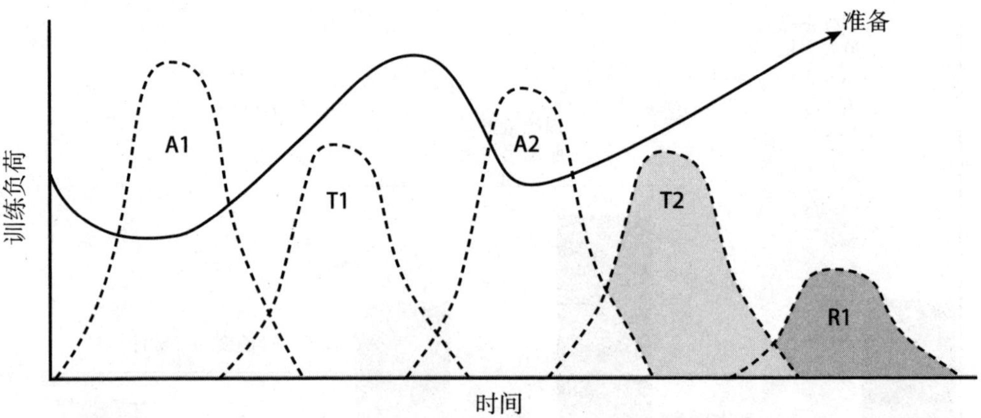

图11.14　发展速度-力量训练中积累、转换和恢复模块安排顺序

引自：Still（69）.Still和Verkoshansky（70）.Stone.Sands（80）.

例如，在图11.15 中，训练因素的排序就更加复杂。在该例中，其训练目标依旧针对的是速度-力量。它显示了一幅更复杂的积累型、转换型与实现型训练单元的有序排列。积累型单元包含在了该训练结构的前半部分。该单元显示出前期的训练重点是力量耐力与无氧训练，随后训练重点转向了最大力量，同时也更偏重于技术（技能）训练和速度训练。在该计划的后半部分，初期阶段是转换单元，其训练重点转变为发展力量与爆发力，偏重于技术与速度训练。无氧训练继续得到保持。该结构的最后阶段是实现型单元，其中的主要重点是技术与速度训练，对无氧训练的重视度最小。此时力量/爆发力达到了最佳。

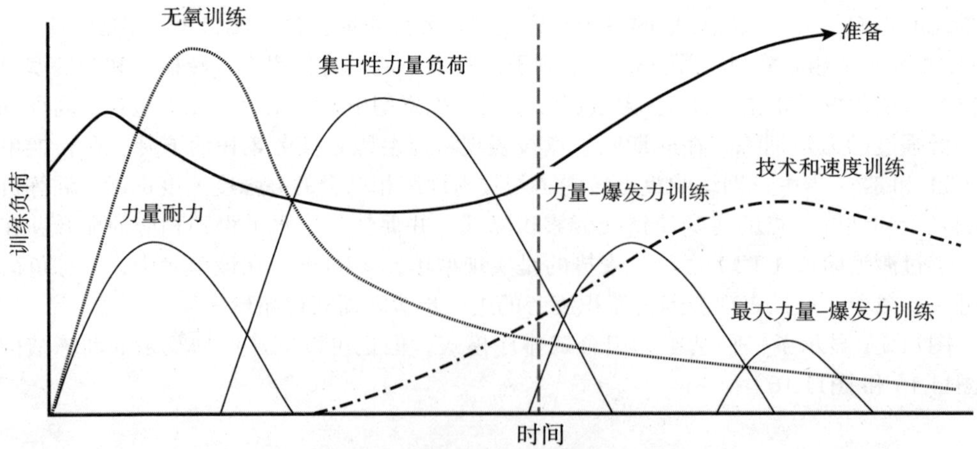

图11.15　发展速度-力量的训练安排

引自：Siff（69）和Verkoshansky（70）

图11.16 显示出了另一个有关组合式排序模式的例子。

在该模式中，其训练目标是发展中等持续时间的耐力。有氧耐力、一般身体准备、力量发展与速度耐力都得到了有序调控，以实现良好的备战状态。

从根本上说，如果该训练单元加以有序组织并与组合式排序模式相结合，运动员的备战水平将在适当的时间点上得到提高，且竞技表现也将获得超量恢复。与传统的多维训练法相比，这种组合式排序模式可以产生非常好的训练效果。

与专门训练负重阻抗或速度力量相比，在该模式下发展爆发力和速度可能更为有效。

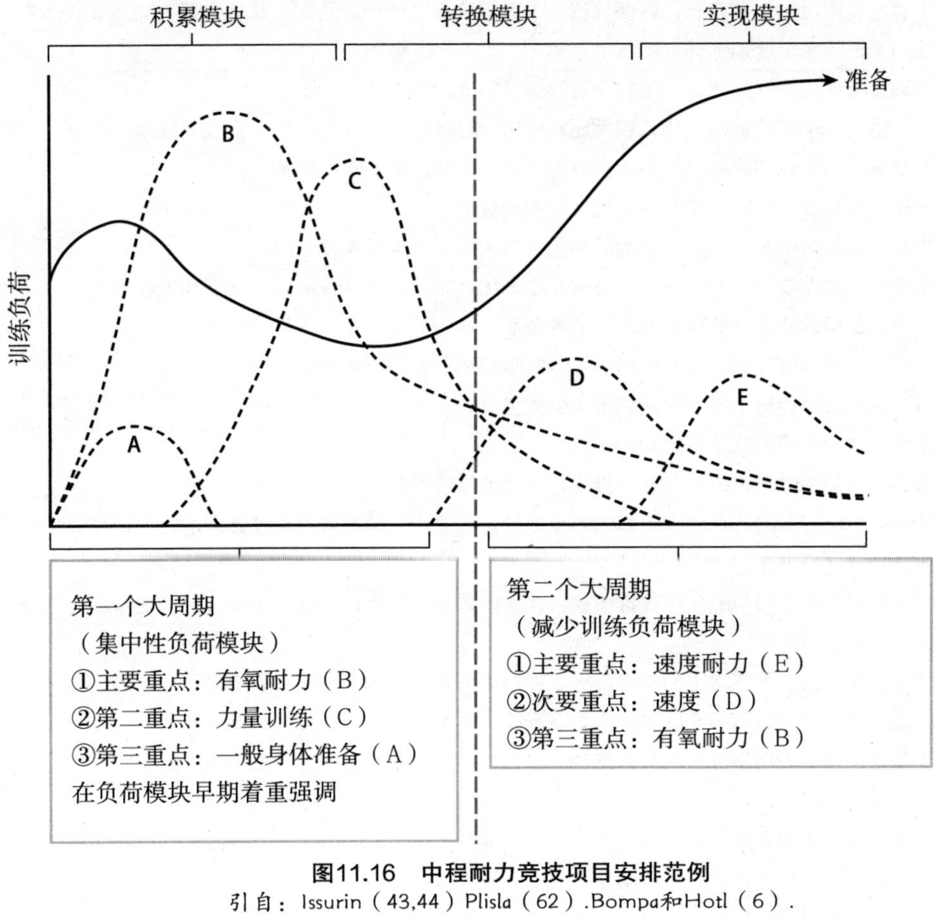

图11.16　中程耐力竞技项目安排范例

引自：Issurin（43,44）Plisla（62）.Bompa和Hotl（6）.

4 实践指南

总的来说，无论该运动员处于什么水平或从事何种运动项目，训练分期是一个可以用来组织任何运动员训练过程的规划。表11.5列出了一个简单的规划步骤，其中包含了7个相互关联的步骤。

表11.5 制订训练计划的基本步骤

步骤	目标
1	①确定运动员的长期目标，以便制订一份多年度训练计划。通常，该步骤采用的是4年计划 ②勾勒出该多年度训练计划的基本结构
2	①确定年度训练计划所针对的各个主要目标的优先顺序 ②评估前一年度的训练计划，包括比赛结果，并就该训练计划与运动员或团队进行协商 ③根据运动员或团队的比赛要求确立下一年度训练计划的组织结构 ④确定该年度训练计划中所包含的大周期的数量 ⑤在为该年度训练计划所制定的结构的框架内确立大周期的持续时间
3	①根据运动员或团队的比赛日程将该年度训练计划分解为准备期、比赛期和过渡期 ②将准备期划分为一般准备期和专项准备期 ③在该年度训练计划的比赛期内确立赛前阶段和主要的比赛阶段 ④将测试日穿插到年度训练计划当中的关键时间点上
4	①确定单个中周期的持续时间 ②选择中周期的各种结构并进行排序，从而编排成年度训练计划 ③为每个中周期的各个训练因素的重点划分优先顺序，同时考虑年度计划的每个训练阶段对这些因素进行排序 ④确立每个中周期中的负荷安排模式，并决定如何在年度计划的各个大周期内逐步加大负荷
5	①建立各个小周期 ②根据运动员的发展水平和总体目标，将小周期划分为多个训练日和恢复日 ③确定在每个训练日要训练哪些素质以及每个训练日要包含多少训练课 ④确立整个小周期所采用的负荷结构
6	①设计单个的训练课 ②确定训练课的负荷结构 ③选择训练计划的各项训练活动
7	①实施该项训练计划 ②不断监测和评估该训练计划及其过程

在制订训练计划时，第一步是要制订一份多年训练计划。例如，对于美国高中运动员，杰佛里认为，第一年（一年级）是打基础，重点发展后面所需的运动技能模式和体能水平。第二年（二年级）是在第一年的基础上发展专项体能和技术。

第一年和第二年的训练重点不应放在运动成绩上，而应放在发展取得未来比赛胜利所必需的各种技能上。在第三年（三年级），竞技表现变得非常重要。在该年度计划期间，重点应当放在比赛阶段和获得实际的最佳专项竞技表现上。最后，在第四年（四年级），年度计划的主要目标是获得最高水平的竞技表现和运动表现。尽管杰佛里为高中运动员所描述的这一案例非常不错，但应当认识到的是大多数多年训练结构的建立都要取决于运动员的个人需要。

在建立多年度训练计划后，分期过程的下一步是为下一阶段的培训制订出年度训练计划。通常，最好在过渡期内构建好年度训练计划，过渡期通常在前一训练年度的末期。在这个时候，体能教练可以评估前一年度的训练过程，审查比赛结果和竞技表现的测试结果，并就总体的训练计划与运动员进行协商。为了该训练过程的顺利实施，体能教练可以制订一份年度训练计划模板。可以通过登陆www.HumanKinetics. com/products/all-products/NSCAs-Guide-to-Program-Design来获取训练计划模板的案例，不过体能教练应当根据运动员或团队的具体专项规划需求来为每个运动员或团队创建计划表。

在对前一阶段的年度训练计划进行仔细研究和思考之后，体能教练就可以制订下一年度的年度计划了。在编制年度训练计划时，第一步是在规划表上写下所有计划的比赛及其比赛地点。在完成这一步后，应当对各项比赛划分优先级，以确定最佳竞技状态应当出现在哪个位置，同时让体能教练能够决定年度训练计划中要包含多少个大周期。

一旦确定了大周期之后，就可以将年度训练计划进一步划分为准备期、比赛期和过渡期。比赛期的长短主要取决于所安排的比赛日程。在将大周期划分为以上主要阶段后，应当进一步将训练计划分为一般准备阶段、专项准备阶段、赛前阶段和比赛阶段。

根据这些确定好的结构，体能教练随后就可以确定最佳竞技状态应当出现在哪个位置上。这是通过最佳指数来表示的。最佳指数是按从 1 到 5 的等级排列的，其中，“1”代表最高备战水平，“5 ”代表最低备战水平。从理论上讲，运动量或训练量越大，最佳指数的数字就越大。对最佳指数所做的决定将有助于确立中周期和小周期结构的决策过程。

图11.17是一级联赛的女子足球队的年度训练计划，即完成表11.5 中所示的规划过程中的第 2 步和第 3 步后。

在该例中，春季大周期从1月4日到5月9日，包括一个为期 11 周的准备期（1月4日至3月21日）和为期5周的比赛期（3月22日至4月24日）。

在完成比赛阶段1之后，运动员将经历第二个大周期开始前的一段为期3周的过渡期。需要注意的是，在年度训练计划的这一阶段，竞技成绩不是主要的重点。因此，运动员不会达到由最佳指数所表示的真正最佳状态。

第二个大周期（图11.17）是年度训练计划中所包含的最重要的大周期。它从5月10日开始并一直持续到12月26日。由于该例中球队是联盟中高水平的球队，通常具备参加全美大学生体育协会（以下简称NCAA）联赛的资格，因此其最佳状态应当出现在该联赛上。如同年度训练计划的第一个大周期一样，第二个大周期也分为准备期、比赛期和过渡期。夏季的早期阶段，即5月10日到7月17日，包含了一般准备期，而专项准备期从7月18日持续到8月22日。正如在规划图中标注的那样，8月22日安排了一场有评估作用的表演赛。因此，需要在年度计划的比赛期对战术或技术技能做出决定。

比赛期 2 的早期（8月23日至9月12日）就是比赛前期。这一阶段要逐步提高运动员的竞技能力，为9月11日的比赛达到一个小高峰（或无负荷）。在完成比赛前期后，主要比赛期就开始了。相对较长的比赛期是由该项运动的性质所决定的。应当为发生在小周期44、45当中的联盟锦标赛（大东区锦标赛）安排一次小高峰，而大高峰则会出现在 NCAA 联赛期间。

下一个规划步骤是确定每个大周期中的中周期的长短。在本例中，年度训练计划被分为14个中周期，大周期1有5个中周期，而大周期2有9个中周期。一旦确立大周期后，体能教练就可以开始对各个训练因素进行排序和整合了。图11.18 是图11.17 的扩充，它将这些步骤整合到了一支一级联赛的女子足球队的训练计划中。

在本例中，训练计划对力量训练进行了排序并与其他训练因素相整合，以便更好地控制疲劳和训练刺激源。在这一步中，体能教练应当考虑哪些是重要训练因素，然后再将这些训练因素标注为高、中、低三个重点等级，从而将其整合到一起。应当把图11.18看作是针对一支一级女子足球队制订训练计划的范例。

规划过程的下一步是确定年度训练计划的每个中周期以及大周期中所包含的负荷模式。注意，这仅仅是对运动负荷的一种预想。此外，图11.18 是各个训练因素的汇总。需要牢记的是，图11.18 中所描绘的阴影区域都是所有训练因素的汇总。比如，在小周期3中，其运动负荷代表的是抗阻训练（力量耐力与基本力量练习）、有氧耐力训练、短跑与灵敏素质训练以及技战术练习的综合。

在完成该规划过程的步骤1～4后，体能教练随后就可以开始确立单个的小周期，同时需要特别注意的是要将重点放在每个训练因素上（步骤5，表11.5）。在进行这一过程时，体能教练必须考虑运动员每天的日程安排、恢复训练的天数以及当前小周期所属的中周期和大周期的总体情况。一旦确定好小周期的框架后，体能教练就可以进行规划过程中的步骤6，并设计单个的训练课。

要查看图11.17和图11.18的大图版，请登录www.HumanKinetics. com/products/all-products/NSCAs-Guide-to-Program-Design。

日期	月	1月				2月				3月			3月		4月					5月	
	结束周	10	17	24	31	7	14	21	28	7	14	21	28		4	11	18	24	25	2	9
比赛	客场					C							C	C							
	主场														C	C	C	C			
	比赛名称					2/28 宾州州立大学							3/28 田纳西大学	3/28 佐治亚大学	4/4 匹兹堡大学	4/5 安大略队	4/18 普社大学	425 俄亥俄州立大学			
分期	训练阶段	准备期1											竞赛期1						过渡期1		
	子阶段	一般准备期								专项准备期			赛前			比赛			过渡期		
	大周期	大周期1																			
	中周期																				
	小周期	1	2	3	4	5	6	7	8	9	10	11	12		13	14	15	16	17	18	19
	峰值指数	5	5	5	5	4	4	4	4	5	5	5	4		6	6	6	2	5	5	5
	测试日	T																	T		
	恢复周																				

竞赛重点
P=主要峰
p=次要峰
C=竞赛
T=测试

峰值指数
1=最高准备水平
2
3
4
5=最低准备水平

图11.17　一级联赛女子足球队训练计划2~3步

日期	月	1月				2月				3月			3月		4月					5月	
	结束周	10	17	24	31	7	14	21	28	7	14	21	28		4	11	18	24	25	2	9
比赛	客场					C							C	C							
	主场														C	C	C	C			
	比赛名称					2/28 宾州州立大学							3/28 田纳西大学	3/28 乔治亚大学	4/4 匹兹堡大学	4/5 安大略队	4/18 普社大学	425 俄亥俄州立大学			
分期	训练阶段	准备期1											竞赛期1						过渡期1		
	子阶段	一般准备期							专项准备期				赛前			比赛			过渡期		
	大周期	大周期1																			
	中周期																				
	小周期	1	2	3	4	5	6	7	8	9	10	11	12		13	14	15	16	17	18	19
	峰值指数	5	5	5	5	4	4	4	4	5	5	5	4		6	6	6	2	5	5	5
	测试日	T																	T		
	恢复周																				

竞赛重点
P=主要峰
p=次要峰
C=竞赛
T=测试

峰值指数
1=最高准备水平
2
3
4
5=最低准备水平

图11.17（续）

日期	月	5月			6月				7月				8月				8月		9月									
	结束周	16	23	30	6	13	20	27	4	11	18	25	1	8	15	22	29		5		12		19		26	
比赛	客场																	c	c			p	c	c		
	主场															c	c	c	c	c	c				c	c
	比赛名称															8/16 马里兰大学	8/23 俄亥俄州大学	8/29 匹兹堡大学	8/31 杨百翰大学	9/3 迪尤肯大学	9/6 波士顿大学	9/11 弗吉尼亚大学	9/13 达特茅斯学院	9/18 匹兹堡大学	9/20 田纳西大学	9/24 马奎特大学
分期	训练阶段	准备期2															竞赛期2									
	子阶段	一般准备期								专项准备期							赛前						比赛			
	大周期	大周期2															大周期2									
	中周期																									
	小周期	20	21	22	23	24	25	26	27	28	29	30	31	32	33	34	38	39	36		37		38		39	
	峰值指数	5	5	5	5	5	5	5	5	5	4	4	4	4	5	5		4	3		2		3		3	
	测试日										T										T					
	恢复周																									

图11.17（续）

日期	月	10月										11月					12月				
	结束周	3		10		17		24		31		7	14		21	28	5	12		19	26
比赛	客场	c					c	c	c	c	p	p	p	p	p	p	p				
	主场		p	c	c	c															
	比赛名称	9/27 南佛罗里达大学	10/2 诺特丹大学	10/4 德保罗大学	10/9 雪城大学	10/11 天主教会大学	10/16 维拉诺瓦大学	10/18 乔治城大学	10/23 康涅狄格大学	10/25 普罗维顿斯大学	大东区锦标赛		11/13 全国大体协联赛首轮	11/15 全国大体协联赛第二轮	11/20–11/22 全国大体协联赛锦标赛	11/21 11/22 11/23 全国大体协联赛第三轮	12/4 全国大体协联赛半决赛	12/6 全国大体协联赛决赛			
分期	训练阶段	竞赛期2																	过渡期2		
	子阶段	竞赛																	过渡期		
	大周期	大周期2																			
	中周期																				
	小周期	40		41		42		43		44		45	46		47	48	49		50	51	52
	峰值指数	2		3		3		2		1		1	2		2	2	1		5	5	5
	测试日																T				
	恢复周																		R	R	R

图11.17（续）

日期	月	1月				2月				3月			3月	
	结束周	10	17	24	31	7	14	21	28	7	14	21	28	
比赛	客场					C							C	C
	主场													
	比赛名称					2/28 宾州州立大学							3/28 田纳西大学	3/28 佐治亚大学
分期	训练阶段	准备期1												
	子阶段	一般准备期							专项准备期				赛前	
	大周期	大周期1												
	中周期	1				2				3				
	小周期	1	2	3	4	5	6	7	8	9	10	11	12	
	峰值指数	5	5	5	5	4	4	4	4	5	5	5	4	
	测试日	T												
	恢复周				R				R				R	
抗阻训练	训练重点	力量和耐力				基础力量				力量和耐力				
	力量和耐力	M	M	M	L	L	L	L	L	H	H	H	M	
	基础力量	L	L	L	L	M	M	M	L	M	M	M	L	
	力量和爆发力	–	–	–	–	L	L	L	–	–	L	L	–	
	最高													
耐力、速度和灵敏	训练重点	耐力				速度和灵敏				耐力				
	耐力	H	H	H	H	–	–	–	–	M	M	M	M	
	速度和灵敏	–	–	–	–	M	H	H	M	–	–	L	L	
	速度和灵敏耐力	L	M	M	M	M	L	L	L	L	M	M	L	
技战训练	技术	–	–	L	L	M	H	H	M	L	M	M	M	
	战术	–	–	L	L	L	L	L	L	L	L	L	M	

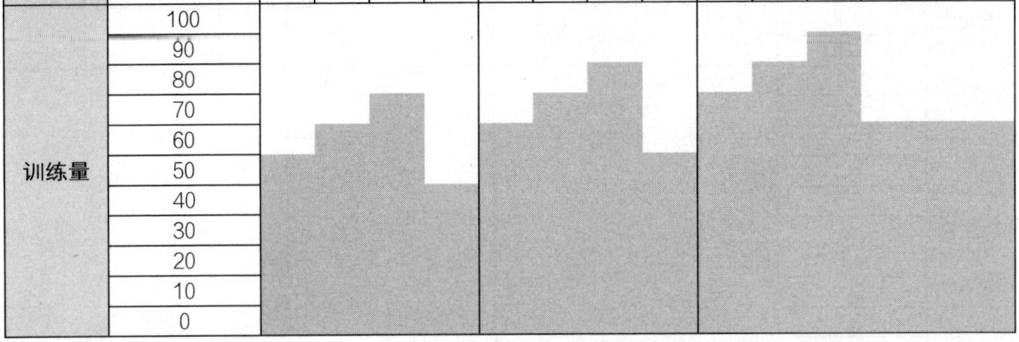

竞赛重点
P=主要峰
p=次要峰
C=竞赛

缩写	
H= 高关注程度	M=中等关注程度
L= 低关注程度	PreC=竞赛前
R= 恢复周	Specific prep=具体的准备工作
T= 测试	U=无负荷

峰值指数
1= 最高准备水平
2
3
4
5=最低准备水平

图11.18　一级联赛女子足球队训练计划第4步

日期	月	4月					5月					6月
	结束周	4	11	18	24	25	2	9	16	23	30	6
比赛	客场											
	主场	C	C	C	C							
	比赛名称	4/4 匹兹堡大学	4/5 安大略队	4/18 普杜大学	4/25 俄亥俄州立大学							
分期	训练阶段	竞赛期1				过渡期1			准备期2			
	子阶段	赛前	比赛			过渡期			一般准备期			
	大周期	大周期1							大周期2			
	中周期	4				5			6			
	小周期	13	14	15	16	17	18	19	20	21	22	23
	峰值指数	6	6	6	2	5	5	5	5	5	5	5
	测试日					T						
	恢复周				U	R	R	R				R
抗阻训练	训练重点	力量和爆发力				恢复			力量和耐力			
	力量和耐力	M	M	L	–	–	–	–	M	H	H	M
	基础力量	H	H	M	L	–	–	–	L	L	L	L
	力量和爆发力	M	M	H	M	–	–	–	–	–	–	–
	最高				H							
耐力、速度和灵敏	训练重点	速度和灵敏				恢复			耐力			
	耐力	–	–	–	–	–			M	M	M	M
	速度和灵敏	M	H	H	L	–					L	L
	速度和灵敏耐力	M	L	L	L	–			L	M	M	M
技战术训练	技术	M	M	L	L	–			L	L	L	L
	战术	M	M	H	H	–			L	L	L	L
训练量												

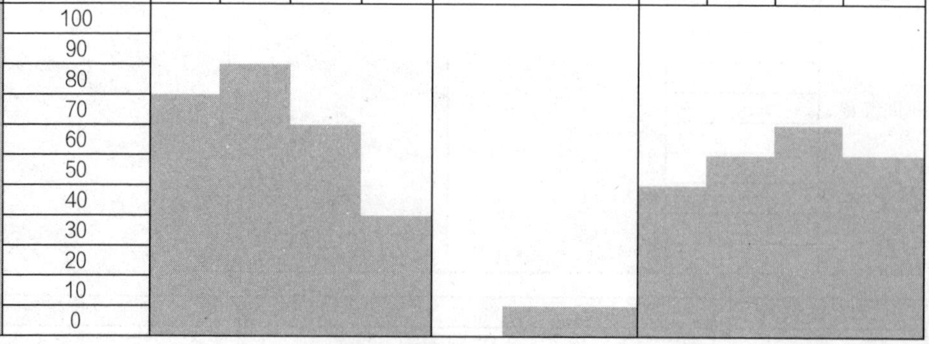

图11.18（续）

日期	月	6月			7月				8月			
	结束周	13	20	27	4	11	18	25	1	8	15	22
比赛	客场											
	主场											c
	比赛名称											8/16 马里兰大学
分期	训练阶段	准备期2										
	子阶段	一般准备					专项准备					
	大周期	大周期2										
	中周期	7				8			9			10
	小周期	24	25	26	27	28	29	30	21	32	33	34
	峰值指数	5	5	5	5	5	4	4	4	4	5	5
	测试日						T					
	恢复周				R			R				R
抗阻训练	训练重点	基础力量				力量和耐力			基础力量			
	力量和耐力	L	L	L	L	M	H	L	L	L	L	L
	基础力量	M	H	H	M	L	M	M	M	M	M	M
	力和爆发力	L	L	M	L	–	–	L	M	M	M	M
	最高											
耐力、速度和灵敏	训练重点	速度和灵敏				速度和灵敏耐力						
	耐力	L	L	L	L	H	M	M	L	L	L	L
	速度和灵敏	M	M	M	M	–	M	M	M	H	H	M
	速度和灵敏耐力	L	L	L	L	M	L	L	M	M	M	H
技战训练	技术	M	M	M	M	L	L	L	M	M	L	L
	战术	L	L	L	L	L	L	L	H	H	H	H
训练量	100											
	90											
	80											
	70											
	60											
	50											
	40											
	30											
	20											
	10											
	0											

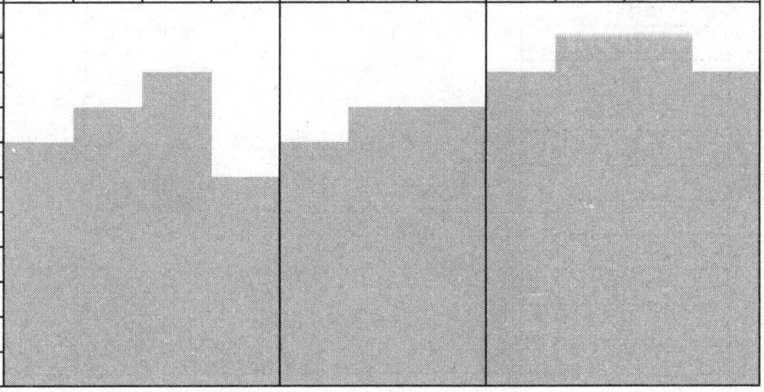

图11.18（续）

日期	月	8月		9月								10	
	结束周	29		5		12		19		26		3	
比赛	客场		c	c			p	c	c				
	主场	c			c	c				c	c		p
	比赛名称	8/23 俄亥俄州大学	8/29 匹兹堡大学	8/31 BYU	9/3 迪尤肯大学	9/6 波士顿大学	9/11 弗吉尼亚大学	9/13 达特茅斯学院	9/18 匹兹堡大学	9/20 田纳西大学	9/24 马奎特大学	9/27 南佛罗里达大学	10/2 诺特丹大学
分期	训练阶段	竞赛期2											
	子阶段	赛前						比赛					
	大周期	大周期2											
	中周期	11						12					
	小周期	35		36		37		38		39		40	
	峰值指数	4		3		2		3		3		2	
	测试日					T							
	恢复周					U				U			
抗阻训练	训练重点	力量和爆发力						力量和爆发力					
	力量和耐力	–		–		–		L		–		–	
	基础力量	M		M		L		M		L		L	
	力量和爆发力	H		M		L		M		M		L	
	最高					H							
耐力、速度和灵敏	训练重点	战术和意志力											
	耐力	L		L		L		M		L		L	
	速度和灵敏	L		L		L		L		L		L	
	速度和灵敏耐力	L		L		L		M		L		L	
技战术训练	技术	L		L		L		L		L		L	
	战术	H		H		H		H		H		H	
训练量	100												
	90												
	80												
	70												
	60												
	50												
	40												
	30												
	20												
	10												
	0												

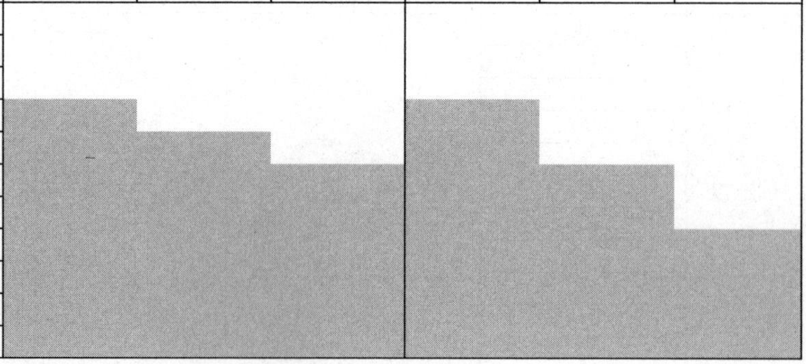

图11.18（续）

日期	月	10月								11月
	结束周	10		17		24		31		7
比赛	客场				c	c	c	c	p	p
	主场	c	c	c						
	比赛名称	10/4 德保罗大学	10/9 雪城大学	10/11 天主教会大学	10/16 维拉诺瓦大学	10/18 乔治城大学	10/23 康涅狄格大学	10/25 普洛威斯顿大学	大东区锦标赛	
分期	训练阶段	竞赛期2								
	子阶段	竞赛								
	大周期	大周期2								
	中周期	12								
	小周期	41		42		43		44		45
	峰值指数	3		3		2		1		1
	测试日									
	恢复周	U						U		U
抗阻训练	训练重点	力量和爆发力								
	力量和耐力	L		–		–		–		–
	基础力量	M		L		L		L		L
	力量和爆发力	M		M		M		L		L
	最高							H		H
耐力、速度和灵敏	训练重点	战术和意志力								
	耐力	M		L		L		L		L
	速度和灵敏	L		L		L		L		L
	速度和灵敏耐力	M		L		L		L		L
技战术训练	技术	L		L		L		L		L
	战术	H		H		H		H		H
训练量	100									
	90									
	80									
	70									
	60									
	50									
	40									
	30									
	20									
	10									
	0									

图11.18（续）

日期	月	11月				12月				
	结束周	14		21	28	5	12		19	26
比赛	客场	p	p	p	p	p	p			
	主场									
	比赛名称	11/13全国大体协联赛首轮	11/15全国大体协联赛第二轮	11/20–11/22全国大体协联赛锦标赛	11/21 11/22 11/23全国大体协联赛第三轮	12/4全国大体协联赛半决赛	12/6全国大体协联赛决赛			
分期	训练阶段	竞赛期2						过渡期2		
	子阶段	比赛						过渡期		
	大周期	大周期2								
	中周期	13						14		
	小周期	46		47	48	49		50	51	52
	峰值指数	2		2	2	1		5	5	5
	测试日					T				
	恢复周							R	R	R
抗阻训练	训练重点	力量和爆发力						恢复		
	力量和耐力	L		–	–	–		–		
	基础力量	M		L	L	–		–		
	力量和爆发力	M		L	L	L		–		
	最高					H		–		
耐力、速度和灵敏	训练重点	战术和意志力						–		
	耐力	M		L	L	L		–		
	速度和灵敏	L		L	L	L		–		
	速度和灵敏耐力	M		L	L	L		–		
技战术训练	技术	L		L	L	L		–		
	战术	H		H	H	H		–		

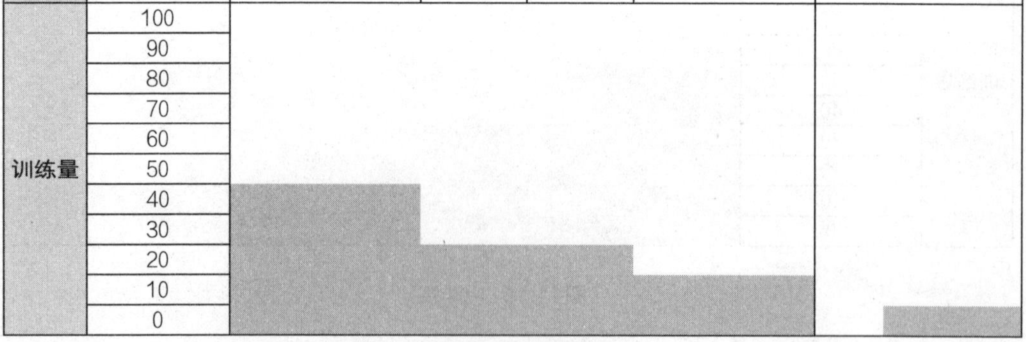

图11.18（续）

小　结

· 训练分期是运动员长期发展规划的一项必不可少的内容。它应当被看作是一项对训练因素的逻辑性、综合性和有序性调控，以便在预定的时间点上获得最佳的训练成果。

· 分期是作为一种发展运动员（尤其是长期性地）的先进方法，是在科学著作中被充分肯定的一种理论性与实践性典范。

· 分期是允许体能教练构建以专项的生理成绩和竞技成绩为目的，同时管理运动员所面临的训练刺激源和生活压力源的训练活动的规划过程。

· 在设计运动员的训练计划时，应当考虑和构建训练周期中的多年训练计划、年度训练计划、大周期、中周期、小周期以及训练日和训练课程。

· 虽然传统的分期模式对新手或初学者有所帮助，但高水平运动员需要的是更加复杂有序的分期模式。这些模式包括汇总式小周期模式和组合式排序模式。

第十二章

训练计划实施

Jay R. Hoffman，Lee E. Brown， Abbie E. Smith

体能训练最复杂的环节是将整个计划组合在一起。前面各章详细说明了用来提高运动表现的涉及具体适应内容的各种方法。但是，体能教练必须综合所有的信息并制订一份能在恰当的时间最大限度提高竞技表现并降低训练过度风险的年度训练计划。有关制订分期训练计划的大部分理论都在第十一章提到了。本章重点阐述制订训练计划的实践性环节。通过具体的训练计划案例来详细阐述几个重要的话题。

对于本章所有示范性抗阻训练计划，其重复次数的范围是假定最后尽最大努力完成的重复练习。应当调节阻力以确保运动员的最大重复次数不超过指定的范围。参见第四章3.9的内容，了解有关根据最大重复次数选择负荷的更多内容。

需要注意的是，年度训练计划是专门针对每个具体的运动项目的。本章所提供的重要信息仅提供制订计划的方法和可能影响计划进展的各种影响因素的案例。虽然没有任何一种有关制订训练计划的单一方法（专门针对个别运动项目和运动员）得到公认，不过可以理解的是，一种行之有效的训练计划一定要以合理的科学为基础。

现有的各种训练方法只是为体能教练提供在年度训练周期的适当时间需要使用的工具。本章当中的许多案例都已被大学篮球和橄榄球训练计划所采用。对于其他运动项目，则需要在年度训练计划的整合过程中考虑各自的差别。

■1 训练课

在开始任何练习之前，体能教练必须有组织地引导或指挥例行热身运动来使运动员为接下来的练习做好准备。适当的例行热身运动还可以降低训练过程当中受伤的风险。是否应当将静态伸展练习的使用包含到热身运动当中去尚有待商榷（参见第三章以了解更为详细的探讨内容）。采用针对具体练习的动作样式的动态热身运动可能最有助于为练习做准备。需要注意的是，热身运动不应当使运动员在随后进行的练习中感到疲劳。以下专栏中展示了一种动态热身运动的案例。

动态热身运动案例
所有练习的活动范围为30yd
① 弓步伸展
② 横向迈步（每走10yd变换一次方向）
③ 锡兵练习（手脚交叉运动，膝关节朝向胸部）
④ 高抬腿迈步，同时腿后肌后蹬（脚后跟及臀）
⑤ 侧滑步（每10yd变换一次方向）
⑥ 卡里欧卡舞步
⑦ 快速跳再变为踏步跳跃
⑧ 反向跑（大步）
⑨ 反向跑（小步）
⑩ 阻力跑
⑪ 2～4次跳跃，再加速跑30yd

随着运动员从一个训练阶段转入另一阶段，他们必须从体能上为每一个即将进行的步骤做好准备。训练强度、训练量的变化和练习的选择都应当不断加大，以便在每个后续训练阶段都能带来体能上的挑战。强调正确的技术手法应当始终是优先考虑的重点。运动员在练习中成功掌握技术之前不应当过分强调负荷。另外还可以对一节训练课当中练习的顺序加以变化，以便取得更好的训练效果。参阅第四章以了解更多有关制订抗阻训练计划的具体指导方针，包括对练习顺序的指导方针。

■ 2　非赛季训练

非赛季训练的目标应当专门针对每个运动员。关键是要找到最有效的方法来实现这些目标。对于经验丰富的力量/爆发力项目运动员，弹跳类练习（如蹲跳或仰卧推举）对初学者更为有效。体能教练需要检验哪些内容最能够实现适应（或最有可能产生收效）。这可以通过仔细评定测试结果来加以确认（参见第二章）。

虽然需要保持高水平的竞技能力，但训练方案的重点应当是最能够实现适应的环节。非赛季训练计划的早期阶段的焦点是锻炼肌肉、增强力量/爆发力和提高速度，但运动员应当保持最低水平的调节能力。在可能的时候，运动员应当练习其运动技巧。例如，篮球选手应当参加一些非正式比赛来达到练习技巧的目的。而对于橄榄球运动员，这会更具挑战性。不过，无论是哪一项运动，都应当鼓励运动员多参加非赛季比赛，如篮球比赛和网球运动等，以此来维持其运动能力和竞技状态。

所有非赛季训练的基本目标都是增强运动员的竞技能力。这通常涉及提高力量/爆发力和速度的训练计划。其他非赛季训练的目标还包括通过增大肌肉的体积和降低脂肪体积来改变身体成分。

随着非赛季训练计划的开始，其重点应当主要放在举重健身房。每名运动员都可以从更强壮的身体或更有爆发力的体能上受益。正如第四章和第十一章所探讨的那样，抗阻训练计划一开始通常是大运动量（每组做更多的重复次数）和低强度（其负荷要保证运动员有较低比率的最大重复次数）的练习。这样做的目的是使运动员为训练计划的后续阶段所要进行的更高强度的举重练习做好准备，并把重点放在分期训练计划的增肌阶段。在这一阶段所花时间的长短将取决于运动员的训练目标。如果运动员重点是增大肌肉体积（可能在年轻运动员当中较为普遍），那就可以在这一阶段的培训上花较多的时间。如果运动员的主要目标是增强力量和爆发力，那么这一阶段就要用来为训练计划的后续阶段内所要进行的更高强度的复杂练习做好准备。

图12.1（a）和（b）提供了参加秋季比赛的一名力量/爆发力项目运动员的非赛季训练计划的案例。

可以通过为各个阶段安排相近的时间段来对其加以调整，以满足其他运动员的要求。图中共提供了两份案例。一份是为每个训练阶段提供较长的持续时间，并假定没有任何赛事（如春季橄榄球赛）会中断该训练计划。

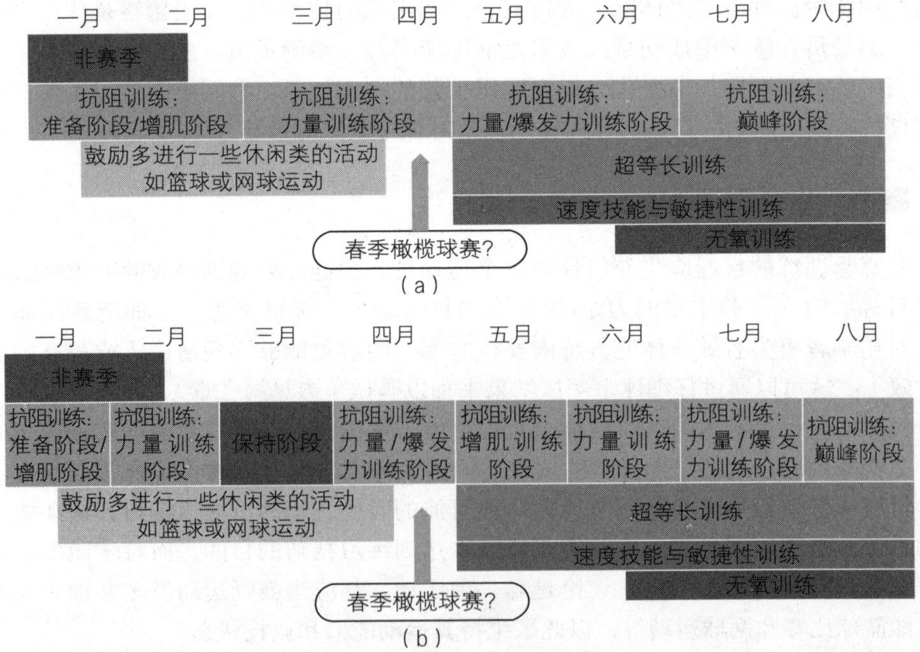

图12.1 针对力量/爆发力项目（如橄榄球）的两份非赛季训练计划：计划（a）不允许训练计划当中出现中断，但计划（b）可以允许春季赛时出现中断

另一份案例中的各个训练周期相同，但是考虑到了春季橄榄球比赛的因素。此外，在两个训练阶段之间安排一段用于体能恢复的减负期（一周）不失为一种明智之举。

尽管本章的很多案例都提供了针对力量/爆发力项目运动员的训练计划，但必须记住，一份精心设计的抗阻训练计划能够使各种不同运动项目的运动员受益。表 12.1 描述了一份为期 15 周的网球抗阻训练计划——网球不属于力量/爆发力项目，但是，网球运动员可以从抗阻训练中大受裨益。

表12.1　15周的网球项目训练计划（每周训练3天）

练习	组数×重复次数 第6～10 周	组数×重复次数 第 11～15 周	组数×重复次数；第 1～5 周
周一			
悬垂翻	3×4～6	4×3～5	5×2～4
后深蹲	3×10～12	3×8～10	3×6～8
仰卧推举	3×10～12	3×8～10	3×6～8
弓步	3×8～10		
哑铃侧举	3×10～12		
转体	3×25		
向内/向外旋转	3×10		
周三			
腿屈伸	4×8～10	4×6～8	4×4～6
直腿硬拉	3×10～12	3×8～10	3×6～8
坐姿滑轮颈前下拉	3×10～12	3×8～10	3×6～8
提踵	3×10～12		
反向飞鸟	3×10～12		
俄罗斯转体	3×25～30		
尺骨/桡骨侧屈	2×10		
固定式肩部平举	2×10		
周五			
高抓	3×4～6	4×3～5	5×2～4
前深蹲	3×10～12	3×8～10	3×6～8
坐姿划船	3×10～12	3×8～10	3×6～8
斜板哑铃推举	3×10～12	3×8～10	3×6～8
手腕/反握屈伸	3×10～12		
向内/向外旋转	3×10～12		
仰卧起坐	3×25～30		
强度：分组练习中一组最大重复次数的 60%～85%			
休息时间：主要练习 2～3min；辅助练习1～2min；腹部练习30～60s			

2.1 准备期

如前所述，训练的初始阶段是准备阶段/增肌阶段。表 12.2 提供了供力量/爆发力项目运动员在该阶段使用的抗阻训练计划的案例。该计划的持续时间一般为4～8周，具体取决于运动员的目标。在该训练阶段，运动员还可以进行一些休闲类活动（如篮球和网球运动），但其重点要放在抗阻练习计划上。

如果把减脂作为非赛季训练的一项重要目标，那就必须进行适当的调整，以便在训练计划中更多考虑有氧耐力训练环节。但是，充分的证据表明，高强度训练是加快脂肪氧化的有效刺激手段。必须承认，对进行抗阻训练的运动员而言，过于强调有氧耐力练习很可能会对获得最大的力量/爆发力成效产生负面影响。考虑到针对脂肪氧化的高强度训练的潜在有利效果，将这两种形式的训练（抗阻训练与高强度跑步练习）相结合可能更加有助于获得既定的训练成果。

表12.2　分段抗阻训练计划的案例（每周4天）

力量/爆发力项目运动员的准备阶段/增肌训练阶段

练习	组数×重复次数	练习	组数×重复次数
第 1、3 天		第 2、4 天	
下蹲	1*、4×8～12	仰卧推举	1*、4×8～12
腿部伸展	3×8～12	斜板仰卧推举	3×8～12
腿部屈伸	3×8～12	斜板飞鸟	3×8～12
站姿提踵	3×8～12	坐姿肩部推举	1*、4×8～12
滑轮下拉	1*、4×8～12	站姿划船	3×8～12
坐姿划船	1*、4×8～12	侧平举	3×8～12
哑铃弯举	3×8～12	三头肌下压	3×8～12
杠铃弯举	3×8～12	颈后臂屈伸	3×8～12
腹背伸展	3×8～12	仰卧起坐	3×20
腹部屈伸	3×20		
休息时间：两组之间休息1min；第1、3天之间和第2、4天之间休息72h			
第1、3天和第2、4天可以连续交替练习。例如，可以在周一、周二、周四和周五（每周4天）来实施该分段训练计划			

注：*表示至少要做一组热身练习。

表 12.2 中描述的训练计划是一份4天一循环的分段练习计划，其中每个部位每周训练2次。运动员在每个抗阻训练课程当中需要采用相同的相对强度。但是，可以对训练量做一些调整，因为考虑到前一节训练课后的恢复情况，每节训练课中的重复次数可以不同。依照逐步增加负荷的原则，一旦运动员可以达到既定的训练目标（如某次训练课的最大重复次数），那么就可以在下一节训练课当中加大负荷。虽然相对强度

依然相同，但实际的训练量却增加了（负荷×重复次数）。这通常被称为“传统型”或“经典式”分期训练计划，并在近年来的体育-科学著作中被称为“线性分期训练法”。但是，第十一章探讨过，对“线性”一词的适当性有着非常激烈的辩论。

还有一种训练方法是为每种练习制定不同的负荷方案。这被称为“波浪形”或“非线性分期训练计划”。表 12.3 提供了一份 3 天一循环的非线性训练计划，可以考虑供非赛季的运动员使用。

表 12.3 力量/爆发力竞技项目运动员的波浪形训练计划

练习	组数×重复次数	练习	组数×重复次数	练习	组数×重复次数
周一		周三		周五	
下蹲	1*、4×3~5	前深蹲	1*、4×6~8	哑铃弓步	3×10~12
仰卧推举	1*、4×3~5	斜板仰卧推举	1*、4×6~8	哑铃仰卧推举	3×10~12
推举	1*、4×3~5	坐姿哑铃肩部推举	1*、4×6~8	坐姿肩部推举	3×10~12
上拉	3×3~5	哑铃站姿划船	3×6~8	混合练习：耸肩与侧平举	3×10~12×2
滑轮下拉	3×3~5	坐姿划船	3×6~8	哑铃屈体划船	3×10~12
三头肌下压	3×6~8	颈后臂屈伸	3×6~8	宽握负重	3×10~12
站姿弯举	3×3~5	坐姿哑铃弯举	3×6~8	哑铃锤式弯举	3×10~12
仰卧起坐	3×20	腹部屈伸	3×20	背部伸展	3×8~10

注：*表示至少要做一组热身练习。

但是，需要注意的是，近年来的研究表明，传统的分期训练模式在短期的（不超过 15 周）非赛季训练计划期间对于力量/爆发力项目的大学生运动员可能更为有效。对于制订非赛季训练计划的体能教练来说，需要关心的问题是运动员的经验水平。对于有抗阻训练经验的运动员而言，通过穿插一些辅助性练习（如斜板仰卧推举、斜板飞鸟）来提供必要的训练刺激，显得十分重要。

2.2 力 量

非赛季当中的第二个训练周期通常把发展力量作为重点。与准备阶段/增肌训练阶段相比，该训练阶段中的强度有所增加，使得每组进行的重复次数减少。因此，训练总量（组数×重复次数）有所下降。在该训练阶段，体能教练可以在训练计划中穿插一些额外的练习（主要为多关节、结构性运动练习），以加大训练刺激。表 12.4 中提供了这种训练计划的案例。

表12.4 分段抗阻训练计划的案例：力量/爆发力项目运动员的力量训练阶段（每周4天）

练习	组数×重复次数	练习	组数×重复次数
第 1、3 天		第 2、4 天	
下蹲	1*、4×6~8	上拉	1*、4×6~8
硬举	3×6~8	仰卧推举	1*、4×6~8
腿部屈伸	3×6~8	斜板仰卧推举	3×6~8
站姿提踵	3×6~8	斜板飞鸟	3×6~8
滑轮下拉	1*、4×6~8	坐姿肩部推举	1*、4×6~8
坐姿划船	1*、4×6~8	前平举/侧平举	3×6~8
哑铃弯举	3×6~8	三头肌下压	3×6~8
杠铃弯举	3×6~8	颈后臂屈伸	3×6~8
腹背伸展	3×8~12	仰卧起坐	3×20
腹部屈伸	3×20		
休息时间：两组之间休息 3 分；第 1、3 天之间和第 2、4 天之间休息 72h			
第 1、3 天和第 2、4 天可以连续交替练习。例如，可以在周一、周二、周四和周五（每周4天）来实施该分段训练计划			

注：*表示至少要做一组热身练习。

与表 12.2 中所示的准备阶段/增肌训练阶段的训练计划相比，本计划会穿插竞技举重动作（如上拉）。这些练习也可以出现在初始训练阶段，但缺乏经验的运动员或新手可以采用传统的爆发式举重练习来发展基础力量和正确技术。此外，将这些练习穿插到训练的后续阶段中，还可以使训练计划实现一定的变化，避免过于单调。这一训练阶段也可以持续4~6周。

在有些训练计划中，体能教练可能会开始穿插一些其他的训练模式。例如，超等长练习或速度与灵敏素质训练都可以穿插到训练日程内。在橄榄球的非赛季训练计划内，就可以将超等长练习穿插到力量训练中周期当中。超等长练习的穿插也应当从低强度练习向高强度练习循序渐进。表 12.5 提供了一份按强度水平划分的超等长练习列表。

通常，低强度练习会包括平地双腿跳跃。单腿跳跃、弹跳、高处跳跃（跳深）和重复的跳箱子练习，都可以增加训练强度。训练计划设计的一个重要环节就是决定是否包含或限制超等长训练的训练量。这需要考虑运动项目的类型。例如，篮球和排球运动员就可以在非赛季参加非正式比赛。运动员在这类休闲性比赛当中所进行的跳跃练习也需要考虑其中，因为它们依然会产生全身疲劳。将超等长练习穿插到这些运动员的训练计划中，而不考虑其参与的休闲性运动可能会增大训练过度综合征的风险。

通常，在一份理想的训练计划中，安排运动员进行上肢抗阻训练课时，会做一些超等长练习。如果上肢超等长练习要包括在内，就应当在接受下肢抗阻训练的训练日来进行。表 12.6 中提供了一份将力量训练与超等长训练相结合的训练计划的案例。另外，还可以在下肢抗阻训练计划中包括几种下肢超等长练习。但是，体能教练应当避免让运动员产生疲劳。随着不同模式的各种练习被穿插进来以降低过度训练的发生率，降低其他练习的训练量不失为明智之举。例如，如果在进行下肢力量练习的训练日穿插几种超等长练习，就应当减少几种下肢的辅助性练习。在采用表 12.4 中所述的训练计划时，体能教练可以用跳箱子练习来代替下肢力量训练日的硬举练习，避免运动员训练过度。

表 12.5　超等长练习的案例

练习	强度	开始姿势	动作
立定跳远	低	以半蹲姿势站立，双脚分开与肩同宽	双臂向与双腿相反方向大幅摆动，尽可能远地向前跳跃
蹲跳	低	以下蹲姿势站立，大腿与地面平行，双手手指互扣放在脑后	起跳至最大高度，且双手不得移动； 落地时，回到开始姿势
快跳	低	自然站立	抬起一条腿，膝关节弯成 90°，同时抬起另一侧的手臂（肘部同样弯成 90°）。双腿与双臂交替进行。为增加难度，可双脚离地，尽力向上伸展
爆发式跳跃	低	自然站立	双臂摆动，身体以跳跃动作向前运动，使前腿尽可能抬高并尝试触到双手； 当后腿离地时要努力跳得尽可能高。每次重复动作应使双腿交替进行
锥桶前跳	低	身体站立在排成一列的锥桶前，双脚分开与肩同宽	保持双脚分开与肩同宽，跳过每一只锥桶，双脚应同时落地； 双臂摆动，并使停在地面上的时间尽可能短
单腿蹬箱	低	站立在地上，脚前方放一个6～12in高的箱子	将一只脚的脚后跟放在离身体最近的箱子边沿上； 用力蹬上面一只脚，通过伸展整条腿和脚来跳到最大高度； 通过双臂的摆动来获得弹跳高度，保持平衡
抛健身球	低	身体站立，将一只健身球举过头顶	向前跨步，用双臂将球抛向同伴或抛到指定的距离； 该练习还可以采用坐姿或站姿进行胸前传球
前位跳箱	中低	站在 12～42in高（取决于能力）的箱子前面，双脚分开与肩同宽，双手放在脑后	双脚起跳并同时落在箱子上，然后再跳下来。要提高练习的难度，可以跳下来然后再立即跳上去
双膝向上起跳	中	身体站立，双膝稍微弯曲，双脚分开与肩同宽	向上方起跳到尽量高的高度，过程中使双膝向胸部靠拢并用双手抓住，然后落地。落地时身体呈直立姿势

续表

练习	强度	开始姿势	动作
锥桶侧跳	中	身体站立在一排锥桶的旁边，双膝稍微弯曲，双脚分开与肩同宽	侧向跳过整排锥桶，双脚同时落地。跳完一整排后，再跳回到开始位置 该练习在进行时应当采用3～5个锥桶，间隔2～3ft排列
站姿三级跳	中	身体站立，双脚分开与肩同宽，膝关节弯曲，身体略微前倾	通过反向运动使双脚尽量向前跳跃，如同跳远动作一样。落地时，只用一只脚着地。同时立即用着地的那只脚原地起跳。跳过最大距离并用另一只脚落地，然后再次起跳。最后用双脚同时落地
多箱连跳	中	站在3～5个12～42in高（取决于能力）的箱子前面，双脚分开与肩同宽	跳到第一只箱子上，然后再跳下来。然后再跳到第二只箱子上，如此反复，直到最后一只，通过双臂摆动来获得跳跃高度和保持平衡
深跳至规定高度	中	站在一个12～42in高的箱子上（箱子越高，练习的强度越大），前方另有一只高度相近的箱子，脚尖靠近箱子边缘，双脚分开与肩同宽	双脚从箱子上跳到地面。脚一触地就马上爆发性地尽可能高地起跳，然后落在第二只箱子上。应努力使双脚触地的时间尽可能短
双腿交替起跳	中	开始时，一只脚比另一只位置稍前，双臂置于体侧。以箭步或慢跑姿势起跳	用前腿往下蹬，使膝关节前伸。通过双臂交替或同时摆动，努力跳至最大的水平距离和垂直高度。应尽量在空中保持尽可能长的时间。落地时，再用另一只腿重复前面的动作。目的是每一次起跳都要跳到最大距离/高度。该练习不是为赛跑或快速跑而设计的
急速投球	中 高	仰卧于地面并位于一个12～42in高的箱子旁，双臂展开。一名同伴站在箱子上，手拿一只健身球	当同伴投下健身球时，将其接住并立即扔回去
双腿或单腿之字跳	中 高	放置6～10只锥桶，间隔约1.5～2ft，呈之字形排列 开始时双腿与肩同宽，双膝略微弯曲	沿对角线跳过第一个锥桶。落地后随即改变方向并沿对角线跳过其余的锥桶 如采用单腿起跳则属于高强度超等长练习

续表

练习	强度	开始姿势	动作
屈体跳	中高	开始时双腿与肩同宽，双膝略微弯曲	起跳时双腿夹紧并置于身体前部，只有臀部呈弯屈状。跳至最高点时尝试触摸脚尖，回到开始姿势
深跳	高	站在一只 12～42 in高的箱子上（箱子越高,练习的强度越大），脚尖靠近箱子边缘，双脚分开与肩同宽	双脚从箱子上跳到地面。当双脚一触地随即爆发性地起跳至尽可能高的高度。应努力使双脚触地的时间尽可能短
分腿下蹲	高	身体站直，双腿分开，一前一后，间隔尽量大。前腿成弓步，臀部与膝关节分别成 90°	起跳至最大高度，同时双腿交换位置。双腿交换位置时，尽量屈膝，以便后脚脚跟靠近臀部。落地时呈分腿下蹲姿势，然后再次起跳
单腿跳	高	一只脚略前于另一只脚，呈起步姿势。双臂置于体侧	以箭步或慢跑姿势起跳，使前腿膝关节尽可能上扬和外伸。与此同时，双臂做摆动动作。使未起跳的那条腿保持固定姿势，并在整个练习过程中保持其膝关节弯曲。该练习的目的是要在空中停顿尽量长的时间。用起跳的那条腿落地，然后重复该动作
多箱连续蹲跳	高	站立在3～5个12～42in高（取决于能力）的箱子前方。保持平蹲姿势，双腿分开与肩同宽，双手置于脑后或臀后	跳到第一只箱子上，并保持下蹲姿势，然后跳下。跳到下一只箱子上，然后继续直到最后。始终将双手置于脑后或臀后
单腿深跳	高	站在一只 12～18 in高的箱子上，脚尖靠近箱子边缘，双腿分开与肩同宽	从箱子上跳到地面，单脚落地。当脚一接触地面随即用一只脚爆发性地跳至尽可能高的高度。应努力使触地时间尽可能短
单腿起跳	高	用一只脚站立	用一只脚向前跳跃，距离应尽可能远，使用另一条腿和双臂在空中摆动以保持平衡并增加向前的动量

表 12.6　力量训练计划与超等长训练计划相结合的案例

训练日	抗阻训练	超等长训练
周一	上肢高强度练习	下肢低强度练习
周二	下肢高强度练习	—
周三	—	—
周四	上肢低强度练习	下肢高强度练习
周五	下肢低强度练习	—

引自J.R. Hoffman，2002，*Physiological aspects of sport training and performance*. Champaign,IL：Human Kinetics，169—184.

2.3 力量与爆发力

非赛季训练的第三个周期是力量/爆发力训练阶段。在这一训练阶段，训练强度会进一步提高，而训练量会在当初力量训练阶段的基础上有所下降。对于大学生橄榄球选手而言，这一阶段可能会因为春季橄榄球赛而中断。如果真是这样，很有可能会在整个春季橄榄球赛期间为运动员安排一份休整计划。随后，体能教练可以从增肌训练阶段重新开始抗阻训练计划，然后进入其他训练阶段。回到增肌训练阶段的目的是降低训练强度，帮助运动员从春季橄榄球赛中恢复。但是，这对于其他运动项目来说通常不是问题，因此其他项目的运动员会继续以其非赛季训练目标为重点。

在力量/爆发力训练阶段，更主要的重点应当放在奥运专项练习和弹跳类练习上。爆发力的表现可通过采用将运动速度与大力量输出相结合的多关节、复合型的结构化动作来加以提高。像抓举、爆发性翻举和推举等练习会经常穿插到计划当中。一些传统的爆发性举重练习或辅助练习会被去掉。表 12.7 提供了一份力量/爆发力训练阶段所采用的，每周进行4天的分段抗阻训练计划的案例。以前的研究已经表明，奥运专项练习可以增强抗阻训练运动员在其非赛季训练计划期间的速度与爆发力的发展，其提高程度比传统的爆发性举重练习要高。此外，速度与灵敏素质训练计划也经常会安排在这一训练阶段。这些练习通常不会使抗阻训练计划发生变化。

表12.7 分段抗阻训练计划的案例：力量/爆发力项目运动员的爆发力训练阶段（每周4天）

练习	组数×重复次数	练习	组数×重复次数
第1天、第3天		第2天、第4天	
下蹲	1*、4×4~6	上拉/力量翻举	1*、4×4~6
硬举/抓举	4×4~6	仰卧推举	1*、4×4~6
腿部屈伸	3×4~6	斜板仰卧推举	3×4~6
滑轮下拉	1*、4×4~6	推举/挺举	1*、4×4~6
坐姿划船	1*、4×4~6	前平举/侧平举	3×4~6
哑铃弯举	3×4~6	三头肌下压	3×4~6
杠铃弯举	3×4~6	颈后臂屈伸	3×4~6
腹背伸展	3×8~12	腹部/躯干例行练习	3×20
腹部屈伸	3×20		
休息时间：两组之间休息 3 min；第1天、第3天之间和第2天、第4天之间休息 72h			
第1天、第3天和第2天、第4天可以连续交替练习。例如，可以在周一、周二、周四和周五（每周4天）来实施该分段训练计划			

注：*表示至少要做一组热身练习。

2.4 速度与灵敏

在力量/爆发力训练阶段，速度与灵敏素质练习经常被安排在每周的例行练习当中。对于集体运动项目而言，这些练习的目的之一通常是让这个集体能够团结协作。还有一个更重要的目的就是增强运动员在这些动作变化中的竞技表现。这种例行练习的设计目的不是为了训练。为此，练习后的休息间隔会比以训练为目的的练习中的间隔时间要长。

例如，增强无氧能力的练习–休息比（参见第六章）可以是 1：4；但是，在注重每个重复动作的质量时，其练习–休息比可能会加大到 1：8。在这一训练阶段中，与灵敏素质、速度和超等长练习有关的焦点是练习的质量，而不是数量。随着运动员进入到非赛季训练计划的后期阶段，速度与灵敏素质练习会对无氧训练起到越来越大的作用。但是，更长的练习–休息比依然需要每项练习都付出 100% 的努力。

以下专栏中描述了参加力量/爆发力训练的运动员的速度技术与灵敏素质训练的案例。这些训练通常是以每周两次的循环方式进行的。例如，循环方式的灵敏素质练习可能包括（按顺序）T 形练习、埃德格伦侧步练习、专业灵敏素质练习、L 形练习和灵敏素质阶段练习等各个环节。超等长练习循环可能包括立定跳远、前位或侧位跳箱、单腿跳、抛健身球和深跳等环节。

这些循环练习常用于橄榄球、篮球和其他力量/爆发力型的运动项目。这些循环练习也对足球、曲棍球和长曲棍球运动员非常有好处，尽管这类运动员要求有更好的心肺耐力，但依然会从爆发力的提高中受益。

从管理上来看，可以将球队选手分为5组。选手们可以有 3 min的时间来做每一项练习。例如，可以安排60名选手参加这些练习，每组包括 12 名选手。如果一项练习需要5 s来完成，那么每名运动员就可以重复做 3 次左右。

如前所述，质量还是比数量重要得多。因此，使用上一次的案例时，每名运动员将重复做 15 次左右的练习。

快速跑技术与灵敏素质练习	
快速跑技术练习	· 提踵 · 手臂动作 · 屈体下落并奔跑 · 扔球并跑开 · 起跳助跑 · 起跳并跑开 · 抢夺并跑开 · 拉雪橇式跑步

续表

快速跑技术与灵敏素质练习	
	• 锥桶跳跃与快速跑 • 快速起跑：头4步跳出场地 • 快速起跑：头8步跳出场地 • 两次30yd的快速跑
灵敏素质练习	• T 形测试 • 专业灵敏素质测试 • 8字形 • 40yd侧移 • 15yd转体练习 • Z字形跑 • 20yd直角转弯跑 • 灵敏素质阶梯练习

注：以上练习参见本书前面相关章节内容。

可以随机将运动员安排到各个训练区域（建议将能力接近的运动员分在一个组，或按位置划分）。运动员们应当按顺时针方向从一项练习过渡到下一项练习。

以下各节描述了篮球和田径项目的灵敏素质训练计划的案例。请切记，随着灵敏素质练习被穿插到训练计划中，抗阻练习计划的训练量通常会降低（每项练习进行的重复次数会减少）。如果新增的训练量未计划在内，则训练过度的风险可能会增大。

2.5 篮球项目的灵敏素质训练计划

表 12.8 提供了一份简单的篮球项目灵敏素质训练计划的案例。其中的练习包含了与篮球选手在比赛中会遇到的情形很相似的运动模式（如8字形）。训练频率为每周2～3次，因为这一频率在以往的训练研究中已被证明是有效的。另外，如前所述，灵敏素质练习应当以最大强度或接近于最大强度来进行，获得最佳的适应。训练量为每种练习做两组，每组重复 10 次。

表12.8 篮球项目的灵敏素质训练计划

练习	频率	强度	训练量	休息时间
20yd往返跑	2～3	最大	2 组×10 次	2～3min
20yd直角转弯跑	2～3	最大	2 组×10 次	2～3min
8字形	2～3	最大	2 组×10 次	2～3min
阶梯：出入	2～3	最大	2 组×10 次	2～3min
卡里欧卡舞步	2～3	最大	2 组×10 次	2～3min

比如，运动员将连续重复 10 次练习，这就是一组。篮球的快节奏特点——这在整个比赛的快速攻防转换中已经得到证明——使得连续的方向变化必不可少。这种动作就是在按规定的运动量进行的往返跑当中练习的。两组之间 2～3 min的恢复期应当很充分。不过，体能教练可以根据运动员的疲劳度等因素进行相应的调整。

2.6 田径项目灵敏素质训练计划：快速移步、贴身防守

这份灵敏素质计划的案例（表 12.9）可以适用于很多田径项目，比如橄榄球、足球、长曲棍球和英式橄榄球。它强调的是在封闭或有限的空间内快速移动的步法和方向的改变。由于在这些特定的运动项目中两支球队可以同时有多名选手在场上，因此在拥挤的空间内做动作是非常常见的。

例如，一名试图带球攻向球门的进攻球员必须想办法突破对方多名队员的防守。随着对方球员的逼近，在有限的空间内实施快速移动对于控球队员来说显得十分重要。而对于防守方，一对一的局面下则需要防守队员做出与进攻球员相应的动作——采用近距离步法和改变方向来阻截。在发定位球时，如任意球或角球，也会出现多名进攻队员和防守队员在一个区域内的情况，从而使空间变得异常拥挤。为了获得更加有利的位置来破门得分，进攻方的球员经常会采用快速的步伐和迅速改变方向以出现在不同的位置上。这种情况有力地证明了在狭小空间内灵活移动的重要性。

表12.9 田径项目的灵敏素质训练计划：快速移步、贴身防守

练习	频率（每周）	强度	训练量	休息时间
六边形路线跑	1～3	最大	3 组×3 次（顺时针与逆时针）	1～2min
双腿横向跳跃	1～3	最大	5 组×1 次	1～2min
绳梯：艾奇往返跑	1～3	最大	5 组×1 次	1～2min
绳梯：右侧进	1～3	最大	5 组×1 次	1～2min
绳梯：跨越往返跑	1～3	最大	5 组×1 次	1～2min
绳梯：蛇形跳跃	1～3	最大	5 组×1 次	1～2min

表12.9 中列出的练习场地项目中包括快速移动步法和变向练习。每周练习1～3次，具体取决于练习日程的安排。比如，如果灵敏训练计划是与其他训练计划（如抗阻训练）结合使用或者是在赛季期内，练习的频次少一点可能更合适。如果是专门的灵敏训练，那么每周3次会更有利。

大部分练习是1min练习5组，或1～2min练习5组，六边形路线跑练习除外。

六边形路线跑的训练量规定为3组，每组3次双向跑，也就是说，分别沿顺时针和逆时针方向连续跑3圈。其他练习的训练量为5组，每组1次。

全队的每名运动员都只完成一个动作，然后等待其他队员依次完成后开始下一组，而不是连续做完所有5次重复动作。此外，由于是轮流完成练习，因此重复练习之间的间隔时间为1~2min。

2.7 场地项目灵敏训练计划：在各种不同距离内改变方向

除了要具备贴身防守的灵敏外，场地项目运动员还要在整场范围内的各个位置不断变向跑动，该训练计划（表 12.10）的目的是将变向练习与比赛中所面临的各种距离相结合。体能教练可以把专项练习手段加入这些练习中。如足球运动员带球突破的同时进行往返快速跑，曲棍球运动员带着球棍跑。训练频率为每周1~3次，原因与前面提到的快速步法与近身防守练习相同。例如，这一练习可以每周做1次，而快速步法与近身防守练习则可以每周做2次，反之亦然。同样，训练强度应当为最大或接近最大。随着在规定练习中所采用距离的增大，分配的训练量应当相应减少，如60yd和100yd往返跑。这些练习也应当提供更长的恢复时间，因为长距离练习中还有变向动作。

表12.10 场地项目的灵敏训练计划：不同距离的变向跑

练习	频率（每周）	强度	训练量	休息时间
15yd转向练习	1~3	最大	5 组×1 次	1~2min
20yd正方形跑	1~3	最大	5 组×1 次	1~2min
Z字形变向跑	1~3	最大	5 组×1 次	1~2min
40yd侧向往返跑	1~3	最大	3 组×1 次	2~3min
60yd往返跑	1~3	最大	3 组×1 次	3~5min
100yd往返跑	1~3	最大	3 组×1 次	3~5min

2.8 峰值阶段

非赛季训练周期的后期是峰值阶段。在这一阶段，训练强度会达到最高点，而训练量则被进一步减少。在该阶段，运动员要开始为最重要的比赛或赛前训练做最后的准备。训练量的降低使运动员有更多的时间来重点完成无氧训练的练习。

在力量/爆发力训练阶段的最后2~3周以及整个峰值阶段，运动员都将重点进行无氧训练，以便为赛季做准备。表 12.11 提供了一份峰值阶段抗阻训练计划的案例，而表 12.12 则描述了一份针对为赛季做准备的运动员为期 13 周的速度、技能与灵敏素质的无氧训练计划。注意，该训练阶段大约是从赛前8周开始的。

表12.11 分段抗阻训练计划的案例——力量/爆发力项目运动员爆发力训练阶段（每周4天）

练习	组数×重复次数	练习	组数×重复次数
周一		周二	
翻举（地面）	5×1~3	抓举（地面）	5×1~3
挺举	5×1~3	翻举上拉（膝关节以上）	3×1~3
下蹲	5×1~3	仰卧推举	5×1~3
跳箱子	3×5	推举	4×3
躯干	4x	躯干	4x
周四		周五	
抓举（地面）	5×1~3	上拉翻举（腰部）	4×1~3
上拉翻举（膝关节以上）	3×1~3	仰卧推举	5×1~3
仰卧推举	5×1~3	斜板仰卧推举	3×5
推举	4×3	挺举	4×1~3
躯干	4x	爆发性耸肩	4×3
上拉翻举（膝关节以上）	5×1~3	躯干	4x
每天的目标是完成3次最大重量的举重练习。运动员可能在最后几组时无法完成3次练习（比如只做了1~2次） 在达到练习课规定的重量之前，运动员可能需要做 2~3 组热身练习。两组之间的休息时间应当为3~5min			

2.8.1 峰值阶段的无氧训练

无氧训练包括短距离和长距离快速跑，以及间歇性训练。第六章探讨了无氧训练的基础。无氧训练的训练量会逐周增加。训练强度是通过改变练习-休息比来控制的。随着运动员临近赛季前期的训练，两组快速跑之间的间隔时间应当减少。一直到训练周期结束时为止，练习-休息比都应当模拟实际比赛中的实际情况。

表12.12 灵敏、速度素质训练计划

周次	周一	周二	周三	周四	周五	周六
1		灵敏与标准跑		灵敏与标准跑		
2		灵敏与标准跑		灵敏与标准跑		
3		灵敏与标准跑		灵敏与标准跑		
4		灵敏与标准跑		灵敏与标准跑		
5		灵敏与标准跑		灵敏与标准跑		
6		灵敏与标准跑	2×200yd， 5×60yd快速跑	灵敏与标准跑	1×直线跑 2×间歇	
7		灵敏与标准跑	4×200yd， 6×60yd快速跑	灵敏与标准跑	1×直线跑 3×间歇	

续表

周次	周一	周二	周三	周四	周五	周六
8	4×起跑 3×间歇	灵敏与标准跑	4×200yd， 6×60yd快速跑	灵敏与标准跑	1×直线跑 3×间歇	4×200yd， 4×100yd, 4×40yd快速跑
9	6×起跑 3×间歇	灵敏与标准跑	5×200yd， 8×60yd快速跑	灵敏与标准跑	2×直线跑 3×间歇	4×200yd， 4×100yd， 4×40yd快速跑
10	8×起跑 4×间歇	灵敏与标准跑	6×200yd， 8×60yd快速跑	灵敏与标准跑	2×直线跑 4×间歇	5×200yd， 5×100yd， 5×40yd快速跑
11	10×起跑 4×间歇	灵敏与标准跑	7×200yd， 10×60yd快速跑	灵敏与标准跑	3×直线跑 4×间歇	5×200yd， 5×100yd， 5×40yd快速跑
12	10×起跑 5×间歇	灵敏与标准跑	8×200yd， 10×60yd快速跑	灵敏与标准跑	3×直线跑 4×间歇	6×200yd， 6×100yd， 6×40yd快速跑
13	10×起跑 6×间歇	3×直线跑	8×200yd， 10×60yd快速跑	灵敏与标准跑	休息时间	向训练营汇报

在特定的时间点上（如临近赛季时），练习–休息比可以超过实际比赛中的情形。这样可以产生更大的超负荷，从而能够激发进一步的生理适应。

正如本章前面部分探讨的那样，很多运动员在非赛季都会通过比赛来一直保持其良好的竞技状态。这些运动员需要维持一定水平的训练水平，否则，训练方案就有可能使运动员面临训练过度的危险。通常，体能教练应当安排6～8周的无氧训练，让运动员为比赛做好准备。

无氧项目运动员应当在赛季前训练计划之前的2～4周开始无氧代谢方面的训练。这一阶段，运动员的非赛季训练计划的重点是抗阻训练、爆发力训练（超等长）以及专项技能训练（包括灵敏和速度训练）。无氧训练要到赛前阶段才能重点加强，避免在比赛中出现训练过度综合征。不过，应当鼓励运动员在整个非赛季都保持一定的体能水平。

对许多运动项目（包括职业项目和大学生体育项目）而言，赛前训练的持续时间约为6周。在这一训练阶段的目标是使运动员接近最佳状态，但不一定要始终处于这种状态。尽管这一说法相当含糊，但却是有原因的。例如，在非赛季，大学生运动员的主要联系人是体能教练。一旦官方活动开始，队员就要和其他教练员一同练习。赛季开始前的这段时间也被称为“赛前”训练期。不过，对运动员来说，这一时期应该是“赛前”训练2期。根据具体的情形，很多体能教练都会把时间主要用于进行技术训练。在这一训练阶段，体能教练提供一定的提升空间不失为明智之举。如果运动员过快地达到最佳状态，则可能出现疲劳或训练过度的问题。最理想的情况是运动员的体能教练能够协同专项教练来制订年度训练计划。虽然这看起来很合逻辑，但在训练方案中所出现的错误很多都是因为缺乏沟通造成的。清楚地了解练习课的目标，可以决定是否需要进行额外的技术训练，或练习是否足以刺激生理适应。

2.8.2　集体运动项目的无氧训练

表 12.13 展示了一份赛前无氧训练计划的案例。该计划是为大学生篮球选手制订的，每周进行4天，训练强度和训练量应逐渐加大。另外还要注意训练内的强度是通过改变练习-休息比来调控的。降低练习-休息比的目的是增加篮球比赛中经常看到的每一节的高强度运动后的恢复时间。此外，如前所述，这些项目的运动模式和强度水平有着很强的可变性。为了使练习更加贴近比赛的实战情形，在训练计划中采用模拟上述变化的一些练习不失为明智之举。应当把间歇式或法特莱克训练法作为训练计划的一部分内容。由于这些练习所采用的快速跑的强度和持续时间都有所变化，因此，该计划能够为体能教练提供一种更加有效的方式来模拟在篮球比赛中可能出现的那些变化。后面的内容将对这类训练手段做具体说明。

表12.13 篮球项目的无氧训练计划的案例

	第1天	第2天	第3天	第4天
第1～2周	间隔 3～4圈	快速跑（距离×重复次数） 400m×1 100m×2 30m×8 练习-休息比=1：4	间隔 3～4圈	快速跑（距离×重复次数） 200m×4 练习-休息比=1：4
第3～4周	间隔4～5圈	快速跑（距离×重复次数） 400m×1 100m×3～4 30m×8～10 练习-休息比=1：4	间隔4～5圈	快速跑（距离×重复次数） 200m×5～6 练习-休息比=1：4
第5～6周	间隔5～6圈	快速跑（距离×重复次数） 400m×2 100m×4～5 30m×10～12 练习-休息比=1：3	间隔5～6圈	快速跑（距离×重复次数） 200m×6～7 练习-休息比=1：3

2.8.3 个人运动项目的无氧训练

正如第六章所探讨的那样，短距离跑等个人运动项目的无氧训练的重点是降低1次短跑过程中的疲劳率，而不是让运动员长时间进行高强度运动间歇。表 12.14 描述了为提高400m短跑选手的速度-耐力而推荐的休息时间。注意两次短跑之间有很长的休息时间。显然，400m短跑选手的目标不是增加恢复时间，而是最大限度地提高每次短跑的质量。

表12.14 400m短跑选手的速度-耐力训练

短跑次数	每次跑的距离（m）	两次短跑之间的恢复时间（min）
10	100	5～10
6	150	5～10
5	200	10
4	300	10
3	350	10
2	450	10

每次短跑的距离可以改变。不过，每次练习的总距离应当为该运动员比赛距离的2.5倍左右。因此，如果该运动员是 400m跑选手，那么在每个训练中可以跑1 000m。休息时间的长短应当确保运动员能够完全恢复。

3 比赛期训练

从赛前期进入比赛期，训练的重点就转向了运动员的竞技能力。尽管教练可以在练习中不断对运动员进行调整，但在确定调节性练习的运动量时应当考虑实际的训练强度。在练习课中实际进行的快速跑的持续时间和频率也应当考虑在内，以决定是否在练习过程中进行专项技术训练，或者是否面临训练过度的风险。但是，体能教练可以为集体项目提供额外的训练手段。这为他们提供必需的生理刺激，以维持很高的训练水平，为可能的要求做好准备。

在非赛季中保持和获得力量/爆发力是极其重要的。有时，这一点可能会被体能教练忽视。研究表明，每周两天的抗阻训练计划就可以保持力量/爆发力。通常，在力量/爆发力训练阶段所采用的训练量和训练强度是相互结合的，并且只需要做核心举重练习（表12.15）。其目的是通过可以动员最多肌群的练习手段来提高竞技能力。有趣的是，一些研究表明，抗阻训练经验不足的年轻运动员在保持阶段也可以提高力量。

表 12.15 比赛期保持力量的抗阻训练方案

练习	组数	重复次数
爆发性翻举	4	4~6
下蹲	4	6~8
仰卧推举	4	6~8
推举	4	4~6

■ 4　耐力项目运动员的注意事项

与力量/爆发力项目运动员的训练计划相似，对有氧耐力项目运动员的训练计划进行分期，可以帮助运动员在一年的适当时间点上达到最佳状态。这两类运动员最大的区别是，集体力量/爆发力项目的运动员关注的是赛季——在此期间，重点要放在所有比赛上。相比之下，有氧耐力项目运动员——尽管会在赛季内参加几次运动会——却是为在比赛季末的具体一场比赛时达到最佳状态而做准备。后者实际上是通过前期的比赛来进行训练，以便在赛季末进行更为重要的比赛时达到最佳竞技状态。这两类运动员之间的另一个区别是，有氧耐力项目运动员通常不进行速度或灵敏训练。但是，有些运动员可以采用抗阻训练以实现特定的目标（见第四章）。以下内容将探讨针对有氧耐力比赛而实施的具体训练策略。此外，还提供了一些训练计划的案例。

4.1　长距离项目：马拉松

越来越多的业余跑步者喜欢马拉松。曾经，被认为只有深度跑者才能参与的马拉松，由于其赛程具有挑战性，已经吸引了越来越多的跑步者参与其中，通过适当的训练，跑马拉松对普通人来说也是可能的。很多网站都免费提供了马拉松训练计划，允许运动员根据目前的跑步用时、赛前所剩的周数和当前的体能水平来改变训练量和训练强度。如果他们的目的不只是跑完一场马拉松，而是提高比赛成绩，那么运动员可以考虑每周增加一次速度练习或山地训练。表 12.16 是针对初学者的一份为期 16 周的马拉松训练计划。更高水平的选手则可以采用表 12.17 中所示的训练计划。

针对半程马拉松比赛的训练需要减少训练量，特别是减少长距离慢跑练习的训练天数，或者也还可以每周增加一节速度训练课。运动员可以增加现有的速度训练课的强度。超耐力赛跑训练需要更长的训练时间、更大的训练量和更小的训练强度。

表 12.16 马拉松初级选手训练计划

周一	周二	周三	周四	周五	周六	周日
第1～7周						
休息时间	3mi	4mi	休息时间	3mi2～3次山地跑	休息时间	5mi
第8～11周						
休息时间	6mi	4mi	5mi	4mi5～6次山地跑	休息时间	12mi
第12～15周						
休息时间	6mi	7mi	5mi	4×1mi10 000m慢跑	休息时间	20mi
第16周						
休息时间	4mi	休息时间	3mi	休息时间	轻松跑或休息	赛跑

表12.17 马拉松中级选手训练计划

周一	周二	周三	周四	周五	周六	周日
第1～7周						
休息或轻松跑	3mi	5mi	休息或轻松跑	4mi 2～3次山地跑	3mi	8mi
第8～11周						
休息时间	5mi	4×1mi 10 000m慢跑	8mi	6mi 5～6次山地跑	8mi	16mi
第12～15周						
休息时间	8mi	10mi	6mi	10×800m 3 000/5 000m慢跑	休息时间	20mi
第16周						
休息时间	6mi	休息或轻松跑	5mi	休息时间	2～3mi轻松跑	赛跑

4.2 中距离项目：铁人三项

铁人三项训练可能跨越很大的训练范围，具体取决于比赛的距离。在任何情况下，其训练策略都包括各种游泳、自行车和跑步练习，并且会用到本章所阐述过的所有理念：长距离慢跑、间歇训练法、法特莱克训练法以及恢复等。有几个网站有助于制订具体的训练计划。表 12.18 提供了一份为期两周的铁人三项训练周期的案例。

表12.18 为期两周的铁人三项训练周期案例

周一	周二	周三	周四	周五	周六	周日
第1周						
休息日	游泳： 速度耐力 100s 自行车： 速度赛90min (现场60min)	跑步： 60min （30min速度赛）	游泳： 有氧耐力（基本）——间歇训练 自行车： 山地重复60～75min （5×3min/重复6次）	跑步： 30min轻松跑	自行车： 有氧耐力 90～120min 跑步： 15min自行车后立即变换为跑	游泳： 30～45min 技术训练 跑步： 有氧耐力跑 80min
第2周						
休息日	游泳： 速度耐力 25s/50s 自行车： 速度赛90min (现场60min)	跑步： 60min （40min速度）	游泳： 有氧耐力（基本） 400s/200s/100s 自行车： 山地重复75min （5×3min/重复6次）	休息日	游泳：1500m计时赛 自行车： 有氧耐力120min 跑步： 20min自行车后立即变换为跑	跑步： 有氧耐力 90min 自行车： 30min轻松骑

4.3 短距离耐力项目

5 000m的项目优点是，几乎处于各种健康水平的人都可以在6～8周时间内进行5 000m项目的训练。5 000m项目的训练比长距离有氧耐力项目所需要的训练量要小，而训练强度要大。表12.19是一份中级跑步选手的5 000m训练计划的案例。

由于赛跑距离更长，10 000 m项目的训练比5 000m项目所需的训练量大。

表12.19 中级赛跑选手为期三周的5 000m训练计划

周一	周二	周三	周四	周五	周六	周日
休息时间/轻松跑	2mi 4×100m大步走	3mi	休息时间/轻松跑	3mi 2～3次山地短跑	2mi	4mi
休息时间/轻松跑	2mi 6×200m 5 000m节奏跑	4mi	休息时间/轻松跑	3mi 4～5次山地短跑	2mi	6mi
休息时间/轻松跑	2mi 6×400m 5 000m节奏跑	4mi	休息时间/轻松跑	3mi 5～7次山地短跑	3mi	8mi

中级赛跑选手每周应当进行1～2次超过比赛距离的赛跑训练。对于初学者，如果其主要目的仅仅是跑完比赛，则不必进行更长距离的赛跑训练。在跑完针对特定距离的速度练习后，下一目的应该是使该速度练习的距离最终等于比赛距离（比如，在进行 5 000m距离时，12×400m就大致等于 5 000m）。训练中应逐步达到速度练习的这一训练量，避免受伤。

4.4 游泳训练

对于高级游泳选手或初学者，制订日训练计划可能具有挑战性。变化、技术和速度都是很重要而往往被忽略的因素。表 12.20 提供了游泳训练计划的两个示例日。

表 12.20 游泳训练计划示例日

示例日1			示例日2		
持续时间	45～60min		持续时间	30～45min	
距离	2 800yd		距离	2 000yd	
泳池长度	25yd		泳池长度	25yd	
泳姿	组数×重复次数	备注	泳姿	组数×重复次数	备注
热身					
任何泳姿（匀速）	4×100yd	休息 00：15 / 100yd（用你所选择的泳姿匀速游）	任何泳姿（匀速）	4×50yd	休息 00：15 / 50yd
基础（第1天重复6次；第2天重复4次）					
前方桨式划水与击打	1×50yd	休息 00：15 / 50yd（身体呈流线型姿势，双臂伸直并击水）	流线型击打	1×50yd	休息 00：15 / 50yd
自由泳和滑行	1×50yd	休息 00：15 / 50yd（自由泳，每个姿势结束时暂停，双臂展开，一只伸展，另一只轻靠在身体上）	自由泳蹬滑	1×50yd	休息 00：15 / 50yd
核心部分					
自由泳	2×200yd	休息 04：10 / 200yd	自由泳	6×50yd	目标时间 00：56 / 50yd 休息 00：20 / 50yd
自由泳	4×100yd	休息 02：10 / 100yd	自由泳	6×50yd	目标时间 00：56 / 50yd 休息 00：15 / 50yd
自由泳	2×200yd	休息 04：10 / 200yd	自由泳	6×50yd	目标时间 00：56 / 50yd 休息 00：20 / 50yd

续表

示例日1			示例日2		
自由泳	80×50yd	休息 01：05 / 50yd	自由泳	6×50yd	目标时间 00：56 / 50yd 休息 00：10 / 50yd
放松					
自由泳轻松	2×50yd	休息 00：15 / 50yd	自由泳轻松	2×50yd	休息 00：15 / 50yd
仰泳轻松	2×50yd	休息 00：15 / 50yd	仰泳轻松	2×50yd	休息 00：15 / 50yd

4.5 赛 艇

根据比赛的距离和体能目标，赛艇也可以被看作是一项有氧耐力运动。它还可以作为针对各种有氧耐力项目运动员的一种有效的交叉训练方法。在寻找另一种途径来提高体能时，不熟悉是最常见的障碍。表 12.21 展示了一份赛艇练习的案例。

表12.21 赛艇训练计划中的练习案例

比赛训练		
持续时间	45min	
难度	中	
动作	时间	强度
热身		
10次快速划桨	5min	增加
内容		
5次划船间隔	1min高难度，30s轻松	中
5次划船间隔	1min高难度，30s轻松	快速
5次划船间隔	1min高难度，30s轻松	中
5次划船间隔	1min高难度，30s轻松	极快
放松		
主动性恢复	10min	轻松
一般体能		
持续时间	45min（包括热身与放松）	
难度	初级	
划水速度	时间	速度
22	划16min 休息3min	容易，非正式
26	划16min	稍微加快

5　训练计划评价

制订运动员训练计划和评估训练计划有效性的一项必不可少的内容就是不断监测和评估运动员的体能水平和竞技水平。正确地评估运动员能够让体能教练更好地了解如何最大限度地提高选手的竞技状态，并进而制订出理想的训练计划。正如第二章所探讨的，这种测试可以对竞技能力的所有内容（力量、无氧能力、速度、灵敏、最大有氧能力与耐力、灵活性与身体成分）进行彻底的分析。测试的结果有助于确定每一项体能要素与某一特定运动项目的相关性。这些测试结果还有助于对运动员训练计划进行适当调整。运动员和体能教练可以把这些测试结果作为制定个人训练目标的参考工具，比如将其训练结果与情况相似的其他运动员的标准数据进行比较。竞技能力测试还可以用来为制订个人练习计划提供基准数据，提供训练计划评估过程的反馈，并提供有关损伤恢复情况的信息。

小　结

· 为运动员顺利制订训练方案的关键是将训练计划建立在可靠的科学依据之上。本书所提供的资料就是建立在运动科学理论著作中的理论基础上，这有利于体能教练确保训练计划的正确性，并提供最先进的技术来训练运动员。

· 个人练习课应当始终包含适当的动态热身运动。在加大负荷前，练习的重点应该是正确的技能。

· 非赛季训练的基本目标是提高运动员的体能。大多数非赛季训练计划的基础阶段是准备阶段、力量训练阶段、力量/爆发力训练阶段和峰值阶段。

· 非赛季训练的目标应根据运动员的需求而定。

参考文献

■ 第一章

[1] Alentorn-Geli E, Myer GD, Silvers HJ, et al. Prevention of non-contact anterior cruciate ligament injuries in soccer players. Part 2: A review of prevention programs aimed to modify risk factors and to reduce injury rates. *Knee Surgery, Sports Traumatology, Arthroscopy,* 2009, 17: 859-879.

[2] Andrews JR, Harrelson GL, Wilk KE. *Physical Rehabilitation of the Injured Athlete.* 3rd ed. Philadelphia, PA: Saunders, 2004.

[3] Baker D, Wilson G, Carlyon R. Periodization: The effect on strength of manipulating volume and intensity. *Journal of Strength and Conditioning Research,* 1994, 8: 235-242.

[4] Bloomer RJ, Ives JC. Varying neural and hypertrophy influences in a strength program. *Strength and Conditioning Journal,* 2000, 22: 30-35.

[5] Bloomfield J, Polman R, O'Donoghue P, McNaughton L. Effective speed and agility conditioning methodology for random intermittent dynamic type sport. *Journal of Strength and Conditioning Research,* 2007, 21: 1093-1100.

[6] Borghuis J, Hof AL, Lemmink KA. The importance of sensory-motor control in providing core stability: Implications for measurement and training. *Sports Medicine,* 2008, 38: 893-916.

[7] Campos GE, Luecke TJ, Wendeln HK, et al. Muscular adaptations in response to three different resistance-training regimens: Specificity of repetition maximum training zones. *European Journal of Applied Physiology,* 2002, 88: 50-60.

[8] Dudley GA, Djamil R. Incompatibility of endurance- and strength-training modes of exercise. *Journal of Applied Physiology,* 1985, 59: 1446-1451.

[9] Fleck SJ, Kraemer WJ. *Designing Resistance Training Programs.* 3rd ed. Champaign, IL: Human Kinetics, 2004.

[10] Folland JP, Williams AG. The adaptations to strength training: Morphological and neurological contributions to increased strength. *Sports Medicine,* 2007, 37: 145-168.

[11] Fry AC, Kraemer WJ. Resistance exercise overtraining and overreaching. Neuroendocrine responses. *Sports Medicine,* 1997, 23: 106-129.

[12] Fry RW, Morton AR, Keast D. Overtraining in athletes. An update. *Sports Medicine,* 1991, 12: 32-65.

[13] Giza E, Micheli LJ. Soccer injuries. *Medicine and Sport Science,* 2005, 49: 140-169.

[14] Halson SL, Jeukendrup AE. Does overtraining exist? An analysis of overreaching and overtraining research. *Sports Medicine,* 2004, 34: 967-981.

[15] Hreljac A. Impact and overuse injuries in runners. *Medicine and Science in Sports and Exercise,* 2004, 36: 845-849.

[16] Kerssemakers SP, Fotiadous AN, deJonge MC, Karantanas AH, Mass M. Sport injuries in the paediatric and adolescent patient: A growing problem. *Pediatric Radiology.* 2009, 39: 471-484.

[17] Knobloch K, Jagodzinski M, Haasper C, Zeichen J, Krettek C. Gymnastic school injuries—Aspects of preventive measures. *Sportverltz Sportsschaden,* 2006, 20: 81-85.

[18] Kraemer WJ. Exercise prescription in weight training: A needs analysis. *National Strength and Conditioning Association Journal,* 1983, 5: 64-65.

[19] Kraemer WJ. Exercise prescription: Needs analysis. *National Strength and Conditioning Association Journal,* 1984, 6: 47.

[20] Kraemer WJ. A series of studies: The physiological basis for strength training in American football: Fact over philosophy. *Journal of Strength and Conditioning Research,* 1997, 11: 131-142.

[21] Kraemer WJ, Fleck SJ. *Optimizing Resistance Training Programs*. Champaign, IL: Human Kinetics, 2007.

[22] Kraemer WJ, Nindl BA. Factors involved with overtraining for strength and power. In: Kreider RF, O'Toole AM, eds. *Overtraining in Sport.* Champaign, IL: Human Kinetics, 1998: 69-86.

[23] Kraemer WJ, Ratamess NA. Fundamentals of resistance training: Progression and exercise prescription. *Medicine and Science in Sports and Exercise,* 2004, 36: 674-688.

[24] Kraemer WJ, Fry AC, Rubin MR, et al. Physiological and performance responses to tournament wrestling. *Medicine and Science in Sports and Exercise,* 2001, 33: 1367-1378.

[25] Kraemer WJ, Patton JF, Gordon SE, et al. Compatibility of high-intensity strength and endurance training on hormonal and skeletal muscle adaptations. *Journal of Applied Physiology,* 1995, 78: 976-989.

[26] Kraemer WJ, Noble BJ, Clark MJ, Culver BW. Physiological responses to heavy resistance

exercise with very short rest periods. *International Journal of Sports Medicine,* 1987, 8: 247-252.

[27] McArdle WD, Katch FI, Katch VL. *Exercise Physiology, Energy, Nutrition, and Human Performance.* 5th ed. Philadephia, PA: Lippincott Williams & Wilkins, 2001.

[28] Myer GD, Ford KR, Palumbo JP, Hewett TE. Neuromuscular training improves performance and lower-extremity biomechanics in female athletes. *Journal of Strength and Conditioning Research,* 2005, 19: 51-60.

[29] Paulsen G, Myklestad D, Raastad T. The influence of volume of exercise on early adaptations to strength training. *Journal of Strength and Conditioning Research,* 2003, 17: 115-120.

[30] Pearce PZ. Prehabilitation: Preparing young athletes for sports. *Current Sports Medicine Reports,* 2006, 5: 155-160.

[31] Ratamess NA, Kraemer WJ, Volek JS, et al. The effects of amino acid supplementation on muscular performance during resistance training overreaching. *Journal of Strength and Conditioning Research,* 2003, 17: 250-258.

[32] Sale DG. Neural adaptation to resistance training. *Medicine and Science in Sports and Exercise,* 1985, 20: S135-S145.

[33] Smith CE, Nyland J, Caudill P, Brosky J, Carbon DN. Dynamic trunk stabilization: A conceptual back injury prevention program for volleyball athletes. *Journal of Orthopaedic and Sports Physical Therapy,* 2008, 38: 703-720.

[34] Smith LK, Weiss EL, Lehmkuhl LD. *Brunnstrom's Clinical Kinesiology.* 5th ed. Philadelphia, PA: FA Davis, 1996.

[35] Taimela S, Kujala UM, Osterman K. Intrinsic risk factors and athletic injuries. *Sports Medicine,* 1990, 9: 205-215.

[36] Woods K, Bishop P, Jones E. Warm-up and stretching in the prevention of muscular injury. *Sports Medicine,* 2007, 37: 1089-1099.

[37] Zatsiorsky VM, Kraemer WJ. *Science and Practice of Strength Training,* 2nd ed. Champaign, IL: Human Kinetics, 2006.

■ 第二章

[1] American College of Sports Medicine (ACSM). *Guidelines for Exercise Testing and Prescription*. Franklin BA, ed. Philadephia, PA: Lippincott Williams & Wilkins, 2000.

[2] Anderson DE. Reliability of air displacement plethysmography. *Journal of Strength and Conditioning Research*, 2007, 21: 169-171.

[3] Ayalon A, Inbar O, Bar-Or O. Relationships among measurements of explosive strength and anaerobic power. In: Nelson and Morehouse, eds. *International Series on Sport Sciences. Vol I Biomechanics IV.* Baltimore, MD: University Park Press, 1974: 527-532.

[4] Ballard T.P., L. Fafara and M.D. Vukovich. Comparison of Bod Pod and DXA in female collegiate athletes. *Medicine and Science in Sports and Exercise,* 2004. 36: 731-735.

[5] Bar-Or O. The Wingate anaerobic test: An update on methodology, reliability and validity. *Sports Medicine*, 1987, 4: 381-394.

[6] Bar-Or O, Dotan R, Inbar O, Rotstein A, Karlsson J, Tesch P. Anaerobic capacity and muscle fiber type distribution in man. *International Journal of Sports Medicine*. 1980, 1: 89-92.

[7] Bosco C, Mognoni P, Luhtanen P. Relationship between isokinetic performance and ballistic movement. *European Journal of Applied Physiology*, 1983, 51: 357-364.

[8] Brzycki M. Strength testing: Predicting a one-rep max from reps to fatigue. *Journal of Health, Physical Education, Recreation and Dance*, 1993. 64: 88-90.

[9] Cook EE, Gray VL, Savinar-Nogue E, Medeiros J. Shoulder antagonistic strength ratios: A comparison between college-level baseball pitchers and nonpitchers. *Journal of Orthopedic and Sports Physical Therapy*, 1987, 8: 451-460.

[10] Davis JA, Dorado S, Keays KA, Reigel KA, Valencia KS, Pham PH. Reliability and validity of the lung volume measurement made by the BOD POD body composition system. *Clinical Physiology Functional Imaging*, 2007, 27: 42-46.

[11] Durnin JV, Womersley J. Body fat assessment from total body density and its estimation from skinfold thickness: Measurements on 481 men and women aged 16-72 years. *British Journal of Nutrition*, 1974, 32: 77-97.

[12] Ebbeling CB, Ward A, Puleo EM, Widrick J, Rippe JM. Development of a single-stage submaximal treadmill walking test. *Medicine and Science in Sports and Exercise,* 1991, 23: 966-973.

[13] Ellenbecker TS. A total arm strength isokinetic profile of highly skilled tennis players. *Isokinetic Exercise Science*, 1991, 1:9-21.

[14] Epley B. Poundage chart. Lincoln, NE. *Boyd Epley Workout*, 1985.

[15] Falk B, Weinstein Y, Dotan R, Abramson DR, Mann-Segal D, Hoffman JR. A treadmill test of sprint running. *Scandinavian Journal of Medicine and Science in Sports,* 1996, 6: 259-264.

[16] Fornetti WC, Pivarnik JM, Foley JM, Fliechtner JJ. Reliability and validity of body composition measures in female athletes. *Journal of Applied Physiology,* 1999, 87: 1114-1122.

[17] Gettman LR. Fitness testing. In: Durstine JL, King AC, Painter PL, Roitman JL, Zwiren LD, eds. *ACSM's Resource Manual for Guidelines for Exercise Testing and Prescription.* 2nd ed. Philadelphia, PA: Williams & Wilkins, 1993: 229-246.

[18] Hakkinen K, Komi PV, Alen M, Kauhanen H. EMG, muscle fibre and force production characteristics during a 1 year training period in highly competitive weightlifters. *European Journal of Applied Physiology and Occupational Physiology*, 1987, 56: 419-427.

[19] Harman EA, Rosenstein MT, Frykman PN, Rosenstein RM, Kraemer WJ. Estimation of human power output from vertical jump. *Journal of Applied Sport Science Research,* 1991, 5: 116-120.

[20] Harris RC, Edwards RH, Hultman E, Nordesjo LO, Nylind B, Sahlin K. The time course of phosphorylcreatine resynthesis during recovery of the quadriceps muscle in man. *Pflugers Archives*, 1976, 367: 137-142.

[21] Heyward VH, Stolarczyk LM. *Applied Body Composition Assessment*. Champaign, IL: Human Kinetics, 1996.

[22] Hoeger WW, Hopkins DR, Barette SL, Hale DF. Relationship between repetitions and selected percentages of one repetition maximum: A comparison between untrained and trained males and females. *Journal of Applied Sports Science Research,* 1990, 4: 47-54.

[23] Hoffman JR.. *Physiological Aspects of Sport Training and Performance*. Champaign, IL: Human Kinetics, 2002: 169-184.

[24] Hoffman JR. *Norms for Fitness, Performance, and Health*. Champaign, IL: Human Kinetics, 2006: 3-115.

[25] Hoffman JR, Fry AC, Howard R, Maresh CM, Kraemer WJ. Strength, speed and endurance changes during the course of a division I basketball season. *Journal of Applied Sport Science Research,* 1991, 5: 144-149.

[26] Hoffman JR, Kang J, Ratamess NA, Hoffman MW, Tranchina CP, Faigenbaum AD. Examination of a high energy, pre-exercise supplement on exercise performance. *Journal of the International Society of Sports Nutrition*, 2009, 6: 2.

[27] Hoffman JR, Kraemer WJ, Fry AC, Deschenes M, Kemp M. The effect of self-selection for frequency of training in a winter conditioning program for football. *Journal of Applied Sport Science Research*, 1990, 3: 76-82.

[28] Hoffman JR, Ratamess NA, Faigenbaum AD, Mangine GT, Kang J. Effects of maximal squat exercise testing on vertical jump performance in college football players. *Journal of Sports Science and Medicine*, 2007, 6: 149-150.

[29] Hoffman JR, Ratamess NA, Faigenbaum AD, Ross R, Kang J, Stout JR. Short duration balanine supplementation increases training volume and reduces subjective feelings of fatigue in college football players. *Nutrition Research*, 2008, 28: 31-35.

[30] Jackson AS, Pollock ML. Practical assessment of body composition. *Physician and Sports Medicine*, 1985, 13: 76-90.

[31] Katch V, Weltman A, Martin R, Gray L. Optimal test characteristics for maximal anaerobic work on the bicycle ergometer. *Research Quarterly*, 1977, 48: 319-327.

[32] Knapik JJ, Bauman CL, Jones BH, Harris JM, Vaughan L. Preseason strength and flexibility imbalances associated with athletic injuries in female collegiate athletes. *American Journal of Sports Medicine*, 1991, 19: 76-81.

[33] Landers J. Maximum based on reps. *National Strength and Conditioning Association Journal,* 1985, 6: 60-61.

[34] Leveritt M, Abernethy PJ. Acute effects of high-intensity endurance exercise on subsequent resistance activity. *Journal of Strength and Conditioning Research*, 1999, 13: 47-51.

[35] Lohman TG. Skinfolds and body density and their relation to body fatness: A review. *Human Biology*, 1981, 53: 181-225.

[36] Mayhew JL, Ball TE, Bowen JC. Prediction of bench press lifting ability from submaximal repetitions before and after training. *Sports Medicine, Training and Rehabilitation*, 1992, 3: 195-201.

[37] Mayhew JL, Ware JS, Bemben MG, et al. The NFL-225 test as a measure of bench press strength in college football players. *Journal of Strength and Conditioning Research,* 1999, 13: 130-134.

[38] O'Toole ML, Douglas PS, Hiller WD. Applied physiology of a triathlon. *Sports Medicine*, 1989, 8: 201-225.

[39] Pineau JC, Guihard-Costa AM, Bocquet M. Validation of ultrasound techniques applied to body fat measurement. A comparison between ultrasound techniques, air displacement plethysmography and bioelectrical impedance vs. dual-energy X-ray absorptiometry. *Annals of Nutrition and Metabolism*, 2007, 51: 421-427.

[40] Pipes TV. Variable resistance versus constant resistance strength training in adult males. *European Journal of Applied Physiology and Occupational Physiology*, 1978, 17 (39): 27-35.

[41] Radley D, Gately PJ, Cooke CB, Carroll S, Oldroyd B, Truscott JG. Estimates of percentage body fat in young adolescents: A comparison of dual-energy X-ray absorptiometry and air displacement

plethysmography. *European Journal of Clinical Nutrition,* 2003, 57: 1402-1410.

[42] Radley D, Cooke CB, Fuller NJ, Oldroyd B, Truscott JG, Coward WA, Wright A, Gately PJ. Validity of foot-to-foot bio-electrical impedance analysis body composition estimates in overweight and obese children. *International Journal of Body Composition Research,* 2009, 7: 15-20.

[43] Ross RE, Ratamess NA, Hoffman JR, Faigenbaum AD, Kang J, Chilakos A. The effects of treadmill sprint training and resistance training on maximal running velocity and power. *Journal of Strength and Conditioning Research*, 2009, 23: 385-394.

[44] Sargeant AJ, Hoinville E, Young A. Maximum leg force and power output during short-term dynamic exercise. *Journal of Applied Physiology*, 1981, 26: 188-194.

[45] Visser M, Fuerst T, Lang T, Salamone L, Harris T. Validity of fan-beam dual-energy X-ray absorptiometry for measuring fat-free mass and leg muscle mass. *Journal of Applied Physiology*, 1999, 87: 1513-1520.

■ 第三章

[1] American College of Sports Medicine. *ACSM's Guidelines for Exercise Testing and Prescription.* 8th ed. Baltimore, MD: Lippincott, Williams and Wilkins, 2010.

[2] Asmussen E, Bonde-Peterson F, Jorgenson K. Mechano-elastic properties of human muscles at different temperatures. *Acta Physiologica Scandinavica,* 1976, 96: 86-93.

[3] Behm D, Button D, Butt JC. Factors affecting force loss with prolonged stretching. *Canadian Journal of Applied Physiology,* 2001, 26: 262-272.

[4] Behm DG, Bambury A, Cahill F, Power K. Effect of acute static stretching on force, balance, reaction time, and movement time. *Medicine and Science in Sports and Exercise,* 2004, 36(8): 1397-1402.

[5] Bergh U, Ekblom B. Influence of muscle temperature on maximal strength and power output in human muscle. *Acta Physiologica Scandinavica,* 1979, 107: 332-337.

[6] Bradley P, Olsen P, Portas M. The effect of static, ballistic, and proprioceptive neuromuscular facilitation stretching on vertical jump performance. *Journal of Strength and Conditioning Research,* 2007, 21(1): 223-226.

[7] Burkett LN, Phillips WT, Ziuraitis J. The best warm-up for the vertical jump in collegeage athletic men. *Journal of Strength and Conditioning Research,* 2005, 19(3): 673-676.

[8] Chatzopoulos D, Michailidis C, Giannakos A, et al. Postactivation potentiation effects after heavy resistance exercise on running speed. *Journal of Strength and Conditioning Research,* 2007, 21(4):

1278-1281.

[9] Cissik J, Barnes M. *Sport Speed and Agility*. Monterey, CA: Healthy Learning, 2004.

[10] Cornwell A, Nelson A, Sidaway B. Acute effects of stretching on the neuromuscular properties of the triceps surae muscle complex. *European Journal of Applied Physiology,* 2002, 86: 428-434.

[11] Cornwell A, Nelson AG, Heise GD, Sidaway B. Acute effects of passive muscle stretching on vertical jump performance. *Journal of Human Movement Studies,* 2001, 40: 307-324.

[12] de Villarreal SS, Gonzalez-Badillo JJ, Izquierdo M. Optimal warm-up stimuli of muscle activation to enhance short and long-term acute jumping performance. *European Journal of Applied Physiology,* 2007, 100(4): 393-401.

[13] Devore P, Hagerman P. A pre-game soccer warm-up. *Strength and Conditioning Journal,* 2006, 28(1): 14-18.

[14] Faigenbaum A, Kang J, McFarland J. Acute effects of different warm-up protocols on anaerobic performance in teenage athletes. *Pediatric Exercise Science,* 2006, 17: 64-75.

[15] Faigenbaum A, McFarland J. Guidelines for implementing a dynamic warm-up for physical education. *Journal of Physical Education Recreation and Dance,* 2007, 78: 25-28.

[16] Faigenbaum A, Westcott W. *Youth Strength Training: Programs for Health, Fitness and Sport,* Champaign, IL: Human Kinetics, 2009.

[17] Faigenbaum AD, Mcfarland JE, Kelly N, Ratamess NA, Kang J, Hoffman JR. Influence of recovery time on warm-up effects in adolescent athletes. *Pediatric Exercise Science,* 2010, 22: 266-77.

[18] Faigenbaum AD, McFarland JE, Schwerdtman JA, Ratamess NA, Kang J, Hoffman JR. Dynamic warm-up protocols, with and without a weighted vest, and fitness performance in high school female athletes. *Journal of Athletic Training,* 2006, 41(4): 357-363.

[19] Fletcher IM, Jones B. The effect of different warm-up stretch protocols on 20 meter sprint performance in trained rugby union players. *Journal of Strength and Conditioning Research,* 2004, 18(4): 885-888.

[20] Fowles J, Sale D, MacDougall J. Reduced stretch after passive stretch of the human plantarflexors. *Journal of Applied Physiology,* 2000, 89: 1179-1188.

[21] Fradkin AJ, Gabbe BJ, Cameron PA. Does warming up prevent injury in sport? The evidence from randomized controlled trials. *Journal of Science and Medicine in Sport,* 2006, 9(3): 214-220.

[22] Gullich A, Schmidleicher D. MVC-induced short term potentiation of explosive force. *New Studies in Athletics,* 1996, 11: 67-81.

[23] Hayes P, Walker A. Pre-exercise stretching does not impact upon running economy. *Journal of Strength and Conditioning Research,* 2007, 21(4): 1227-1232.

[24] Hedrick A. Dynamic flexibility training. *Strength and Conditioning.* 2000, 22(5): 33-38.

[25] Herman SL, Smith D. Four-week dynamic stretching warm-up intervention elicits longer-term performance benefits. *Journal of Strength and Conditioning Research,* 2008, 22(4): 1286-1297.

[26] Hoffman JR. *Physiological Aspects of Sports Training and Performance.* Champaign, IL: Human Kinetics, 2002.

[27] Jeffreys I. *Total Soccer Fitness.* Monterey, CA: Healthy Learning, 2007.

[28] Jeffreys I. Warm-up and stretching. In: Baechle T, Earle R, eds. *Essentials of Strength and Conditioning.* 3rd ed. Champaign, IL: Human Kinetics, 2008: 296-324.

[29] Jones J. Warming up for intermittent endurance sports. *Strength and Conditioning Journal,* 2007, 29(6): 70-77.

[30] Judge L, Craig BW, Baudendistal S, Bodey K. An examination of the stretching practices of Division 1 and Division III college football programs in the midwestern United States. *Journal of Strength and Conditioning Research,* 2009, 23(4): 1091-1096.

[31] Kilduff L, Bevan H, Kingsley M, et al. Postactivation potentiation in professional rugby players: Optimal recovery. *Journal of Strength and Conditioning Research,* 2007, 21(4): 1134-1138.

[32] Knudson D. Current issues in flexibility fitness. *Presidents Council on Physical Fitness and Sport,* 2000, 3(1): 1-6.

[33] Knudson D, Noffal G, Bahamonde R, Bauer JA, Blackwell J. Stretching has no effect on tennis serve performance. *Journal of Strength and Conditioning Research,* 2004, 18(3): 654-656.

[34] Kokkonen J, Nelson A, Cornwell A. Acute muscle stretching inhibits maximal strength performance. *Research Quarterly for Exercise and Sport,* 1998, 69: 411-415.

[35] Kokkonen J, Nelson A, Eldredge C, Winchester JB. Chronic static stretching improves exercise performance. *Medicine and Science in Sports and Exercise,* 2007, 39(10): 1825-1831.

[36] Martens R. *Successful Coaching.* 3rd ed. Champaign, IL: Human Kinetics, 2004.

[37] Masamoto N, Larson R, Gates T, Faigenbaum A. Acute effects of plyometric exercise on maximum squat performance in male athletes. *Journal of Strength and Conditioning Research,* 2003, 17(1): 68-71.

[38] McMillian DJ, Moore JH, Hatler BS, Taylor DC. Dynamic vs. static-stretching warm up: The effect on power and agility performance. *Journal of Strength and Conditioning Research,* 2006, 20(3): 492-499.

[39] Nelson A, Kokkonen J. Acute ballistic msucle stretching inhibits maximal stretch performance. *Research Quarterly for Exercise and Sport,* 2001, 72(4): 415-419.

[40] Nelson A, Kokkonen J, Arnall DA. Acute muscle stretching inhibits muscle strength endurance performance. *Journal of Strength and Conditioning Research,* 2005, 19(2): 338-343.

[41] Nelson A, Kokkonen J, Eldredge C. Strength inhibition following an acute stretch is not limited to novice stretchers. *Research Quarterly for Exercise and Sport,* 2005, 76(4): 500-506.

[42] Pearce AJ, Kidgell DJ, Zois J, Carlson JS. Effects of secondary warm up following stretching. *European Journal of Applied Physiology,* 2009, 105(2): 175-183.

[43] Rassier D, MacIntosh B. Coexistence of potentiation and fatigue in skeletal muscle. *Brazilian Journal of Medical and Biological Research,* 2000, 33: 499-508.

[44] Sale D. Postactivation potentiation: Role in human performance. *Exercise and Sport Sciences Reviews,* 2002, 30: 138-143.

[45] Sargeant A, Hoinville E, Young A. Maximum leg force and power output during short term dynamic exercise. *Journal of Applied Physiology,* 1981, 26: 188-194.

[46] Shehab R, Mirabelli M, Gorenflo D, Fetters M. Pre-exercise stretching and sports related injuries: Knowledge, attitudes and practices. *Clinical Journal of Sports Medicine,* 2006, 16(3): 228-231.

[47] Shrier I. Stretching before exercise does not reduce the risk of local muscle injury: A critical review of the clinical and bsic science literature. *Clinical Journal of Sports Medicine,* 1999, 9(4): 221-227.

[48] Shrier I. Does stretching improve performance? *Clinical Journal of Sports Medicine,* 2004, 14(5): 267-273.

[49] Shrier I. When and whom to stretch? *Physician and Sports Medicine,* 2005, 33(3): 22-26.

[50] Small K, Naughton L, Matthews M. A systematic review into the efficacy of static stretching as part of a warm-up for the prevention of exercise-related injury. *Research in Sports Medicine,* 2008, 16(3): 213-231.

[51] Smith L, Brunetz M, Chenier M, et al. The effects of static stretching and ballistic stretching on delayed onset muscle soreness and creatine kinase. *Research Quarterly for Exercise and Sport,* 1993, 64(1): 103-107.

[52] Stone M, O'Bryant HS, Ayers C, Sands W. Stretching: Acute and chronic? The potential consequences. *Strength and Conditioning Journal,* 2006, 28(6): 66-74.

[53] Thacker S, Gilchrist D, Stroup C, Kimsey C. The impact of static stretching on sports injury risk: A systematic review of the literature. *Medicine and Science in Sports and Exercise,* 2004, 36: 371-378.

[54] Tillin N, Bishop D. Factors modulating post-activation potentiation and its effect on performance of subsequent explosive activities. *Sports Medicine,* 2009, 39(2): 147-166.

[55] Verstegen M, Williams P. *Core Performance*. New York: Rodale, 2004.

[56] Wilcox J, Larson R, Brochu K, Faigenbaum A. Acute explosive-force movements enhance bench press performance in athletic men. *International Journal of Sports Physiology and Performance,* 2006, 1:

261-269.

[57] Winchester JB, Nelson A, Landin D, Young M, Schexnayder IC. Static stretching impairs sprint performance in collegiate track and field athletes. *Journal of Strength and Conditioning Research,* 2008, 22(1): 13-18.

[58] Yamaguchi T, Ishii K. Effects of static stretching for 30 seconds and dynamic stretching on leg extension power. *Journal of Strength and Conditioning Research,* 2005, 19(3): 677-683.

[59] Young WB, Behm DG. Should static stretching be used during a warm-up for strength and power activities? *Strength and Conditioning Journal,* 2002, 24(6): 33-37.

[60] Young WB, Behm DG. Effects of running, static stretching and practice jumps on explosive force production and jumping performance. *Journal of Sports Medicine and Physical Fitness,* 2003, 43(1): 21-27.

[61] Young WB, Elliot S. Acute effects of static stretching, proprioceptive neuromuscular facilitation stretching and maximal voluntary contractions on explosive force production and jumping performance. *Research Quarterly for Exercise and Sport,* 2001, 72: 273-279.

■ 第四章

[1] Augustsson J, Esko A, Thomee R, Svantesson U. Weight training of the thigh muscles using closed vs. open kinetic chain exercises: A comparison of performance enhancement. *Journal of Orthopaedic and Sports Physical Therapy,* 1998, 27: 3-8.

[2] Baker D, Nance S, Moore M. The load that maximizes the average mechanical power output during explosive bench press throws in highly trained athletes. *Journal of Strength and Conditioning Research,* 2001, 15: 20-24.

[3] Baker D, Nance S, Moore M. The load that maximizes the average mechanical power output during jump squats in power-trained athletes. *Journal of Strength and Conditioning Research*, 2001, 15: 92-97.

[4] Blackburn JR, Morrissey MC. The relationship between open and closed kinetic chain strength of the lower limb and jumping performance. *Journal of Orthopaedic and Sports Physical Therapy,* 1998, 27: 430-435.

[5] Borst SE, Dehoyos DV, Garzarella L, et al. Effects of resistance training on insulin-like growth factor-1 and IGF binding proteins. *Medicine and Science in Sports and Exercise,* 2001, 33: 648-653.

[6] Boyer BT. A comparison of the effects of three strength training programs on women. *Journal of Applied Sport Science Research,* 1990, 4: 88-94.

[7] Cormie P, McBride JM, McCaulley GO. Validation of power measurement techniques in dynamic

lower body resistance exercises. *Journal of Applied Biomechanics*, 2007, 23: 103-118.

[8] Cormie P, McCaulley GO, McBride JM. Power versus strength-power jump squattraining: Influence on the load-power relationship. *Medicine and Science in Sports and Exercise*, 2007, 39: 996-1003.

[9] Fleck SJ, Kraemer WJ. *Designing Resistance Training Programs.* 2nd ed. Champaign, IL: Human Kinetics, 1997.

[10] Graves JE, Pollock ML, Leggett SH, et al. Effect of reduced training frequency on muscular strength. *International Journal of Sports Medicine,* 1988, 9:316-319.

[11] Hansen S, Kvorning T, Kjaer M, Szogaard G. The effect of short-term strength training on human skeletal muscle: The importance of physiologically elevated hormone levels. *Scandinavian Journal of Medicine and Science in Sports,* 2001, 11: 347-354.

[12] Hoffman JR, Ratamess NA. *A Practical Guide to Developing Resistance Training Programs.* 2nd ed. Monterey, CA: Coaches Choice Books, 2008.

[13] Hoffman JR, Kraemer WJ, Fry AC, Deschenes M, Kemp DM. The effect of self-selection for frequency of training in a winter conditioning program for football. *Journal of Applied Sport Science Research,* 1990, 3: 76-82.

[14] Hunter GR. Changes in body composition, body build, and performance associated with different weight training frequencies in males and females. *NSCA Journal,* 1985, 7:26-28.

[15] Jones K, Hunter G, Fleisig G, Escamilla R, Lemak L. The effects of compensatory acceleration on upper-body strength and power in collegiate football players. *Journal of Strength and Conditioning Research,* 1999, 13: 99-105.

[16] Kawamori N, Crum AJ, Blumert PA, et al. Influence of different relative intensities on power output during the hang power clean: Identification of the optimal load. *Journal of Strength and Conditioning Research*, 2005, 19: 698-708.

[17] Keeler LK, Finkelstein LH, Miller W, Fernhall B. Early-phase adaptations of traditionalspeed vs. superslow resistance training on strength and aerobic capacity in sedentary individuals. *Journal of Strength and Conditioning Research*, 2001, 15: 309-314.

[18] Kemmler WK, Lauber D, Engelke K, Weineck J. Effects of single- vs. multiple-set resistance training on maximum strength and body composition in trained postmenopausal women. *Journal of Strength and Conditioning Research*, 2004, 18: 689-694.

[19] Keogh JW, Wilson GJ, Weatherby RP. A cross-sectional comparison of different resistance training techniques in the bench press. *Journal of Strength and Conditioning Research,* 1999, 13: 247-258.

[20] Kraemer WJ. A series of studies—The physiological basis for strength training in American football: Fact over philosophy. *Journal of Strength and Conditioning Research,* 1997, 11: 131-142.

[21] Kraemer WJ, Ratamess NA. Fundamentals of resistance training: Progression and exercise prescription. *Medicine and Science in Sports and Exercise,* 2004, 36: 674-678.

[22] Kraemer WJ, Ratamess NA, Fry AC, et al. Influence of resistance training volume and periodization on physiological and performance adaptations in college women tennis players. *American Journal of Sports Medicine,* 2000, 28: 626-633.

[23] McBride JM, Triplett-McBride T, Davie A, Newton RU. The effect of heavy- vs. lightload jump squats on the development of strength, power, and speed. *Journal of Strength and Conditioning Research*, 2002, 16: 75-82.

[24] McCurdy KW, Langford GA, Doscher MW, Wiley LP, Mallard KG. The effects of shortterm unilateral and bilateral lower-body resistance training on measures of strength and power. *Journal of Strength and Conditioning Research*, 2005, 19: 9-15.

[25] McGuigan M,Ratamess NA. Strength. In: Ackland TR, Elliott BC, Bloomfield J, eds. *Applied Anatomy and Biomechanics in Sport*. 2nd ed. Champaign, IL: Human Kinetics, 2009: 119-154.

[26] Mookerjee S, Ratamess NA. Comparison of strength differences and joint action durations between full and partial range-of-motion bench press exercise. *Journal of Strength and Conditioning Research,* 1999, 13: 76-81.

[27] Morrissey MC, Harman EA, Frykman PN, Han KH. Early phase differential effects of slow and fast barbell squat training. *American Journal of Sports Medicine,* 1998, 26: 221-230.

[28] Peterson MD, Rhea MR, Alvar BA. Maximizing strength development in athletes: A meta-analysis to determine the dose-response relationship. *Journal of Strength and Conditioning Research*, 2004, 18: 377-382.

[29] Ratamess NA. Adaptations to anaerobic training programs. In: Baechle TR, Earle RW, eds. *Essentials of Strength Training and Conditioning.* 3rd ed. Champaign, IL: Human Kinetics, 2008: 93-119.

[30] Ratamess, NA, Falvo MJ, Mangine GT, Hoffman JR, Faigenbaum AD, Kang J. The effect of rest interval length on metabolic responses to the bench press exercise. *European Journal of Applied Physiology*, 2007, 100: 1-17.

[31] Ratamess NA, Alvar BA, Evetovich TK, et al. American College of Sports Medicine's position stand: Progression models in resistance training for healthy adults. *Medicine and Science in Sports and Exercise,* 2009, 41: 687-708.

[32] Rhea MR, Alvar BA, Ball SD, Burkett LN. Three sets of weight training superior to 1 set with equal intensity for eliciting strength. *Journal of Strength and Conditioning Research,* 2002, 16: 525-529.

[33] Schilling BK, Falvo MJ, Chiu LZ. Force-velocity, impulse-momentum relationships: Implications

for efficacy of purposely slow resistance training. *Journal of Sports Science and Medicine*, 2008, 7: 299-304.

[34] Siegel JA, Gilders RM, Staron RS, Hagerman FC. Human muscle power output during upper- and lower-body exercises. *Journal of Strength and Conditioning Research*, 2002, 16: 173-178.

[35] Simao R, Farinatti PT, Polito MD, Maior AS, Fleck SJ. Influence of exercise order on the number of repetitions performed and perceived exertion during resistive exercises. *Journal of Strength and Conditioning Research*, 2005, 19: 152-156.

[36] Simao R, Farinatti PT, Polito MD, Viveiros L, Fleck SJ. Influence of exercise order on the number of repetitions performed and perceived exertion during resistance exercise in women. *Journal of Strength and Conditioning Research*, 2007, 21: 23-28.

[37] Starkey DB, Pollock ML, Ishida Y, et al. Effect of resistance training volume on strength and muscle thickness. *Medicine and Science in Sports and Exercise,* 1996, 28: 1311-1320.

[38] Willoughby DS, Gillespie JW. A comparison of isotonic free weights and omnikinetic exercise machines on strength. *Journal of Human Movement Studies,* 1990, 19: 93-100.

[39] Wilson GJ, Newton RU, Murphy AJ, Humphries BJ. The optimal training load for the development of dynamic athletic performance. *Medicine and Science in Sports and Exercise,* 1993, 25: 1279-1286.

■ 第五章

[1] Adams K, O'Shea JP, O'Shea KL, Climstein M. The effect of six weeks of squat, plyometric and squat-plyometric training on power production. *Journal of Applied SportScience Research,* 1992, 6(1): 36-41.

[2] Atha J. Strengthening muscle. *Exercise and Sport Sciences Review,* 1981, 9: 1-73.

[3] Baker D. A series of studies on the training of high-intensity muscle power in rugby league football players. *Journal of Strength and Conditioning Research,* 2001, 15(2): 198-209.

[4] Bauer T, Thayer RE, Baras G. Comparison of training modalities for power development in the lower extremity. *Journal of Applied Sport Science Research,* 1990, 4(4): 115-121.

[5] Behm DG, Sale, DG. Intended rather than actual movement velocity determines velocity-specific training response. *Journal of Applied Physiology,* 1993, 74(1): 359-368.

[6] Berger RA. Optimum repetitions for the development of strength. *Research Quarterly,* 1962, 33(3): 334-337.

[7] Berger RA. Effects of dynamic and static training on vertical jumping ability. *Research Quarterly,* 1963, 34(4): 419-424.

[8] Blazevich AJ, Gill ND, Bronks R, Newton RU. Training-specific muscle architecture adaptation after 5-week training in athletes. *Medicine and Science in Sports and Exercise,* 2003, 35(12): 2013-2022.

[9] Bobbert MF, Van Soest AJ. Effects of muscle strengthening on vertical jump height: A simulation study. *Medicine and Science in Sports and Exercise,* 1994, 26(8): 1012-1020.

[10] Bobbert MF, Gerritsen KG, Litjens MC, Van Soest AJ. Why is countermovement jump height greater than squat jump height? *Medicine and Science in Sports and Exercise,* 1996, 28(11): 1402-1412.

[11] Bosco C, Komi PV. Potentiation of the mechanical behavior of the human skeletal muscle through prestretching. *Acta Physiologica Scandinavica,* 1979, 106(4): 467-472.

[12] Bosco C, et al. Bosco C, Viitasalo JT, Komi PV, Luhtanen P. Combined effect of elastic energy and myoelectrical potentiation during stretch-shortening cycle exercise. *Acta Physiologica Scandinavica,* 1982, 114: 557-565.

[13] Bottinelli R, Pellegrino MA, Canepari M, Rossi R, Reggiani C. Specific contributions of various muscle fibre types to human muscle performance: An in vitro study. *Journal of Electromyography and Kinesiology,* 1999, 9(2): 87-95.

[14] Brown ME, Mayhew JL, Boleach LW. Effect of plyometric training on vertical jump performance in high school basketball players. *Journal of Sports Medicine and Physical Fitness,* 1986, 26(1): 1-4.

[15] Caiozzo VJ, Perrine JJ, Edgerton VR. Training-induced alterations of the in vivo forcevelocity relationship of human muscle. *Journal of Applied Physiology,* 1981, 51(3): 750-754.

[16] Campos GE, Luecke TJ, Wendeln HK, et al. Muscular adaptations in response to three different resistance-training regimens: Specificity of repetition maximum training zones. *European Journal of Applied Physiology,* 2002, 88: 50-60.

[17] Canavan PK, Garrett GE, Armstrong LE. Kinematic and kinetic relationships between an Olympic-style lift and the vertical jump. *Journal of Strength and Conditioning Research,* 1996, 10(2): 127-130.

[18] Carlock JM, Smith SL, Hartman MJ, et al. The relationship between vertical jumppower estimates and weightlifting ability: A field-test approach. *Journal of Strength and Conditioning Research,* 2004, 18(3): 534-539.

[19] Chimera NJ, Swanik KA, Swanik CB, Straub SJ. Effects of plyometric training on muscle-activation strategies and performance in female athletes. *Journal of Athletic Training,* 2004, 39(1): 24-31.

[20] Chu DA. *Jumping into Plyometrics*. Champaign, IL: Leisure Press, 1992.

[21] Clutch D, Wilton M, McGown C, Bryce GR. The effect of depth jumps and weight training on leg strength and vertical jump. *Research Quarterly for Exercise and Sport,* 1983, 54(1): 5-10.

[22] Cormie P. A series of investigations into the effect of strength level on muscular power in athletic movements. In *School of Exercise, Biomedical and Health Science*. Perth, WA: Edith Cowan University, 2009: 263.

[23] Cormie P, McCaulley GO, McBride JM. Power versus strength-power jump squat training: Influence on the load-power relationship. *Medicine and Science in Sports and Exercise,* 2007, 39(6): 996-1003.

[24] Cormie P, McBride JM, McCaulley GO. Power-time, force-time, and velocity-time curve analysis during the jump squat: Impact of load. *Journal of Applied Biomechanics,* 2008, 24(2): 112-120.

[25] Cormie P, McCaulley GO, Triplett NT, McBride JM. Optimal loading for maximal power output during lower-body resistance exercises. *Medicine and Science in Sports and Exercise,* 2007, 39(2): 340-349.

[26] Coyle EF, Feiring DC, Rotkis TC, et al. Specificity of power improvements through slow and fast isokinetic training. *Journal of Applied Physiology,* 1981, 51(6): 1437-1442.

[27] de Haan A, Jones DA, Sargent AJ. Changes in velocity of shortening, power output and relaxation rate during fatigue of rat gastrocnemius muscle. *Pflugers Archive,* 1989, 412(4): 422-428.

[28] de Villarreal ES, Kellis E, Kraemer WJ, Izquierdo M. Determining variables of plyometric training for improving vertical jump height performance: A meta-analysis. *Journal of Strength and Conditioning Research,* 2009, 23(2): 495-506.

[29] Delbridge A, Bernard JR. *The Macquarie Concise Dictionary*. Sydney, Australia: Macquarie Library, 1988.

[30] Desmedt JE, Godaux E. Ballistic contractions in man: Characteristic recruitment pattern of single motor units of the tibialis anterior muscle. *Journal of Physiology,* 1977, 264: 673-693.

[31] Desmedt JE, Godaux E. Ballistic contractions in fast or slow human muscles: Discharge patterns of single motor units. *Journal of Physiology,* 1978, 285: 185-196.

[32] Duchateau J, Hainaut K. Isometric or dynamic training: Differential effects on mechanical properties of human muscle. *Journal of Applied Physiology,* 1984, 56: 296-301.

[33] Dugan EL, Doyle TL, Humphries B, Hasson CJ, Newton RU. Determining the optimal load for jump squats: A review of methods and calculations. *Journal of Strength and Conditioning Research,* 2004, 18(3): 668-674.

[34] Ebben WP, Carroll RM, Simenz CJ. Strength and conditioning practices of national hockey league strength and conditioning coaches. *Journal of Strength and Conditioning Research,* 2004, 18(4): 889-897.

[35] Ebben WP, Hintz MJ, Simenz CJ. Strength and conditioning practices of major league baseball

strength and conditioning coaches. *Journal of Strength and Conditioning Research,* 2005, 19(3): 538-546.

[36] Elliott BC, Wilson DJ, Kerr GK. A biomechanical analysis of the sticking region in the bench press. *Medicine and Science in Sports and Exercise,* 1989, 21: 450-462.

[37] Ettema GJ, van Soest AJ, Huijing PA. The role of series elastic structures in prestretchinduced work enhancement during isotonic and isokinetic contractions. *Journal of Experimental Biology,* 1990, 154: 121-136.

[38] Faulkner JA, Claflin DR, McCully KK. Power output of fast and slow fibers from human skeletal muscles. In: Jones NL, McCartney N, McComas AJ, eds. *Human Muscle Power.* Champaign, IL: Human Kinetics, 1986: 81-94.

[39] Fielding RA, LeBrasseur NK, Cuoco A, Bean J, Mizer K, Fiatarone Singh MA. Highvelocity resistance training increases skeletal muscle peak power in older women. *Journal of the American Geriatric Society,* 2002, 50(4): 655-662.

[40] Garhammer J. A review of power output studies of Olympic and powerlifting: Methodology, performance prediction and evaluation tests. *Journal of Strength and Conditioning Research,* 1993, 7(2): 76-89.

[41] Garhammer J, Gregor R. Propulsion forces as a function of intensity for weightlifting and vertical jumping. *Journal of Applied Sport Science Research,* 1992, 6(3): 129-134.

[42] Gollhofer A, Kyrolainen H. Neuromuscular control of the human leg extensor muscles in jump exercises under various stretch-load conditions. *International Journal of Sports Medicine,* 1991, 12(1): 34-40.

[43] Gollnick PD, Bayley WM. Biochemical training adaptations and maximal power. In: Jones NL, McCartney N, McComas AJ, eds. *Human Muscle Power.* Champaign, IL: Human Kinetics, 1986: 255-267.

[44] Haff GG, Stone M, O'Bryant HS, et al. Force-time dependent characteristics of dynamic and isometric muscle actions. *Journal of Strength and Conditioning Research,* 1997, 11(4): 269-272.

[45] Hakkinen K. Neuromuscular and hormonal adaptations during strength and power training. A review. *Journal of Sports Medicine and Physical Fitness,* 1989, 29(1): 9-26.

[46] Häkkinen K, Alen M, Komi PV. Changes in isometric force- and relaxation-time, electromyographic and muscle fibre characteristics of human skeletal muscle during strength training and detraining. *Acta Physiologica Scandinavica,* 1985, 125(4): 573-585.

[47] Häkkinen K, Komi PV, Alen M. Effect of explosive type strength training on isometric force- and relaxation-time, electromyographic and muscle fibre characteristics of leg extensor muscles. *Acta*

Physiologica Scandinavica, 1985, 125(4): 587-600.

[48] Häkkinen K, Komi PV, Tesch PA. Effect of combined concentric and eccentric strength training and detraining on force-time, muscle fibre and metabolic characteristics of leg extensor muscles. *Scandinavian Journal of Sport Science,* 1981, 3: 50-58.

[49] Häkkinen K, Mero A, Kauhanen H. Specificity of endurance, sprint and strength training on physical performance capacity in young athletes. *Journal of Sports Medicine and Physical Fitness,* 1989, 29(1): 27-35.

[50] Häkkinen K, Komi PV, Alén M, Kauhanen H. EMG, muscle fibre and force production characteristics during a 1 year training period in elite weight-lifters. *European Journal of Applied Physiology,* 1987, 56: 419-427.

[51] Häkkinen K, Kallinen M, Izquierdo M, et al. Changes in agonist-antagonist EMG, muscle CSA, and force during strength training in middle-aged and older people. *Journal of Applied Physiology,* 1998, 84(4): 1341-1349.

[52] Hannerz J. Discharge properties of motor units in relation to recruitment order in voluntary contraction. *Acta Physiologica Scandinavica,* 1974, 91(3): 374-385.

[53] Harris GR, Stone MH, O'Bryant HS, Proulx CM, Johnson RL. Short-term performance effects of high power, high force, or combined weight-training methods. *Journal of Strength and Conditioning Research,* 2000, 14(1): 14-20.

[54] Hatfield FC. *Power: A Scientific Approach*. Chicago, IL: Contemporary Books, 1989.

[55] Henneman E, Clamann HP, Gillies JD, Skinner RD. Rank order of motoneurons within a pool, law of combination. *Journal of Neurophysiology,* 1974, 37: 1338-1349.

[56] Henneman E, Somjen G, Carpenter DO. Functional significance of cell size in spinal motoneurons. *Journal of Neurophysiology,* 1965, 28: 560-580.

[57] Holcomb WR, Lander JE, Rutland RM, Wilson GD. The effectiveness of a modified plyometric program on power and the vertical jump. *Journal of Strength and Conditioning Research,* 1996, 10(2): 89-92.

[58] Hori N, Newton RU, Nosaka K, Stone MH. Weightlifting exercises enhance athletic performance that requires high-load speed strength. *Strength and Conditioning Journal,* 2005, 27(4): 50-55.

[59] Hori N, Newton RU, Andrews WA, Kawamori N, McGuigan MR, Nosaka K. Does performance of hang power clean differentiate performance of jumping, sprinting, and changing of direction? *Journal of Strength and Conditioning Research,* 2008, 22(2): 412-418.

[60] Jones K, Bishop P, Hunter G, Fleisig G. The effects of varying resistance-training loads on intermediate- and high-velocity-specific adaptations. *Journal of Strength and Conditioning Research,*

2001, 15(3): 349-356.

[61] Kanehisa H, Miyashita M. Specificity of velocity in strength training. *European Journal of Applied Physiology and Occupational Physiology,* 1983, 52(1): 104-106.

[62] Kaneko M, Fuchimoto T, Toji H, Suei K. Training effect of different loads on the forcevelocity relationship and mechanical power output in human muscle. *Scandinavian Journal of Medicine and Science in Sports,* 1983, 5(2): 50-55.

[63] Kawamori N, Haff GG. The optimal training load for the development of muscular power. *Journal of Strength and Conditioning Research,* 2004, 18(3): 675-684.

[64] Kawamori N, Crum AJ, Blumert PA, et al. Influence of different relative intensities on power output during the hang power clean: Identification of the optimal load. *Journal of Strength and Conditioning Research,* 2005, 19(3): 698-708.

[65] Knuttgen HG, Kraemer WJ. Terminology and measurement in exercise performance. *Journal of Applied Sport Science Research,* 1987, 1: 1-10.

[66] Komi PV. The stretch-shortening cycle and human power output. In: Jones NL, McCartney N, McComas AJ, eds. *Human Muscle Power.* Champaign, IL: Human Kinetics, 1986: 27-40.

[67] Komi PV, Häkkinen K. Strength and power. In: Dirix A, Knuttgen HG, Tittel K, eds. *The Olympic Book of Sports Medicine.* Boston, MA: Blackwell Scientific, 1988.

[68] Kraemer WJ. Involvement of eccentric muscle action may optimize adaptations to resistance training. In: *Sports Science Exchange.* Chicago, IL: Gatorade Sports Science Institute, 1992.

[69] Kraemer WJ, Newton RU. Training for muscular power. *Physical Medicine and Rehabilitation Clinics of North America,* 2000, 11(2): 341-368.

[70] Kyröläinen H, Avela J, McBride JM, et al. Effects of power training on muscle structure and neuromuscular performance. *Scandinavian Journal of Medicine and Science in Sports,* 2005, 15(1): 58-64.

[71] Lamas L, Aoki MS, Ugrinowitsch C, et al. Expression of genes related to muscle plasticity after strength and power training regimens. *Scandinavian Journal of Medicine and Science in Sports,* 2009.

[72] Lesmes G. Muscle strength and power changes during maximal isokinetic training. *Medicine and Science in Sports and Exercise,* 1978, 10: 266-269.

[73] Lyttle AD, Wilson G, Ostrowski KJ. Enhancing performance: Maximal power versus combined weights and plyometrics training. *Journal of Strength and Conditioning Research,* 1996, 10(3): 173-179.

[74] Malisoux L, Francaux M, Nielens H, Theisen D. Stretch-shortening cycle exercises: An effective training paradigm to enhance power output of human single muscle fibers. *Journal of Applied Physiology,* 2006, 100(3): 771-779.

[75] Matavulj D, Kukolj M, Ugarkovic D, Tihanyi J, Jaric S. Effects of plyometric training on jumping performance in junior basketball players. *Journal of Sports Medicine and Physical Fitness,* 2001, 41(2): 159-164.

[76] McBride JM, Triplett-McBride T, Davie A, Newton RU. The effect of heavy- vs. lightload jump squats on the development of strength, power, and speed. *Journal of Strength and Conditioning Research,* 2002, 16(1): 75-82.

[77] Moffroid MT, Whipple RH. Specificity of speed of exercise. *Physical Therapy,* 1970, 50: 1692-1700.

[78] Moss BM, Refsnes PE, Abildgaard A, Nicolaysen K, Jensen J. Effects of maximal effort strength training with different loads on dynamic strength, cross-sectional area, load-power and load-velocity relationships. *European Journal of Applied Physiology and Occupational Physiology,* 1997, 75(3): 193-199.

[79] Narici MV, Roi GS, Landoni L, Minetti AE, Cerretelli P. Changes in force cross-sectional area and neural activation during strength training and detraining of the human quadriceps. *European Journal of Applied Physiology,* 1989, 59: 310-319.

[80] Newton RU, Kraemer WJ. Developing explosive muscular power: Implications for a mixed method training strategy. *Strength and Conditioning Journal,* 1994, 16(5): 20-31.

[81] Newton RU, Kraemer WJ, Häkkinen K. Effects of ballistic training on preseason preparation of elite volleyball players. *Medicine and Science in Sports and Exercise,* 1999, 31(2): 323-330.

[82] Newton RU, Kraemer WJ, Häkkinen K, Humphries B, Murphy AJ. Kinematics, kinetics, and muscle activation during explosive upper body movements. *Journal of Applied Biomechanics,* 1996, 12: 31-43.

[83] Newton RU, Rogers RA, Volek JS, Häkkinen K, Kraemer WJ. Four weeks of optimal load ballistic resistance training at the end of season attenuates declining jump performance of women volleyball players. *Journal of Strength and Conditioning Research,* 2006, 20(4): 955-961.

[84] Newton RU, Häkkinen K, Häkkinen A, McCormick M, Volek J, Kraemer WJ. Mixedmethods resistance training increases power and strength of young and older men. *Medicine and Science in Sports and Exercise,* 2002, 34(8): 1367-1375.

[85] Newton RU, Murphy AJ, Humphries BJ, Wilson GJ, Kraemer WJ, Häkkinen K. Influence of load and stretch shortening cycle on the kinematics, kinetics and muscle activation that occurs during explosive upper-body movements. *European Journal of Applied Physiology and Occupational Physiology,* 1997, 75(4): 333-342.

[86] Roman WJ, Fleckenstein J, Stray-Gundersen J, Alway SE, Peshock R, Gonyea WJ. Adaptations in

the elbow flexors of elderly males after heavy-resistance training. *Journal of Applied Physiology,* 1993, 74(2): 750-754.

[87] Sale DG. Influence of exercise and training on motor unit activation. *Exercise and Sport Science Review,* 1987, 15: 95-151.

[88] Schilling BK, Stone MH, O'Bryant HS, Fry AC, Coglianese RH, Pierce KC. Snatch technique of collegiate national level weightlifters. *Journal of Strength and Conditioning Research,* 2002, 16(4): 551-555.

[89] Schmidtbleicher D. Training for power events. In: Komi PV, ed. *Strength and Power in Sport.* Oxford: Blackwell Scientific, 1992: 381-395.

[90] Schmidtbleicher D, Buehrle M. Neuronal adaptation and increase of cross-sectional area studying different strength training methods. *Biomechanics,* 1987, X-B: 615-620.

[91] Schmidtbleicher D, Gollhofer A, Frick U. Effects of a stretch-shortening typed training on the performance capability and innervation characteristics of leg extensor muscles. In: de Groot G, et al., eds. *Biomechanics XI-A.* Amsterdam: Free University Press, 1988: 185-189.

[92] Simenz CJ, Dugan CA, Ebben WP. Strength and conditioning practices of national basketball association strength and conditioning coaches. *Journal of Strength and Conditioning Research,* 2005, 19(3): 495-504.

[93] Stone ME, Johnson R, Carter D. A short term comparison of two different methods of resistive training on leg strength and power. *Athletic Training,* 1979, 14: 158-160.

[94] Stowers T, McMillian J, Scala D, Davis V, Wilson D, Stone M. The short-term effects of three different strength-power training methods. *NSCA Journal,* 1983, 5(3): 24-27.

[95] Toji H, Kaneko M. Effect of multiple-load training on the force-velocity relationship. *Journal of Strength and Conditioning Research,* 2004, 18(4): 792-795.

[96] Toji H, Suei K, Kaneko M. Effects of combined training loads on relations among force, velocity, and power development. *Canadian Journal of Applied Physiology,* 1997, 22(4): 328-336.

[97] Tricoli V, Lamas L, Carnevale R, Ugrinowitsch C. Short-term effects on lower-body functional power development: Weightlifting vs. vertical jump training programs. *Journal of Strength and Conditioning Research,* 2005, 19(2): 433-437.

[98] van Leeuwen JL. Optimum power output and structural design of sarcomeres. *Journal of Theoretical Biology,* 1991, 149: 229-256.

[99] Wathen D. Position statement: Explosive/plyometric exercises. *NSCA Journal,* 1993, 15(3): 16-19.

[100] Widrick JJ, Stelzer JE, Shoepe TC, Garner DP. Functional properties of human muscle fibers after short-term resistance exercise training. *American Journal of Physiology—Regulatory, Integrative and*

Comparative Physiology, 2002, 283(2): R408-R416.

[101] Wilson GJ, Murphy AJ, Walshe AD. Performance benefits from weight and plyometric training: Effects of initial strength level. *Coaching Sport Science Journal,* 1997, 2(1): 3-8.

[102] Wilson GJ, Newton RU, Murphy AJ, Humphries BJ. The optimal training load for the development of dynamic athletic performance. *Medicine and Science in Sports and Exercise,* 1993, 25(11): 1279-1286.

[103] Winchester JB, McBride JM, Maher MA, et al. Eight weeks of ballistic exercise improves power independently of changes in strength and muscle fiber type expression. *Journal of Strength and Conditioning Research,* 2008, 22(6): 1728-1734.

[104] Winter DA. *Biomechanics and Motor Control of Human Movement*. New York, NY: Wiley, 1990.

[105] Young WB. Training for speed/strength: Heavy versus light loads. *NSCA Journal,* 1993,15: 34-42.

[106] Young WB, Bilby GE. The effect of voluntary effort to influence speed of contraction on strength, muscular power, and hypertrophy development. *Journal of Strength and Conditioning Research,* 1993, 7(3): 172-178.

[107] Zatsiorsky VM, Kraemer WJ. *Science and Practice of Strength Training*. 2nd ed. Champaign, IL: Human Kinetics, 2006.

■ 第六章

[1] Costill DL, Coyle EF, Fink WJ, Lesmes GR, Witzmann FA. Adaptations in skeletal muscle following strength training. *Journal of Applied Physiology,* 1979, 46: 96-99.

[2] Dudley GA, Abraham WM, Terjung RL. Influence of exercise intensity and duration on biochemical adaptations in skeletal muscle. *Journal of Applied Physiology*, 1982, 53: 844-850.

[3] Fitts RH. Substrate supply and energy metabolism during brief high intensity exercise: Importance in limiting performance. In: Lamb DR, Gisolfi CV, eds. *Energy Metabolism in Exercise and Sport*. Madison, WI: Brown & Benchmark, 1992: 53-105.

[4] Gjovaag TF, Dahl HA. Effect of training with different intensities and volumes on muscle fibre enzyme activity and cross sectional area in the m. triceps brachii. *European Journal of Applied Physiology,* 2008, 103: 399-409.

[5] Hoffman JR. *Physiological Aspects of Sports Training and Performance.* Champaign, IL: Human Kinetics, 2002: 93-108.

[6] Houston ME, Wilson DM, Green HJ, Thomson JA, Ranney DA. Physiological and muscle enzyme

adaptations to two different intensities of swim training. *European Journal of Applied Physiology*, 1981, 46: 283-291.

[7] Howald H, Hoppeler H, Claassen H, Mathieu O, Staub R. Influence of endurance training on the ultrastructural composition of the different muscle fiber types in humans. *Pflugers Archives*, 1985, 403: 369-376.

[8] Jacobs I, Esbjornsson M, Sylven C, Holm I, Jansson E. Sprint training effects on muscle myoglobin, enzymes, fiber types, and blood lactate. *Medicine and Science in Sports and Exercise,* 1987, 19: 368-374.

[9] Jansson E, Sjodin B, Tesch P. Changes in muscle fibre type distribution in man after physical training. *Acta Physiologica Scandinavica*, 1978, 104: 235-237.

[10] Jansson E, Esbjornsson M, Holm I, Jacobs I. Increases in the proportion of fast-twitch muscle fibres in sprint training in males. *Acta Physiologica Scandinavica*, 1990, 140: 359-363.

[11] Kraemer WJ, Gotshalk LA. Physiology of American football. In: Garrett WE, Kirkendall DT, eds. *Exercise and Sport Science*. Philadelphia, PA: Lippincott, Williams and Wilkins, 2000: 795-813.

[12] Kraemer WJ, Patton JF, Gordon SE, et al. Compatibility of high-intensity strength and endurance training on hormonal and skeletal muscle adaptations. *Journal of Applied Physiology*, 1995, 78: 976-989.

[13] Lepretre PM, Vogel T, Brechat PH, et al. Impact of short-term aerobic interval training on maximal exercise in sedentary aged subjects. *International Journal of Clinical Practice,* 2009, 63: 1472-1478.

[14] Linossier MT, Dormois D, Perier C, Frey J, Geyssant A, Denis C. Enzyme adaptations of human skeletal muscle during bicycle short-sprint training and detraining. *Acta Physiologica Scandinavica*, 1997, 161: 439-445.

[15] MacDougall JD, Ward GR, Sale DG, Sutton JR. Biochemical adaptations of human skeletal muscle to heavy resistance training and immobilization. *Journal of Applied Physiology*, 1977, 43: 700-703.

[16] Parra J, Cadefau JA, Rodas G, Amigo N, Cusso R. The distribution of rest periods affects performance and adaptations of energy metabolism induced by high-intensity training in human muscle. *Acta Physiologica Scandinavica*, 2000, 169: 157-165.

[17] Sharp RL, Costill DL, Fink WJ, King DS. Effects of eight weeks of bicycle ergometer sprint training on human muscle buffer capacity. *International Journal of Sports Medicine,* 1986, 7: 13-17.

[18] Simoneau JA, Lortie G, Boulay MR, Marchotte M, Thibault MC, Bouchard C. Human skeletal muscle fiber type alteration with high intensity intermittent training. *European Journal of Applied Physiology*, 1985, 54: 240-253.

[19] Staron RS, Milicky ES, Leonardi MJ, Falkel JE, Hagerman FC, Dudley GA. Muscle hypertrophy

and fast fiber type conversions in heavy resistance trained women. *European Journal of Applied Physiology,* 1989, 60: 71-79.

[20] Staron RS, Karapondo DL, Kraemer WJ, et al. Skeletal muscle adaptations during early phase of heavy resistance training in men and women. *Journal of Applied Physiology*, 1994, 76(3): 1247-1255.

[21] Staron RS, Leonardi MJ, Karapondo DL, et al. Strength and skeletal muscle adaptations in heavy resistance trained women after detraining and retraining. *Journal of Applied Physiology*, 1991, 70(2): 631-640.

[22] Tanisho K, Harikawa K. Training effects on endurance capacity in maximal intermittent exercise: Comparison between continuous and interval training. *Journal of Strength and Conditioning Research*, 2009, 23: 2405-2410.

[23] Troup JP, Metzger JM, Fitts RH. Effect of high-intensity exercise on functional capacity of limb skeletal muscle. *Journal of Applied Physiology,* 1986, 60: 1743-1751.

[24] Walter AA, Smith AE, Kendall KL, Stout JR, Cramer JT. Six weeks of high-intensity interval training with and without beta-alanine supplementation for improving cardiovascular fitness in women. *Journal of Strength and Conditioning Research*, 2010, 24: 1199-1207.

■ 第七章

[1] Baechle TR, Earle RW, NSCA (US). *Essentials of Strength Training and Conditioning*. 3rd ed. Champaign, IL: Human Kinetics, 2008.

[2] Bompa TO. *Periodization: Theory and Methodology of Training*. 4th ed. Champaign, IL: Human Kinetics, 1999.

[3] Borg G. Perceived exertion as an indicator of somatic stress. *Scandanavian Journal of Rehabilitation Medicine*, 1970, 2: 92-98.

[4] Boulay MR, Simoneau JA, Lortie G, Bouchard C. Monitoring high-intensity endurance exercise with heart rate and thresholds. *Medicine and Science in Sports and Exercise*, 1997, 29: 125-132.

[5] Budgett R. Overtraining syndrome. *British Journal of Sports Medicine*, 1990, 24: 231-236.

[6] Cavanagh PR, Williams KR. The effect of stride length variation on oxygen uptake during distance running. *Medicine and Science in Sports and Exercise*, 1982, 14: 30-35.

[7] Coyle EF, Coggan AR, Hopper MK, Walters TJ. Determinants of endurance in welltrained cyclists. *Journal of Applied Physiology*, 1988, 64: 2622-2630.

[8] Cureton KJ, Sparling PB, Evans BW, Johnson SM, Kong UD, Purvis JW. Effect of experimental alterations in excess weight on aerobic capacity and distance running performance. *Medicine and*

Science in Sports, 1978, 10: 194-199.

[9] Daniels J. Training distance runners—A primer. *Gatorade Sports Science Exchange,* 1989,1-5.

[10] Edge J, Bishop D, Goodman C, Dawson B. Effects of high- and moderate-intensity training on metabolism and repeated sprints. *Medicine and Science in Sports and Exercise*, 2005, 37: 1975-1982.

[11] Evans M. *Endurance Athlete's Edge*. Champaign, IL: Human Kinetics, 1997: 229.

[12] Fry RW, Morton AR, Garcia-Webb P, Crawford GP, Keast D. Biological responses to overload training in endurance sports. *European Journal of Applied Physiology and Occupational Physiology*, 1992, 64: 335-344.

[13] Fry RW, Morton AR, Keast D. Overtraining in athletes. An update. *Sports Medicine*, 1991, 12: 32-65.

[14] Gastin PB. Energy system interaction and relative contribution during maximal exercise. *Sports Medicine*, 2001, 31: 725-741.

[15] Gibala MJ. High-intensity interval training: A time-efficient strategy for health promotion? *Current Sports Medicine Reports*, 2007, 6: 211-213.

[16] Helgerud J, Hoydal K, Wang E, et al. Aerobic high-intensity intervals improve VO_2max more than moderate training. *Medicine and Science in Sports and Exercise*, 2007, 39: 665-671.

[17] Hoffman JR. The relationship between aerobic fitness and recovery from high-intensity exercise in infantry soldiers. *Military Medicine*, 1997, 162: 484-488.

[18] Holloszy JO, Coyle, EF. Adaptations of skeletal muscle to endurance exercise and their metabolic consequences. *Journal of Applied Physiology*, 1984, 56: 831-838.

[19] Howarth KR, Moreau NA, Phillips SM, Gibala MJ. Coingestion of protein with carbohydrate during recovery from endurance exercise stimulates skeletal muscle protein synthesis in humans. *Journal of Applied Physiology*, 2009, 106: 1394-1402.

[20] Kerksick C, Harvey T, Stout J, et al. International Society of Sports Nutrition's position stand: Nutrient timing. *Journal of the International Society of Sports Nutrition,* 2008, 5: 17.

[21] Koutedakis Y, Budgett R, Faulmann L. Rest in underperforming elite competitors. *British Journal of Sports Medicine*, 1990, 24: 248-252.

[22] Kraemer WJ, Ratamess NA. Fundamentals of resistance training: Progression and exercise prescription. *Medicine and Science in Sports and Exercise*, 2004, 36: 674-688.

[23] Kyle CR, Caiozzo VJ. The effect of athletic clothing aerodynamics upon running speed. *Medicine and Science in Sports and Exercise*. 1986, 18: 509-515.

[24] Matvyev L. *Fundamentals of Sports Training.* [English translation of the revised Russian edition.] Moscow: Progress, 1981.

[25] McArdle WD, Katch FI, Katch VL. *Exercise Physiology: Energy, Nutrition, & Human Performance*. 6th ed. Baltimore, MD: Lippincott Williams & Wilkins, 2007.

[26] Morgan DW, Craib M. Physiological aspects of running economy. *Medicine and Science in Sports and Exercise*. 1993, 24: 456-461.

[27] Morgan WP, Pollock ML. Psychological characterization of the elite distance runner. *Annals of the NY Academy of Sciences*, 1977, 301: 382-403.

[28] Paavolainen L, Hakkinen K, Hamalainen I, Nummela A, Rusko H. Explosive-strength training improves 5 km running time by improving running economy and muscle power. *Journal of Applied Physiology*, 1999, 86: 1527-1533.

[29] Pate RR, Branch JD. Training for endurance sport. *Medicine and Science in Sports and Exercise*, 1992, 24: S340-343.

[30] Pollock ML, Gaesser GA, Butcher JD, et al. The recommended quantity and quality of exercise for developing and maintaining cardiorespiratory and muscular fitness and flexibility in healthy adults. *Medicine and Science in Sports and Exercise*, 1998, 30(6): 975-991.

[31] Powers, SK, Howley ET, eds. *Exercise Physiology: Theory and Application to Fitness and Performance*. Dubuque, IA: Brown & Benchmark, 1997.

[32] Raglin JS. The psychology of the marathoner: Of one mind and many. *Sports Medicine*, 2007, 37: 404-407.

[33] Shepley B, MacDougall JD, Cipriano N, Sutton JR, Tarnopolsky MA, Coates G. Physiological effects of tapering in highly trained athletes. *Journal of Applied Physiology*, 1992, 72: 706-711.

[34] Smith AE, Moon JR, Kendall KL, et al. The effects of beta-alanine supplementation and high-intensity interval training on neuromuscular fatigue and muscle function. *European Journal of Applied Physiology*, 2009, 105: 357-363.

[35] Smith DJ. A framework for understanding the training process leading to elite performance. *Sports Medicine*, 2003, 33: 1103-1126.

[36] Stevinson CD, Biddle SJ. Cognitive orientations in marathon running and "hitting the wall" . *British Journal of Sports Medicine*, 1998, 32: 229-234.

[37] Tabata I, Nishimura K, Kouzaki M, et al. Effects of moderate-intensity endurance and high-intensity intermittent training on anaerobic capacity and VO_2max. *Medicine and Science in Sports and Exercise*, 1996, 28: 1327-1330.

[38] Zupan MF, Petosa PS. Aerobic and resistance cross-training for peak triathlon performance. *Strength and Conditioning Journal*, 1995, 17: 7-12.

■ 第八章

[1] Brown TD, Vescovi JD. Efficient arms for efficient agility. *Strength and Conditioning Journal,* 2003, 25(4): 7-11.

[2] Brughelli M, Cronin J, Levin G, Chaouachi A. Understanding change of direction ability in sport: A review of resistance training studies. *Sports Medicine,* 2008, 38(12): 1045-1063.

[3] Christou M, Smilios I, Sotiropoulos K, Volaklis K, Pilianidis T, Tokmakidis SP. Effects of resistance training on the physical capacities of adolescent soccer players. *Journal of Strength and Conditioning Research,* 2006, 20(4): 783-791.

[4] Cressey EM, West CA, Tiberio DP, Kraemer WJ, Maresh CM. The effects of ten weeks of lower-body unstable surface training on markers of athletic performance. *Journal of Strength and Conditioning Research,* 2007, 21(2): 561-567.

[5] Di Michele RD, Di Renzo AM, Ammazzalorso S, Merni F. Comparison of physiological responses to an incremental running test on treadmill, natural grass, and synthetic turf in young soccer players. *Journal of Strength and Conditioning Research,* 2009, 23(3): 939-945.

[6] Fry AC, Kraemer WJ, Weseman CA, et al. The effects of an off-season strength and conditioning program on starters and non-starters in women's intercollegiate volleyball. *Journal of Applied Sport Science Research,* 1991, 5(4): 174-181.

[7] Gabbett T. Performance changes following a field conditioning program in junior and senior rugby league players. *Journal of Strength and Conditioning Research,* 2006, 20(1): 215-221.

[8] Gabbett T, Georgieff B, Anderson S, Cotton B, Savovic D, Nicholson L. Changes in skill and physical fitness following training in talent-identified volleyball players. *Journal of Strength and Conditioning Research,* 2006, 20(1): 29-35.

[9] Graham J, Ferrigno V. Agility and balance training. In: Brown, LE, Ferrigno, VA, eds. *Training for Speed, Agility, and Quickness.* 2nd ed. Champaign, IL: Human Kinetics, 2005.

[10] Hoffman, JR. *Norms for Fitness, Performance, and Health.* 1st ed. Champaign, IL: Human Kinetics, 2006.

[11] Hoffman JR, Cooper J, Wendell M, Kang J. Comparison of Olympic vs. traditional power lifting training programs in football players. *Journal of Strength and Conditioning Research,* 2004, 18(1): 129-135.

[12] Hoffman JR, Ratamess NA, Cooper JJ, Kang J, Chilakos A, Faigenbaum AD. Comparison of loaded and unloaded jump squat training on strength/power performance in college football players. *Journal of Strength and Conditioning Research,* 2005, 19(4): 810-815.

[13] Kraemer WJ, Hakkinen K, Triplett-Mcbride NT, et al. Physiological changes with periodized resistance training in women tennis players. *Medicine and Science in Sports and Exercise,* 2003, 35(1): 157-168.

[14] Markovic G, Jukic I, Milanovic D, Metikos D. Effects of sprint and plyometric training on muscle function and athletic performance. *Journal of Strength and Conditioning Research*, 2007, 21(2): 543-549.

[15] McBride JM, Triplett-McBride T, Davie A, Newton RU. The effect of heavy- vs. lightload jump squats on the development of strength, power, and speed. *Journal of Strength and Conditioning Research*, 2002, 16(1): 75-82.

[16] Miller MG, Herniman JJ, Ricard MD, Cheatham CC, Michael TJ. The effects of a 6-week plyometric training program on agility. *Journal of Sports Science and Medicine,* 2006, 5: 459-465.

[17] Murias JM, Lanatta D, Arcuri CR, Laino FA. Metabolic and functional responses playing tennis on different surfaces. *Journal of Strength and Conditioning Research,* 2007, 21(1): 112-117.

[18] Polman R, Walsh D, Bloomfield J, Nesti M. Effective conditioning of female soccer players. *Journal of Sport Science,* 2004, 22: 191-203.

[19] Roozen M. Illinois agility test. *NSCA's Performance Training Journal,* 2004, 3(5): 5-6.

[20] Sheppard JM, Young WB. Agility literature review: Classifications, training and testing. *Journal of Sports Science,* 2006, 24(9): 919-932.

[21] Tricoli V, Lamas L, Carnevale R, Ugrinowitsch C. Short-term effects on lower-body functional power development: Weightlifting vs. vertical jump training programs. *Journal of Strength and Conditioning Research,* 2005, 19(2): 433-437.

[22] Young WB, McDowell MH, Scarlett BJ. Specificity and sprint and agility training methods. *Journal of Strength and Conditioning Research,* 2001, 15(3): 315-319.

■ 第九章

[1] Abe T, Kumagai K, Brechue WF. Fascicle length of leg muscles is greater in sprinters than distance runners. *Medicine and Science in Sports and Exercise,* 2000, 32(6): 1125-1129.

[2] Arthur M, Bailey B. *Complete Conditioning for Football.* Champaign, IL: Human Kinetics, 1998.

[3] Balyi I. Long-term athlete development: Trainability in childhood and adolescence. *Olympic Coach,* 2004, 16(1): 4-9.

[4] Berg K, Latin RW, Baechle T. Physical and performance characteristics of NCAA division I football players. *Research Quarterly for Exercise and Sport*, 1990, 61: 395-401.

[5] Black W, Roundy E. Comparisons of size, strength, speed, and power in NCAA division I-A football players. *Journal of Strength and Conditioning Research*, 1994, 8: 80-85.

[6] Bosco C, Vittori C. Biomechanical characteristics of sprint running during maximal and supramaximal speed. *New Studies in Athletics,* 1986, 1(1): 39-45.

[7] Cissik J. Means and methods of speed training, part I. *National Strength and Conditioning Association Journal,* 2004, 26 (4): 24-29.

[8] Cissik J. Means and methods of speed training, part II. *National Strength and Conditioning Association Journal,* 2005, 27 (1): 18-25.

[9] Delecluse C. Influence of strength training on sprint running performance: Current findings and implications for training. *Sports Medicine,* 1997, 24(3): 147-156.

[10] Dintiman G, Ward B. *Sports Speed.* 3rd ed. Champaign, IL: Human Kinetics, 2003.

[11] Enoka RM. *Neuromechanical Basis of Kinesiology*. 3rd ed. Champaign, IL: Human Kinetics, 2000.

[12] Faccioni A. Assisted and resisted methods for speed development (part I). *Modern Athlete and Coach,* 1994, 32(2): 3-6.

[13] Faccioni A. Assisted and resisted methods for speed development (part II). *Modern Athlete and Coach,* 1994, 32(3): 8-11.

[14] Ferrigno V, Brown L, Murray D. Designing sport-specific programs. In: Brown LE, Ferrigno VA. *Training for Speed, Agility and Quickness*. 2nd ed. Champaign, IL: Human Kinetics, 2005: 71-136.

[15] Fry AC, Kraemer WJ. Physical performance characteristics of American collegiate football players. *Journal of Applied Sport Science Research*, 1991, 5: 126-138.

[16] Harland MJ, Steele JR. Biomechanics of the sprint start. *Sports Medicine,* 1997, 23(1): 11-20.

[17] Harman E. Biomechanics of resistance exercise. In: Baechle TR, Earle RW, eds. *Essentials of Strength Training and Conditioning.* 3rd ed. Champaign, IL: Human Kinetics, 2008.

[18] Hoffman JR. *Physiological Aspects of Sport Training and Performance.* Champaign, IL: Human Kinetics, 2002.

[19] Komi PV. Stretch-shortening cycle. In: Komi PV, ed. *The Encyclopedia of Sports Medicine: Strength and Power in Sport.* 2nd ed. Oxford: Blackwell Science, 2003: 184-202.

[20] Kumagai K, Abe T, Bruechue WF, Ryushi T, Takano S, Mizuno M. Sprint performance is related to muscle fascicle length in male 100 m sprinters. *Journal of Applied Physiology*, 2000, 88: 811-816.

[21] Lentz D, Hardyk A. Speed training. In: Brown LE, Ferrigno VA, eds. *Training for Speed, Agility and Quickness.* 2nd ed. Champaign, IL: Human Kinetics, 2005: 17-76.

[22] Little T, Williams AG. Specificity of acceleration, maximum speed, and agility in professional soccer players. *Journal of Strength and Conditioning Research,* 2005, 19(1): 76-78.

[23] Mero A, Komi PV, Gregor RJ. Biomechanics of sprint running. *Sports Medicine,* 1992, 13(6): 376-392.

[24] Plisk S. Speed, agility, and speed endurance development. In: Baechle TR, Earle RW, NSCA, eds. *Essentials of Strength Training and Conditioning*. 3rd ed. Champaign, IL: Human Kinetics, 2008: 471-491.

[25] Verkhoshansky YV. Principles for a rational organization of the training process aimed at speed development. *New Studies in Athletics,* 1996, 11(2-3): 155-160.

[26] Verkhoshansky YV. Quickness and velocity in sports movements. *New Studies in Athletics,* 1996, 11(2-3): 29-37.

[27] Verkhoshansky YV. Speed training for high level athletes. *New Studies in Athletics,* 1996, 11(2-3): 39-49.

[28] Verkhoshansky YV, Lazarev VV. Principles of planning speed and strength/speed endurance training in sports. *National Strength and Conditioning Association Journal,* 1989, 11(2): 58-61.

[29] Young WB, McDowell MH, Scarlett BJ. Specificity of sprint and agility training methods. *Journal of Strength and Conditioning Research,* 2001, 15(3): 315-319.

■ 第十章

[1] Cowley PM, Swensen T, Sforzo GA. Efficacy of instability resistance training. *International Journal of Sports Medicine*, 2007, 28: 829-835.

[2] Ebenbichler GR, Oddsson LI, Kollmitzer J, Erim Z. Sensory-motor control of the lower back: Implications for rehabilitation. *Medicine and Science in Sports and Exercise*, 2001, 33: 1889-1898.

[3] Goodman CA, Pearce AJ, Nicholes CJ, Gatt BM, Fairweather IH. No difference in 1RM strength and muscle activation during the barbell chest press on a stable and unstable surface. *Journal of Strength and Conditioning Research,* 2008, 22: 88-94.

[4] Kerr ZY, Collins CL, Fields SK, Comstock RD. Epidemiology of player-player contact injuries among US high school athletes, 2005-2009. *Clinical Pediatrics*, 2010 , 50(7): 594-603 .

[5] Kohler JM, Flanagan SP, Whiting WC. Muscle activation patterns while lifting stable and unstable loads on stable and unstable surfaces. *Journal of Strength and Conditioning Research,* 2010, 24: 313-321.

[6] Taube W, Gruber M, Gollhofer A. Spinal and supraspinal adaptations associated with balance training and their functional relevance. *Acta Physiologica Scandanavica,* 2008, 193: 101-116.

[7] Uribe BP, Coburn JW, Brown LE, Judelson DA, Khamoui AV, Nguyen D. Muscle activation when

performing the chest press and shoulder press on a stable bench vs. a Swiss ball. *Journal of Strength and Conditioning Research,* 2010, 24: 1028-1033.

[8] Waterman BR, Owens BD, Davey S, Zacchilli MA, Belmont PJ Jr. The epidemiology of ankle sprains in the United States. *Journal of Bone and Joint Surgery,* 2010, 92: 2279-2284.

■ 第十一章

[1] Baker D, Wilson G, Carlyon R. Periodization: The effect on strength of manipulating volume and intensity. *Journal of Strength and Conditioning Research,* 1994, 8: 235-242.

[2] Behm DG. Periodized training program of the Canadian Olympic curling team. *Strength and Conditioning Journal,* 2007, 28: 24-31.

[3] Bompa TO. In training, preparation. [Antrenamentul in perioda, pregatitoare.] *Caiet Pentre Sporturi Nautice,* 1956, 3:22-24.

[4] Bompa TO. Criteria pregatirii a unui plan departa ani. *Cultura Fizica si Sport,* 1968, 2:11-19.

[5] Bompa TO. *Periodization: Theory and Methodology of Training*. 4th ed. Champaign, IL: Human Kinetics, 1999: 414.

[6] Bompa TO, Haff GG. *Periodization: Theory and Methodology of Training*. 5th ed. Champaign, IL: Human Kinetics, 2009.

[7] Bondarchuk AP. Periodization of sports training. *Legkaya Atletika,* 1986, 12:8-9.

[8] Bondarchuk AP. Constructing a training system. *Track Tech,* 1988, 102: 254-269.

[9] Bosquet L, Montpetit J, Arvisais D, Mujika I. Effects of tapering on performance: A meta-analysis. *Medicine and Science in Sports and Exercise,* 2007, 39: 1358-1365.

[10] Buse GJ, Santana JC. Conditioning strategies for competitive kickboxing. *Strength and Conditioning Journal,* 2008, 30: 42-49.

[11] Chiu LZ, Barnes JL. The fitness-fatigue model revistited: Implications for planning short- and long-term training. *NSCA Journal,* 2003, 25: 42-51.

[12] Counsilman JE, Counsilman BE. *The New Science of Swimming*. Englewood Cliffs, NJ: Prentice Hall, 1994: 420.

[13] Coutts A, Reaburn P, Piva TJ, Murphy A. Changes in selected biochemical, muscular strength, power, and endurance measures during deliberate overreaching and tapering in rugby league players. *International Journal of Sports Medicine,* 2007, 28: 116-124.

[14] Coutts AJ, Reaburn P, Piva TJ, Rowsell GJ. Monitoring for overreaching in rugby league players. *European Journal of Applied Physiology,* 2007, 99: 313-324.

[15] Dick FW. Planning the programme. In: *Sports Training Principles*. London: A and C Black, 1997: 253-304.

[16] Dick FW. *Sports Training Principles*. 4th ed. London: A and C Black, 2002: 214.

[17] Edington DW, Edgerton VR. *The Biology of Physical Activity*. Boston, MA: Houghton Mifflin, 1976.

[18] Fleck S, Kraemer WJ. *Designing Resistance Training Programs*. 3rd ed. Champaign, IL: Human Kinetics, 2004: 375.

[19] Foster C. Monitoring training in athletes with reference to overtraining syndrome. *Medicine and Science in Sports and Exercise,* 1998, 30: 1164-1168.

[20] Fry AC. The role of training intensity in resistance exercise overtraining and overreaching. In: Kreider RB, Fry AC, O'Toole ML, eds. *Overtraining in Sport*. Champaign, IL: Human Kinetics, 1998: 107-127.

[21] Fry AC, Kraemer WJ. Resistance exercise overtraining and overreaching. Neuroendocrine responses. *Sports Medicine,* 1997, 23: 106-129.

[22] Fry AC, Kraemer WJ, Stone MH, et al. Endocrine responses to overreaching before and after 1 year of weightlifting. *Canadian Journal of Applied Physiology,* 1994, 19: 400-410.

[23] Fry AC, Webber JM, Weiss LW, Fry MD, Li Y. Impaired performance with excessive high-intensity free-weight training. *Journal of Strength and Conditioning Research,* 2000, 14: 54-61.

[24] Fry RW, Morton AR, Keast D. Overtraining in athletes. An update. *Sports Medicine,* 1991, 12: 32-65.

[25] Fry RW, Morton AR, Keast D. Periodisation of training stress—A review. *Canadian Journal of Sport Science,* 1992, 17: 234-240.

[26] Gabbett T, King T, Jenkins D. Applied physiology of rugby league. *Sports Medicine,* 2008, 38: 119-138.

[27] Garhammer J. Periodization of strength training for athletes. *Track Tech,* 1979, 73: 2398-2399.

[28] Garhammer J, Takano B. Training for weightlifting. In: Komi PV, ed. *Strength and Power in Sport*. Oxford, UK: Blackwell Scientific, 2003: 502-515.

[29] Goodwin EP, Adams KJ, Shelburne J. A strength and conditioning model for a female collegiate cheerleader. *Strength and Conditioning Journal,* 2004, 26: 16-21.

[30] Haff, GG. *Periodization: Let the Science Guide Our Program Design*. United Kingdom Strength and Conditioning Conference, Belfast, Ireland, 2008.

[31] Haff GG, Kraemer WJ, O'Bryant HS, Pendlay G, Plisk S, Stone MH. Roundtable discussion: Periodization of training (part 1). *NSCA Journal,* 2004, 26:50-69.

[32] Haff GG, Kraemer WJ, O'Bryant HS, Pendlay G, Plisk S,. Stone MH. Roundtable discussion: Periodization of training (part 2). *NSCA Journal,* 2004, 26: 56-70.

[33] Häkkinen K. Neuromuscular adaptations during strength training, aging, detraining, and immobilization. *Critical Reviews in Physical and Rehabilitation Medicine,* 1994, 6: 161-198.

[34] Häkkinen K, Pakarinen A, Alen M, Kauhanen H, Komi PV. Daily hormonal and neuromuscular responses to intensive strength training in 1 week. *International Journal of Sports Medicine,* 1988, 9: 422-428.

[35] Häkkinen K, Pakarinen A, Alen M, Kauhanen H, Komi PV. Neuromuscular and hormonal responses in elite athletes to two successive strength training sessions in one day. *European Journal of Applied Physiology,* 1988, 57: 133-139.

[36] Häkkinen K, Kallinen M. Distribution of strength training volume into one or two daily sessions and neuromuscular adaptations in female athletes. *Electromyography and Clinical Neurophysiology,* 1994, 34: 117-124.

[37] Halson SL, Bridge MW, Meeusen R, et al. Time course of performance changes and fatigue markers during intensified training in trained cyclists. *Journal of Applied Physiology,* 2002, 93: 947-956.

[38] Harre D. *Principles of Sports Training*. Berlin, Germany: Sportverlag, 1982a.

[39] Harre D. *Training Doctrine.* [*Trainingslehre*]. Berlin, Germany: Sportverlag, 1982b.

[40] Harris GR, Stone MS, O'Bryant HS, Proulx CM, Johnson RL. Short-term performance effects of high power, high force, or combined weight-training methods. *Journal of Strength and Conditioning Research,* 2000, 14: 14-20.

[41] Hartmann J, Tünnemann H. *Fitness and Strength Training*. Berlin, Germany: Sportverlag, 1989.

[42] Hoffman JR, Ratamess NA, Klatt M, et al. Comparison between different off-season resistance training programs in Division III American college football players. *Journal of Strength and Conditioning Research,* 2009, 23: 11-19.

[43] Issurin V. *Block Periodization: Breakthrough in Sports Training.* Yessis M, ed. Michigan: Ultimate Athlete Concepts, 2008a, 213.

[44] Issurin V. Block periodization versus traditional training theory: A review. *Journal of Sports Medicine and Physical Fitness,* 2008b, 48: 65-75.

[45] Izquierdo M, Ibanez J, Gonzalez-Badillo JJ, et al. Detraining and tapering effects on hormonal responses and strength performance. *Journal of Strength and Conditioning Research,* 2007, 21: 768-775.

[46] Jeffreys I. Quadrennial planning for the high school athlete. *Strength and Conditioning Journal,* 2008, 30: 74-83.

[47] Kraemer WJ, Fleck SJ. *Optimizing Strength Training: Designing Nonlinear Periodization Workouts.*

Champaign, IL: Human Kinetics, 2007: 245.

[48] Kraemer WJ, Hatfield DL, Fleck SJ. Types of muscle training. In: Brown LE, ed. *Strength Training*. Champaign, IL: Human Kinetics, 2007: 45-72.

[49] Kurz T. *Science of Sports Training*. 2nd ed. Island Pond, VT: Stadion Publishing Company, 2001.

[50] Matveyev LP. *Periodization of Sports Training*. Moscow, Russia: Fizkultura i Sport,1965.

[51] Matveyev LP. *Periodization of Sports Training*. 2nd ed. [*Periodisterung Des Sportlichen Trainings.*] Moscow, Russia: Fizkultura i Sport,1972.

[52] Matveyev LP. *Fundamentals of Sports Training*. Moscow, Russia: Fizkultua i Sport, 1977.

[53] Matveyev LP. About the construction of training. *Modern Athlete and Coach,* 1994, 32: 12-16.

[54] Medvedev AS. Training content of weightlifters in the preparatory period. *Soviet Sports Review,* 1982, 17: 90-93.

[55] Mujika I, Padilla S. Scientific bases for precompetition tapering strategies. *Medicine and Science in Sports and Exercise,* 2003, 35: 1182-1187.

[56] Mujika I, Goya A, Padilla S, Grijalba A, Gorostiaga E, Ibanez J. Physiological responses to a 6-d taper in middle-distance runners: Influence of training intensity and volume. *Medicine and Science in Sports and Exercise,* 2000, 32: 511-517.

[57] Nádori L. *Training and Competition*. Budapest: Sport, 1962.

[58] Nádori L, Granek I. *Theoretical and Methodological Basis of Training Planning With Special Considerations Within a Microcycle*. Lincoln, NE: NSCA,1989.

[59] Olbrect J. *The Science of Winning: Planning, Periodizing, and Optimizing Swim Training*. Luton, England: Swimshop, 2000: 282.

[60] Ozolin N. *Athlete's Training System for Competition*. [*Sovremennaia systema sportivnoi trenirovky.*] Moscow, Russia: Fizkultura i Sport, 1971.

[61] Pistilli EE, Ginther G, Larsen J. Sport-specific strength-training exercises for the sport of lacrosse. *Strength and Conditioning Journal,* 2008, 30: 31-38.

[62] Plisk SS. Speed, agility, and speed-endurance development. In: Baechle TR, Earle RW, eds. *Essentials of Strength Training and Conditioning*. Champaign, IL: Human Kinetics, 2008.

[63] Plisk SS, Gambetta V. Tactical metabolic training: Part 1. *Strength and Conditioning Journal,* 1997, 19: 44-53.

[64] Plisk SS, Stone MH. Periodization strategies. *Strength and Conditioning Journal,* 2003, 25: 19-37. 2003.

[65] Rhea MR, Ball SD, Phillips WT, Burkett LN. A comparison of linear and daily undulating periodized programs with equated volume and intensity for strength. *Journal of Strength and*

Conditioning Research, 2002, 16: 250-255.

[66] Rowbottom DG. Periodization of training. In: Garrett WE, Kirkendall DT, eds. *Exercise and Sport Science*. Philadelphia, PA: Lippicott Williams and Wilkins, 2000: 499-512.

[67] Schmolinsky G. *Track and Field: The East German Textbook of Athletics*. Toronto, Canada: Sports Book, 2004.

[68] Selye H. *The Stress of Life*. New York, NY: McGraw-Hill, 1956.

[69] Siff MC. *Supertraining*. 6th ed. Denver, CO: Supertraining Institute, 2003: 496.

[70] Siff, M.C. and Y.U. Verkhoshansky. *Supertraining*. 4th ed. Denver, CO: Supertraining International, 1999.

[71] Smith DJ. A framework for understanding the training process leading to elite performance. *Sports Med.* 2003, 33: 1103-1126.

[72] Stone MH, Fry AC. Increased training volume in strength/power athletes. In: Kreider RB, Fry AC, O'Toole ML, eds. *Overtraining in Sport*. Champaign, IL: Human Kinetics, 1998: 87-106.

[73] Stone, M.H., H.S. O'bryant, and J. Garhammer. A theoretical model of strength training. *Strength and conditioning journal* , 1982, 4(4):36-39.

[74] Stone MH, O'Bryant HS. *Weight Training: A Scientific Approach*. Edina, MN: Burgess, 1987.

[75] Stone MH, Keith R, Kearney JT, Wilson GD, Fleck SJ. Overtraining: A review of the signs and symptoms of overtraining. *Journal of Applied Sport Science Research,* 1991, 5: 35-50.

[76] Stone MH, O'Bryant HS, Schilling BK, et al. Periodization: Effects of manipulating volume and intensity (part 1). *Strength and Conditioning Journal,* 1999, 21: 56-62.

[77] Stone MH, O'Bryant HS, Schilling BK, et al. Periodization: Effects of manipulating volume and intensity (part 2). *Strength and Conditioning Journal,* 1999, 21: 54-60.

[78] Stone MH, Potteiger JA, Pierce KC, et al. Comparison of the effects of three different weight-training programs on the one repetition maximum squat. *Journal of Strength and Conditioning Research,* 2000, 14: 332-337.

[79] Stone MH, Plisk S, Collins D. Training principles: Evaluation of modes and methods of resistance training—A coaching perspective. *Sport Biomechanics,* 2002, 1: 79-104.

[80] Stone MH, Stone ME, Sands WA. *Principles and Practice of Resistance Training*. Champaign, IL: Human Kinetics, 2007: 376.

[81] Verkhoshansky YU. *Fundamentals of Special Strength Training in Sport*. [*Osnovi Spetsialnoi Silovoi Podgotovki i Sporte.*] Moscow, Russia: Fizkultura i Sport, 1977.

[82] Verkhoshansky YU. *Programming and Organization of Training*. Moscow: Fizkultura i Sport, 1985.

[83] Verkhoshansky YU. *Fundamentals of Special Strength Training in Sport.* Livonia, MI: Sportivy Press, 1986.

[84] Verkhoshansky YU. *Special Strength Training: A Practical Manual for Coaches*. Michigan: Ultimate Athlete Concepts, 2006: 137.

[85] Verkhoshansky YU. Theory and methodology of sport preparation: Block training system for top-level athletes. *Teoria i Practica Physicheskoj Culturi,* 2007, 4: 2-14.

[86] Viru A. *Adaptations in Sports Training*. Boca Raton, FL: CRC Press, 1995.

[87] Yakovlev, N.N. *Sports Biochemistry*. Leipzig, Germany: Deutsche Hochschule für Korperkultur (German Institute For Physical Culture), 1967.

[88] Zatsiorsky VM. *Science and Practice of Strength Training*. Champaign, IL: Human Kinetics,1995.

■ 第十二章

[1] Hoffman JR. *Physiological Aspects of Sports Training and Performance.* Champaign, IL: Human Kinetics, 2002: 93-108.

[2] Hoffman JR, Kang J. Strength changes during an inseason resistance training program for football. *Journal of Strength and Conditioning Research*, 2003, 17: 109-114.

[3] Hoffman JR, Cooper J, Wendell M, Kang J. Comparison of Olympic versus traditional power lifting training programs in football players. *Journal of Strength and Conditioning Research,* 2004, 18: 129-135.

[4] Hoffman JR, Maresh CM. Physiology of basketball. In: Garrett WE, Kirkendall DT, eds. *Exercise and Sport Science*. Philadelphia, PA: Lippincott, Williams and Wilkins, 2000: 733-744.

[5] Hoffman JR, Maresh CM, Armstrong LE, Kraemer WJ. The effects of off-season and inseason resistance training programs on a collegiate male basketball team. *Journal of Human Muscle Performance*, 1991, 1: 48-55.

[6] Hoffman JR, Wendell M, Cooper J, Kang J. Comparison between linear and nonlinear inseason training programs in freshman football players. *Journal of Strength and Conditioning Research,* 2003, 17: 561-565.

[7] Hoffman JR, Fry AC, Deschenes M, Kemp M, Kraemer WJ. The effects of self selection for frequency of training in a winter conditioning program for football. *Journal of Applied Sport Science Research*, 1990, 4(3): 76-82.

[8] Hoffman JR, Ratamess NA, Klatt M, et al. Comparison between different resistance training programs in Division III American college football players. *Journal of Strength and Conditioning*

Research, 2009, 23: 11-19.

[9] Kraemer WJ, Fleck SJ. *Optimizing Strength Training—Designing Nonlinear Periodization Workouts.* Human Kinetics: Champaign, IL, 2007.

[10] Kraemer WJ, Patton JF, Gordon SE, et al. Compatibility of high-intensity strength and endurance training on hormonal and skeletal muscle adaptations. *Journal of Applied Physiology*, 1995, 78: 976-989.

[11] Tremblay A, Simoneau JA, Bouchard C. Impact of exercise intensity on body fatness and skeletal muscle metabolism. *Metabolism,* 1994, 43: 814-818.

[12] USA Track and Field. *USA Track & Field Coaching Manual*. Champaign, IL: Human Kinetics, 2000: 35-62.

致 谢

本书在运动爱好和期望最大限度地提高运动员竞技能力的科学方法之间架起了一座桥梁。这正是美国体能协会的使命所在。很荣幸能与这个充满激情的群体一起工作，他们的主要目标就是分享知识，并确保它的传播，以便于教练员和运动员以最小损伤的风险实现目标。感谢所有这些优秀的作者。

致Yaffa、Raquel、Mattan和Ariel：若以子女的品格和妻子的挚爱来作为评价男人的标准，那么我是一个真正幸福的人。

主编简介

Jay Hoffman（简·霍夫曼），博士，佛罗里达中部大学（University of Central Florida）的运动科学教授，也是竞技体育和运动科学课程的协调人，多年来一直是运动生理学领域的专家。2009年，霍夫曼当选美国体能协会主席。

霍夫曼已在各类书籍、期刊上发表了150多篇论文，在国内和国际会议上报告300多次。他有17年执教大学生和职业运动队的教练经历。他的研究成果结合训练实践和理论，深受教练员和学术研究者的重视和赞赏。2000年获得了美国体能协会的杰出青年研究者奖。2005年，获得康涅狄格大学（University of Connecticut）教育学院颁发的运动人体科学杰出专业奖。2007年获得美国体能协会年度杰出体育科学家。他是美国运动医学学会成员，美国雪橇和骨架联盟（USA Bobsled and Skeleton Federation）的董事会负责人。他还是《运动训练和竞技的生理学》（Human Kinetics，2002）和《体能、竞技能力和健康的标准》（Human Kinetics，2006）的作者。

编委简介

Lee E. Brown，博士，体能训练专家，美国运动医学会会员，美国体能协会会员

California State University, Fullerton

James E. Clark，硕士

University of Connecticut, Storrs

Brett A. Comstock，硕士

University of Connecticut, Storrs

Prue Cormie，博士

Edith Cowan University, Joondalup, Western Australia

Joel T. Cramer，博士，体能训练专家，美国运动医学会会员，美国体能协会会员，美国体能协会私人教练

Oklahoma State University, Stillwater

Courtenay Dunn-Lewis，硕士

University of Connecticut, Storrs

Avery D. Faigenbaum，博士，体能训练专家，美国运动医学会会员，美国体能协会会员

The College of New Jersey, Ewing

John F. Graham，硕士，体能训练专家，美国体能协会会员
Lehigh Valley Health Network, Allentown, Pennsylvania

G. Gregory Haff，博士，ASCC，体能训练专家，美国体能协会会员
Edith Cowan University, Joondalup, Western Australia

Erin E. Haff，硕士
Edith Cowan University, Joondalup, Western Australia

Jay R. Hoffman，博士
体能训练专家，美国体能协会会员
University of Central Florida, Orlando

Andy V. Khamoui，硕士，体能训练专家
The Florida State University, Tallahassee

William J. Kraemer，博士，体能训练专家，美国体能协会会员
University of Connecticut, Storrs

Robert U. Newton，博士，体能训练专家，美国体能协会会员
Edith Cowan University, Joondalup, Western Australia

Nicholas A. Ratamess，博士，体能训练专家，美国体能协会会员
The College of New Jersey, Ewing

Nejc Sarabon，博士
University of Ljubljana, Slovenia

Abbie E. Smith，博士，体能训练专家，CISSN
University of North Carolina, Chapel Hill